UMA TEORIA DO SOCIALISMO
E DO CAPITALISMO

Hans-Hermann Hoppe

UMA TEORIA DO SOCIALISMO E DO CAPITALISMO

2ª Edição

Mises Brasil
2013

Título
Uma Teoria do Socialismo e do Capitalismo

Autor
Hans-Hermann Hoppe

Esta obra foi editada por:
Instituto Ludwig Von Mises Brasil
Rua Iguatemi, 448, conj. 405 – Itaim Bibi
São Paulo – SP
Tel: (11) 3704-3782

Impresso no Brasil / *Printed in Brazil*
ISBN: 978-85-8119-035-8

2ª Edição

Tradução
Bruno Garschagen

Revisão
Fernando Fiori Chiocca

Revisão Final
Tatiana Villas Boas Gabbi

Capa
Neuen Design

Imagem da Capa
Hein Nouwens / Shutterstock

Projeto gráfico
Estúdio Zebra

Ficha Catalográfica elaborada pelo bibliotecário
Pedro Anizio Gomes– CRB/8 – 8846

H798u	**Hoppe**, Hans-Hermann Uma teoria do socialismo e do capitalismo / Hans-Hermann Hoppe; Tradução de Bruno Garschagen. -- São Paulo: Instituto Ludwig von Mises Brasil, 2013. 224p. 1. Socialismo 2. Capitalismo 3. Ciência Econômica 4. Livre Mercado 5. Escola Austríaca I. Título. ISBN: 978-85-8119-035-8 CDD – 370.320

Índices para catálogo sistemático:

1. Educação 370
2. Política 320

SUMÁRIO

PREFÁCIO
  POR STEPHAN KINSELLA 7

AGRADECIMENTOS 13

CAPÍTULO 1
  INTRODUÇÃO 15

CAPÍTULO 2
  PROPRIEDADE, CONTRATO, AGRESSÃO,
  CAPITALISMO, SOCIALISMO 21

CAPÍTULO 3
  SOCIALISMO AO ESTILO RUSSO 33

CAPÍTULO 4
  SOCIALISMO AO ESTILO SOCIAL-DEMOCRATA 49

CAPÍTULO 5
  O SOCIALISMO DO CONSERVADORISMO 71

CAPÍTULO 6
  O SOCIALISMO DE ENGENHARIA SOCIAL
  E OS FUNDAMENTOS DA ANÁLISE ECONÔMICA 97

CAPÍTULO 7
  A JUSTIFICATIVA ÉTICA DO CAPITALISMO
  E POR QUE O SOCIALISMO É MORALMENTE INDEFENSÁVEL 123

CAPÍTULO 8
  OS FUNDAMENTOS SÓCIO-PSICOLÓGICOS
  DO SOCIALISMO OU A TEORIA DO ESTADO 141

CAPÍTULO 9
  PRODUÇÃO CAPITALISTA E O PROBLEMA DO MONOPÓLIO 163

CAPÍTULO 10
  PRODUÇÃO CAPITALISTA E O PROBLEMA DOS BENS PÚBLICOS 181

BIBLIOGRAFIA 207

ÍNDICE ONOMÁSTICO 211

Prefácio

Você está prestes a se deleitar com um excelente livro. *Uma Teoria do Socialismo e do Capitalismo: Economia, Política e Ética* de Hans-Hermann Hoppe me cativou e me esclareceu plenamente quando o li há 20 anos.

Todos os trabalhos do professor Hoppe são criteriosos, incluindo seus livros *The Economics and Ethics of Private Property* (2003), *Democracy: The God That Failed* (2001), *A Ciência Econômica e o Método Austríaco* (2010), e *The Great Fiction: Property, Economy, Society, and the Politics of Decline* (2012), este publicado no início de 2012 pela Laissez Faire Books. Mas *Uma Teoria do Socialismo e do Capitalismo* sempre foi o meu favorito. Um tratado integrado e sistemático, e não apenas uma coletânea de ensaios, este livro é a sua obra-prima — seu *Ação Humana*, seu *Man, Economy and State*.

Uma Teoria do Socialismo e do Capitalismo é uma obra tão rica que exige uma leitura cuidadosa e uma releitura periódica. Numa resenha sobre o livro, o professor Robert McGee observou:

> Quando eu leio um livro, faço anotações nas margens e sublinho os pontos que acho que merecem ser relidos. Com esse livro, eu tive que me controlar porque eu estava fazendo tantas anotações que tornavam a minha leitura mais lenta. Quase todo parágrafo tem pelo menos um ponto que merece reflexão.[1]

Eu mesmo fiz uma observação parecida sobre a obra, mencionando os outros trabalhos de Hoppe, numa resenha do seu *Economics and Ethics of Private Property*:

> Se os livros e artigos do professor Hans-Hermann Hoppe já viessem com partes sublinhadas e destacadas permitiriam aos leitores poupar bastante tempo. Ou, pelo menos, cada livro deveria vir com uma caneta anexada. Pois quando cumpro o meu hábito rotineiro de sublinhar, circular, verificar, marcar com asteriscos ou destacar ideias importantes nos livros que leio, fico com a impressão de que meus exemplares dos livros do Hoppe foram manuseados por uma criança de dois anos com um lápis de cera.[2]

---

[1] Robert W. McGee, "Book Review" (de Hans-Hermann Hoppe, *A Theory of Socialism and Capitalism*), *The Freeman: Ideas on Liberty* (September 1989), disponível em thefreemanonline.org.
[2] Stephan Kinsella, "The Undeniable Morality of Capitalism," *St. Mary's Law Journal* 25 (1994): 1419–47, p. 1420, disponível em stephankinsella.com.

Na verdade, este livro não é só o meu favorito dentre os trabalhos do professor Hoppe, mas o meu livro predileto de não-ficção de *todos os tempos* e uma das obras mais importantes que eu já li. A obra estabelece uma análise rigorosa da natureza do direito de propriedade e o relaciona com a teoria econômica e política. O livro é fundamentado nos conceitos e na análise da praxeologia misesiana e nos insights libertários rothbardianos.

O capítulo 2 é fundamental ao apresentar e explicar os conceitos básicos indispensáveis à teoria econômica e à filosofia política: propriedade, contrato, agressão, capitalismo e socialismo. Com o seu rigor característico, Hoppe identifica os aspectos essenciais desses conceitos. Como ele mesmo escreve:

> Depois do conceito de ação, *propriedade* é a categoria conceitual mais fundamental dentro das ciências sociais. Na verdade, todos os outros conceitos a serem apresentados neste capítulo – agressão, contrato, capitalismo e socialismo – são definíveis de acordo com a propriedade: *agressão* sendo agressão contra a propriedade, *contrato* sendo um relacionamento não-agressivo entre proprietários, *socialismo* sendo uma política institucionalizada de agressão contra a propriedade, e o *capitalismo* sendo uma política institucionalizada de reconhecimento da propriedade e do contratualismo.

Hoppe também explica "a condição prévia necessária para o surgimento do conceito de propriedade": *escassez*. Se todos os bens fossem superabundantes ou "gratuitos", não haveria possibilidade de ocorrer disputa ou conflito, nem a necessidade de existir direito de propriedade. Sem o direito de propriedade, não faria sentido haver contrato; ninguém seria dono de nada (porque não haveria necessidade) e a ideia de permitir, dar ou vender as coisas também não faria sentido. Muito mais do que suas duas grandes influências (Mises e Rothbard), Hoppe enfatiza a importância dessa condição prévia fundamental de toda ação humana, da propriedade e da ética política. Mises e, obviamente, Rothbard, reconheceram que a ação humana emprega meios escassos, mas não deram muita atenção à conexão entre escassez e propriedade. David Hume observou que o fato fundamental da escassez leva a conflitos e exige regras (de propriedade), uma ideia que muito influenciou Hoppe.[3] Ele integrou o foco praxeológico nos recursos escassos como meios de ação com o foco humeano na escassez dos recursos como a origem de um possível conflito e à necessidade de regras de propriedade, ampliando e reforçando dessa forma o enquadramento austro-libertário.

---

[3] Ver, por exemplo, *Uma Teoria do Socialismo e do Capitalismo*, capítulo 2, n. 2 (citando Hume em conexão com o argumento da escassez), e o vídeo no YouTube "Hoppe and Hume," http://youtu.be/Gv6oemGUBfs (publicado em 10 de junho de 2012).

Essa ênfase permitiu a Hoppe verificar facilmente por qual razão a suposta propriedade intelectual não pode ser justificada, e isso bem antes da internet ter forçado os libertários a adotarem um olhar mais severo sobre essas questões. Num painel de debates em 1987 no Mises Institute com o professor Hoppe, Rothbard e outros, ocorreu o seguinte diálogo:

> **Pergunta**: Eu tenho uma pergunta para o professor Hoppe. A ideia da soberania pessoal se estende ao conhecimento? Eu sou soberano sobre meus pensamentos, ideias e teorias?
>
> **Hoppe**: (...) para ter um pensamento você tem que ter direito de propriedade sobre o seu corpo. Isso não significa que você é o dono dos seus pensamentos. Os pensamentos podem ser usados por qualquer um que seja capaz de compreendê-los.[4]

Aqui, Hoppe antecipou a posição antipropriedade intelectual que se tornou predominante atualmente entre a maioria dos libertários, especialmente entre os anarquistas e os austro-libertários. Por causa do seu foco na escassez como condição prévia da propriedade, ele pode facilmente verificar que coisas não-escassas como o conhecimento não podem ser possuídas, ou seja, não podem estar sujeitas ao direito de propriedade. O enquadramento praxeológico de Mises mostra que toda ação humana emprega *meios* escassos para atingir os objetivos desejados, além de ser *orientada* pelo conhecimento. Os meios escassos são possuídos num sistema de direito de propriedade *porque* eles são escassos: conhecimento, enquanto indispensável para uma ação bem-sucedida, não é um meio escasso de ação e, portanto, não é o tipo de coisa sobre o qual se aplica o direito de propriedade. Ao ter uma compreensão clara sobre os conceitos fundamentais da teoria política e econômica, Hoppe é capaz de verificar facilmente que a propriedade intelectual não faz sentido – uma conclusão que ainda é difícil para muitos libertários chegarem, especialmente os não-austríacos.

Uma vez que Hoppe identificou as características essenciais da agressão e do socialismo no que se *refere* ao contrato e à propriedade, ele é então capaz de dissecar os vários tipos de socialismo do mundo real: o socialismo ao estilo russo, o socialismo ao estilo social-democrata, o socialismo do conservadorismo e o socialismo de engenharia social.

No capítulo 7, o professor Hoppe apresenta a sua provocadora defesa "éti-

---

[4] Transcrito do painel de debates publicado em *Austrian Economics Newsletter*, vol. 9, no. 2 (Inverno 1988), p. 7, disponível em mises.org.

co-argumentativa" dos direitos libertários.[5] A ideia aqui é que quando buscamos avaliar quais normais políticas são justificáveis – por exemplo, se o socialismo ou o capitalismo são justificáveis – nós temos que nos envolver na argumentação, ou no discurso, para resolver essas questões. No entanto, a argumentação é, por natureza, uma forma de interação *livre de conflito* que exige o controle individual dos recursos escassos (observe novamente como o fato fundamental da escassez desempenha um papel na análise de Hoppe; sem a escassez, o conflito é impossível e, portanto, a ideia de interação *livre de conflito* não faz sentido, e a argumentação sobre quais normas adotar seria impossível e desnecessária). Num discurso genuíno, as partes tentam persuadir umas às outras pela força do argumento, não pela força real. Cada parte é livre para discordar sem ser agredida se assim o fizer. Ambas as partes reconhecem que cada uma delas emprega meios escassos (toda ação emprega meios escassos, incluindo a argumentação), inclusive os meios escassos do próprio corpo, e que cada pessoa está respeitando a autopropriedade do outro.

Em outras palavras, porque, num mundo de escassez, há a possibilidade do conflito interpessoal sobre os recursos escassos, pode surgir a prática da discussão de quais normas deveriam ser adotadas ou quais são justificadas (sem a escassez, nenhum conflito é possível e nenhuma propriedade ou outras normas são necessárias ou até mesmo fazem sentido). Um discurso livre de conflito é aquele no qual ambos os partidos respeitam os direitos de propriedade dos demais em relação aos seus próprios corpos, ou seja, a autopropriedade. Como explica Hoppe, a argumentação dessa forma pressupõe a validade da autopropriedade e, portanto, qualquer argumento para as normas políticas que violem a autopropriedade será sempre contraditório, uma vez que será incompatível com os pressupostos inevitáveis das normas de autopropriedade de qualquer argumentação possível. Hoppe também mostra que a argumentação também pressupõe o direito de ser o dono de recursos escassos que foram apropriados originalmente. É por essas razões que nenhuma ética socialista (isto é, a agressão institucionalizada ou pública) pode jamais ser justificada argumentativamente, ou seja, não pode ser justificada, pois toda justificação é uma justificação argumentativa (agressão privada, ou seja, crime, obviamente também não pode ser justificada). A ética libertária de cooperação e do respeito pelos corpos dos outros e os recursos apropriados originalmente ou contratualmente é a única ética possível compatível com as normas da argumentação.

Alguns libertários, este que vos fala sinceramente incluído, consideram essa teoria como um desenvolvimento profundamente importante na filosofia política. Rothbard também considerava:

---

[5] Para mais fundamentos, ver Stephan Kinsella, "Argumentation Ethics and Liberty: A Concise Guide," *Mises Daily* (27 de Maio de 2011), disponível em mises.org/daily/5322.

Numa descoberta brilhante para a filosofia política em geral e para o libertarianismo em particular, ele conseguiu transcender a famosa dicotomia entre é/deve ser e entre fato/valor que tem atormentado a filosofia desde a época dos escolásticos e que levou o libertarianismo moderno a um enfadonho beco sem saída. E não apenas isso: Hans Hoppe conseguiu estabelecer o argumento para os direitos anarcocapitalista-Lockeano de uma forma fundamental e sem precedentes e que faz com que a minha própria posição em relação à lei natural e aos direitos naturais pareça fraquíssima na comparação.[6]

Além do material fundamental do capítulo 2, da análise sistemática dos tipos de socialismo nos capítulos 3 a 6 e da nova e radical defesa dos direitos libertários e do capitalismo no capítulo 7, *Uma Teoria do Socialismo e do Capitalismo* contém uma riqueza de outros insights, muitos dos quais contidos nas detalhadas notas de rodapé. Esses incluem uma crítica ao empirismo-positivismo e aos argumentos socialistas que se baseiam nessas ideias cheias de falhas (capítulo 6) tanto quanto as eviscerações das abordagens econômicas convencionais em relação aos bens públicos e à teoria do monopólio (capítulos 9 e 10) e uma explicação do por quê a "escravidão pública" do socialismo é ainda menos eficiente do que o sistema de escravidão privada (capítulo 4, n. 26). Outro insight profundo é a explicação do professor Hoppe de que a agressão é uma invasão da *integridade física* da propriedade de outrem; de que não há direitos de propriedade no valor da propriedade[7] (esse insight também explica os problemas com a ideia de propriedade intelectual, argumentos que muitas vezes consideram os direitos de propriedade como valor). E também veja a importante discussão trazida por Hoppe a respeito da distinção entre direitos de propriedade em relação aos corpos e aos recursos escassos externos, e de como eles são adquiridos, o que tem relevância para o debate da autopropriedade e alienabilidade versus a inalienabilidade.[8] E você verá muito mais neste livro.

Este livro é surpreendente; profundamente importante; estimulante; divertido. Prepare-se para um banquete intelectual.

Stephan Kinsella
Houston, TX
Setembro 2012

---

[6] Murray N. Rothbard, "Beyond Is and Ought," *Mises Daily* (Aug. 24, 2010), publicado originalmente em *Liberty* (Nov. 1988) e disponível em mises.org/daily/4629.
[7] *Uma Teoria do Socialismo e do Capitalismo*, capítulo 2, nota (n.) 11, capítulo 7, n. 127 et seq.
[8] *Uma Teoria do Socialismo e do Capitalismo*, capítulo 2, n. 12 e 14–15. Para uma discussão mais aprofundada sobre essas questões, leia meus artigos "Como nos tornamos donos de nós mesmos" (Disponível em http://www.mises.org.br/Article.aspx?id=136), "A Libertarian Theory of Contract: Title Transfer, Binding Promises, and Inalienability," Journal of Libertarian Studies 17, no. 2 (Primavera de 2003): 11–37, e "What Libertarianism Is," Mises Daily (21 de agosto de 2009), disponível em stephankinsella.com.

Agradecimentos

Três instituições me ajudaram enquanto eu escrevia esta obra. No período de 1982 a 1986, quando fui Heisenberg Scholar, desfrutei do mais generoso apoio financeiro da German Science Foundation. Este estudo é o trabalho mais recente concluído nesse período. Recebi também um apoio adicional do Centro Bolonha para Estudos Internacionais Avançados da Universidade Johns Hopkins, onde passei o ano acadêmico de 1984-1985 trabalhando como professor-visitante. As palestras lá proferidas definiram a essência do que é apresentado neste livro. Por último, durante o ano acadêmico de 1985-1986, quando eu estava em Nova Iorque e a minha investigação assumiu o formato atual, recebi o mais cordial e desburocratizado auxílio do Center for Libertarian Studies.

Minha mulher Margaret deu ao meu trabalho um apoio emocional incansável. Ela também assumiu a tarefa, muitas vezes contra a minha obstinada resistência, de editar meus textos num idioma estrangeiro.

A minha mais profunda gratidão é dedicada ao meu professor e amigo Murray N. Rothbard. Devo mais ao seu exemplo pessoal e de erudito do que eu poderia adequadamente expressar. Ele leu um rascunho inicial deste estudo e me agraciou com seus inestimáveis comentários. As inúmeras discussões que tive com ele foram uma fonte interminável de inspiração e o seu entusiasmo era um incentivo constante.

Meu sincero "muito obrigado" a essas pessoas e instituições.

Capítulo 1
Introdução

O presente estudo sobre economia, política e a moral do socialismo e do capitalismo é um tratado sistemático sobre teoria política. Com escopo interdisciplinar, este livro discutirá os problemas centrais da economia política e da filosofia política, ou seja, como organizar a sociedade para promover a produção de riqueza e erradicar a pobreza, e como planejá-la de forma a transformá-la numa ordem social justa.

Mas ao fazê-lo, eu também irei constantemente abordar e esclarecer os problemas sociais e políticos no sentido mais comum e minucioso desses termos. Na verdade, um dos maiores objetivos deste estudo é desenvolver e explicar as ferramentas conceituais e argumentativas, morais e econômicas, necessárias para analisar e avaliar qualquer tipo de sistema político ou social empírico, compreender ou avaliar qualquer processo de mudança social, e explicar ou interpretar as semelhanças tanto quanto as diferenças na estrutura social de duas ou mais diferentes sociedades.

Ao final desta obra, deve ficar claro que somente através de uma teoria econômica ou moral, que não se deriva da experiência, mas parte de uma afirmação logicamente incontestável (que é algo muito diferente de um "axioma postulado arbitrariamente") e provém de um caminho puramente dedutivo (talvez usando alguma hipótese empírica explicitamente introduzida, além de uma hipótese empiricamente testável) com resultados logicamente inatacáveis (e que, portanto, não necessitam de qualquer teste empírico), se tornará possível organizar ou interpretar um conjunto caótico e excessivamente complexo de fatos isolados e desconectados ou de opiniões sobre a realidade social para formar um verdadeiro e coerente sistema conceitual moral e econômico. Este livro demonstrará que sem uma teoria, a economia política e a filosofia não podem ser consideradas nada mais do que tatear no escuro, produzindo, quando muito, opiniões arbitrárias sobre o que deve ter provocado isso ou aquilo, ou o que é melhor ou pior do que qualquer outra coisa, ou seja, opiniões cujas posições contrárias podem ser, geralmente, tão facilmente defendidas quanto em relação a elas próprias (que é o mesmo que dizer que elas não podem ser, de forma alguma, defendidas em qualquer sentido).

Desenvolverei especificamente neste livro uma teoria de propriedade e dos direitos de propriedade. Também demonstrarei que o socialismo não é uma invenção do marxismo no século XIX, mas um fenômeno muito mais antigo que deve ser conceituado como uma intervenção institucionalizada ou uma agressão contra a propriedade privada e contra os direitos de propriedade privada.

O capitalismo, por outro lado, é um sistema social baseado no reconhecimento explícito da propriedade privada e das trocas contratuais entre proprietários privados, sem qualquer tipo de agressão. Está implícita nesta observação, como se tornará evidente no decorrer deste trabalho, a crença de que deve, portanto, existir vários graus e tipos de socialismo e de capitalismo, ou seja, diferentes níveis em que os direitos de propriedade privada são respeitados ou ignorados. As sociedades não são puramente capitalistas ou socialistas. De fato, todas as sociedades existentes são socialistas em alguma medida (até os Estados Unidos, que são certamente uma sociedade relativamente mais capitalista do que a maioria, é, como ficará evidente, incrivelmente socialista e têm, de forma gradual e ao longo do tempo, se tornado ainda mais).

Um dos objetivos, portanto, é demonstrar que o nível geral de socialismo, ou seja, o nível geral de interferência nos direitos de propriedade que existe num determinado país, explica a sua riqueza total. Quanto mais socialista um país, mais prejudicado será o processo de produção de nova riqueza e a manutenção daquela existente, e mais pobre esse país continuará a sê-lo ou se tornará.[9] O fato de os Estados Unidos serem, em geral, mais ricos do que a Europa Oriental, e da Alemanha Ocidental ser muito mais rica do que a Alemanha Oriental, pode ser explicado pelo menor grau de

---

[9] Para evitar qualquer equívoco desde o início devo explicar que a tese aqui apresentada é que a riqueza geral de qualquer sociedade será relativamente maior, ou seja, crescerá mais do que de outro modo cresceria se o grau geral de socialismo fosse menor e vice-versa. Os Estados Unidos, por exemplo, melhorariam seus padrões de vida ao adotar mais capitalismo (acima do nível que seria alcançado de outra forma), e isso também aconteceria na Alemanha etc. No entanto, é uma tarefa um tanto diferente explicar a posição relativa (em relação à riqueza geral) de sociedades diversas em qualquer período determinado porque depois, certamente, o "ceteris" não será necessariamente mais o "paribus", ao passo que outras coisas, além de um grau existente de socialismo, sem dúvidas, afetam a riqueza geral da sociedade. A história de uma determinada sociedade, por exemplo, tem um efeito formidável sobre a sua riqueza atual. Cada sociedade é rica ou pobre não apenas por causa do presente, mas também das condições do passado; devido ao capital acumulado ou destruído no passado pelos nossos pais ou antepassados. Dessa forma, pode acontecer de uma sociedade que é atualmente mais capitalista ainda ser significativamente mais pobre do que uma sociedade socialista. E o mesmo resultado, só que aparentemente paradoxal, pode surgir porque as sociedades podem divergir (e divergem) em relação a outros fatores operacionais, anteriores e atuais, que afetam a produção de riqueza. Podem existir, e existem, por exemplo, diferenças na ética do trabalho e/ou visões de mundo e hábitos predominantes entre as sociedades e estas podem e levam em consideração as divergências (ou semelhanças) na produção de riqueza das sociedades iguais ou diferentes em relação ao grau atual de socialismo. Portanto, a melhor e mais honesta maneira de ilustrar a validade da tese de que o grau de socialismo é inversamente proporcional à riqueza da sociedade em qualquer análise social comparativa seria comparar sociedades que, exceto pelas diferenças no grau de socialismo, são *paribus* em relação à sua história e às atuais características sócio-psicológicas de seu povo, ou que são pelo menos muito parecidas, como, por exemplo, as Alemanhas Oriental e Ocidental: e aqui o efeito previsto, de fato, se mostra da forma mais dramática, como iremos tratar nos capítulos seguintes.

socialismo, como também explica o fato de a Suíça ser mais próspera do que a Áustria ou do que a Inglaterra, que foi o país mais rico do mundo no século XIX e que caiu agora para o que é apropriadamente chamado de país subdesenvolvido (N.T.: o leitor deve ter sempre em mente que quando Hoppe fala no tempo presente está se referindo à década de 1980, quando escreveu este livro).

Mas o meu interesse aqui não será exclusivamente com os efeitos globais da riqueza, nem com o aspecto econômico do problema de forma isolada. Por um lado, na análise de diferentes tipos de socialismo para os quais existem exemplos reais históricos (que, muitas vezes, não são chamados de socialismo, mas por nomes mais atraentes[10]), é importante explicar por que, e de que maneira, *cada* intervenção, grande ou pequena, em qualquer lugar, lá ou aqui, produz um resultado específico de perturbação na estrutura social que um observador superficial e teoricamente despreparado, cego por uma consequência imediata "positiva" de uma intervenção específica, não consegue perceber. Porém, esse efeito negativo existe mesmo assim e, com certo atraso, vai causar problemas mais graves e em maior quantidade numa parte diferente do tecido social se comparado com aqueles inicialmente resolvidos pelo ato inicial de intervenção. Assim, por exemplo, os efeitos visíveis altamente positivos das políticas socialistas como "comidas baratas", "aluguéis mais baixos", isto e aquilo "grátis", não são só coisas positivas suspensas no ar, desconectadas de todo o resto, mas são fenômenos que têm que ser pagos de alguma maneira: seja com menos comida e de qualidade inferior, com falta de moradia, decadência e favelas, com enormes filas e corrupção, e, além disso, com padrões de vida mais baixos, uma reduzida formação de capital e/ou aumento do consumo de capital. E um fato muito menos visível, mas quase sempre mencionado "de forma positiva" – um maior sentimento de solidariedade entre as pessoas, um grande valor associado a coisas como família, parentes ou amigos, que se verifica, por exemplo, entre os alemães orientais quando comparados aos seus compatriotas mais "individualistas" e "egoístas" –, não é, de novo, um fato simples, isolado e impossível de ser analisado. Esses sentimentos são o resultado de um sistema social de escassez constante e de oportunidades continuamente reprimidas de melhorar a situação pelos próprios meios. Na Alemanha Oriental, para realizar as tarefas cotidianas mais simples, como um conserto em casa, que em outros países exigiria não mais do que uma ligação telefônica, você é obrigado a confiar muito mais nas relações "pessoais" (quando comparado com as relações comerciais impessoais); e onde a vida pública de alguém está sob constante observação da "sociedade", você tem que agir com discrição.

---

[10] A propósito, nos Estados Unidos, "socialismo" é chamado de "liberalismo" e o socialista, o social democrata de lá, que se qualifica como "liberal" geralmente detesta ser chamado de "socialista".

Analisados em detalhes, os efeitos particulares de ruptura são produzidos: 1) por uma política marxista tradicional de nacionalização e de socialização dos meios de produção ou pela aquisição dos meios de produção dos proprietários privados; 2) por uma política social-democrata revisionista de redistribuição igualitária de renda; 3) por uma política de mentalidade conservadora que tenta preservar o *status quo* mediante regulações econômicas e do comportamento, além do controle de preços; e 4) por um sistema de mentalidade tecnocraticamente pragmática, uma fragmentada engenharia social e econômica, e intervenções.

Esses tipos de política, que serão analisadas a seguir, não são completamente homogêneas e mutuamente exclusivas. Cada uma pode ser realizada através de graus variados, há diferentes formas de fazer as coisas sob cada uma dessas categorias de política e os diferentes esquemas políticos podem ser combinados até certo ponto. Na verdade, cada sociedade é uma mistura de todos eles, pois é o resultado de diversas forças políticas que variaram em força e influência em diferentes momentos da história. A razão para analisá-los separadamente (além do fato óbvio de que nem todos os problemas podem ser discutidos de uma só vez) é que eles compõem os esquemas políticos associados com grupos sociais, movimentos, partidos etc., claramente distintos e que cada esquema político afeta a riqueza geral de uma forma um pouco diferente.

E o socialismo, de maneira alguma, será analisado apenas sob o ponto de vista econômico. É claro, o socialismo, especialmente a sua versão marxista ou "pseudo-científica", sempre pretendeu ser uma organização de sociedade economicamente superior (além de todas as suas demais supostas qualidades) em comparação com a chamada "anarquia de produção" do capitalismo.[11] Mas o socialismo não entra em colapso quando se demonstra que, na verdade, ocorre o contrário, ou seja, que ele gera empobrecimento, não riqueza. Certamente, o socialismo perde muito de seu apelo atrativo para a maioria das pessoas quando esse fato é compreendido. No entanto, não é definitivamente a sua finalidade argumentativa desde que possa alegar – qualquer que seja o seu desempenho *econômico* – que representa uma moralidade mais elevada, que é mais justo e que tem um fundamento eticamente superior.

Esperamos, contudo, mediante uma análise detalhada de teoria de propriedade contida nas diferentes versões do socialismo, que este estudo deixe claro que nada poderia estar mais longe da verdade. Será demonstrado que a teoria da propriedade contida no socialismo nor-

---

[11] Lembremos dos repetidos pronunciamentos nos primórdios do comunismo russo-soviético, até o governo de Nikita Khrushchev, de que o mundo capitalista seria logo superado economicamente.

malmente não resiste ao primeiro teste decisivo (a condição necessária, se não suficiente) exigido pelas regras da conduta humana que alegam ser moralmente justificadas ou justificáveis. Esse teste, como formulado na chamada regra de ouro ou, de forma similar, no imperativo categórico kantiano, requer que, para ser justa, uma norma deve ser geral e aplicável a cada pessoa da mesma maneira. A norma não pode especificar direitos ou obrigações diversas para diferentes categorias de pessoas (uma para os ruivos e outra para pessoas com cabelos de cor diferente, ou uma norma para mulheres e outra diferente para os homens), como uma norma "particularista", naturalmente, nunca poderia, nem mesmo em princípio, ser aceitável por todos como uma norma justa. Porém, normas particularistas do tipo "Eu posso bater em você, mas a você não é permitido bater em mim" estão na própria base de todas as formas de socialismo já experimentadas, como se tornará evidente no curso deste estudo. Não só no aspecto econômico, mas também no campo da moral, o socialismo acaba por ser um sistema mal concebido de organização social. Mais uma vez, a despeito de sua péssima reputação pública, é o capitalismo (um sistema social baseado justamente no reconhecimento da propriedade privada e nas relações contratuais entre proprietários privados) que vence completamente. Será demonstrado que a teoria da propriedade inerente ao capitalismo não apenas passa no primeiro teste da "universalização", mas acaba por ser a pré-condição lógica (*die Bedingung der Moeglichkeit*) de qualquer tipo de justificação argumentativa: seja quem for que argumente a favor de *qualquer coisa*, e, em particular, a favor de certas normas como sendo justas, deve pressupor, pelo menos de maneira implícita, a validade das normas de propriedade inerentes ao capitalismo. Negar sua validade enquanto normas de aceitação universal e argumentar em defesa do socialismo é, portanto, ser autocontraditório.

A reconstrução da moral da propriedade privada e sua justificação ética leva a uma reavaliação do socialismo e, como se vê, à reavaliação do estado enquanto instituição, dependendo do que este faz para garantir a sua própria existência ao tributar e obrigar as pessoas a serem seus membros (cidadania), como a própria incorporação das ideias socialistas a respeito da propriedade. Sem qualquer fundamentação econômica e moral sólida que justifiquem a sua existência, o socialismo e o estado serão, então, reduzidos a, e explicados como, um fenômeno de relevância meramente sócio-psicológica.

Orientado por essas considerações, a discussão finalmente retorna à economia. Os capítulos finais lidarão com a tarefa construtiva de explicar o funcionamento de uma ordem social capitalista pura como uma alternativa moral e economicamente necessária ao socialismo. Mais especificamente, eles serão dedicados a uma análise de como um sistema social baseado numa ética da propriedade privada enfrenta o problema do monopólio e da produção dos chamados "bens públicos", e em particular da produção de segurança, ou seja, da polícia e dos serviços judiciários. O argumento será que, ao contrário da maior parte do que tem sido escrito na literatura econômica sobre o monopólio e sobre os bens públicos, o problema não existe ou, se existisse, ainda assim não seria suficiente, em qualquer sentido significativo, para provar qualquer deficiência econômica num sistema de puro mercado. Em vez disso, sem exceção e necessariamente, uma ordem capitalista sempre provê de forma mais eficiente para atender as necessidades mais urgentes dos consumidores voluntários, incluindo os serviços prestados pela polícia e pelo judiciário. Após realizar esta tarefa construtiva, o argumento terá completado o círculo e a destruição da credibilidade intelectual do socialismo, tanto na esfera moral quanto econômica, deverá ser completa.

Capítulo 2
Propriedade, Contrato, Agressão, Capitalismo, Socialismo

Antes de avançar para o mais estimulante campo de análise de diferentes projetos políticos a partir do ponto de vista da teoria econômica e da filosofia política, é essencial introduzir e explicar os conceitos básicos usados ao longo do presente estudo. De fato, os conceitos explicados neste capítulo (de propriedade, contrato, agressão, capitalismo e socialismo) são tão básicos, tão fundamentais que não se pode evitar utilizá-los, mesmo que às vezes de forma implícita. Infelizmente, porém, o próprio fato de que na análise de qualquer espécie de ação humana e/ou de qualquer tipo de relacionamento interpessoal é preciso usar esses conceitos não significa que todos tenham um entendimento preciso deles. Parece ser exatamente o contrário. Porque o conceito de propriedade é, por exemplo, tão básico e todos parecem ter alguma compreensão imediata sobre ele, que a maioria das pessoas nunca reflete cuidadosamente sobre o assunto e pode, em consequência, chegar no máximo a uma definição vaga. Partir de definições imprecisas ou fictícias e construir uma rede complexa de pensamento sobre elas só podem conduzir a um desastre intelectual. Pois as imprecisões originais e as lacunas irão permear e distorcer tudo o que delas derivam. Para evitar esse problema, o conceito de propriedade dever ser antes esclarecido.

Depois do conceito de ação, a propriedade é a categoria conceitual mais fundamental dentro das ciências sociais. Na verdade, todos os outros conceitos a serem apresentados neste capítulo – agressão, contrato, capitalismo e socialismo – são definíveis de acordo com a propriedade: agressão sendo agressão contra a propriedade, contrato sendo um relacionamento não--agressivo entre proprietários, socialismo sendo uma política institucionalizada de agressão contra a propriedade, e o capitalismo sendo uma política institucionalizada de reconhecimento da propriedade e do contratualismo.

Comecemos com uma explicação da condição prévia necessária para o conceito de propriedade emergir.[12] Para que surja um conceito de propriedade deve haver uma escassez de bens. Se não houver escassez, e todos os bens forem chamados de "bens gratuitos", cujo uso por qualquer pessoa para qualquer finalidade não excluísse (ou interferisse ou restringisse) de

---
[12] Conferir (Cf.) D. Hume, *Tratado da Natureza Humana* Lisboa: Calouste Gulbenkian, 2001, especialmente (esp.) Livro III, Parte II, Seção II, p.559; e, *Investigações Sobre o Entendimento Humano*, São Paulo: Editora UNESP, 2004; cf. L. Robbins, *Political Economy: Past and Present*, London, 1977, esp. p. 29-33.

alguma maneira seu uso por qualquer outra pessoa para qualquer outro propósito, a propriedade, então, não seria necessária. Se, digamos, devido a alguma superabundância paradisíaca de bananas, meu consumo atual de bananas não reduzisse meu próprio suprimento futuro de bananas (e possivelmente o consumo), nem o presente nem o futuro suprimento de bananas de qualquer outra pessoa, então, a atribuição dos direitos de propriedade, neste caso se referindo às bananas, seria supérfluo. Para desenvolver o conceito de propriedade é necessário que os bens sejam escassos, de modo que seja possível surgir conflitos sobre o uso desses bens. É função dos direitos de propriedade evitar esses possíveis conflitos sobre o uso dos recursos escassos através da atribuição de direitos de propriedade exclusiva. A propriedade é, dessa forma, um conceito normativo, concebido para tornar possível uma interação livre de conflitos pela estipulação de regras de conduta (normas) mútuas e vinculativas em relação aos recursos escassos.[13] Não é preciso observar muito para verificar que há, na verdade, uma escassez de bens, de todos os tipos de bens, em qualquer lugar, e assim se torna evidente a necessidade dos direitos de propriedade. Na realidade, até mesmo se assumirmos que vivemos no Jardim do Éden, onde haveria uma imensa abundância de tudo o que era preciso não apenas para sustentar a vida de alguém, mas para saciar cada conforto simplesmente estendendo as mãos para pegar o que fosse necessário, o conceito de propriedade teria que, necessariamente, ser desenvolvido. Pois até mesmo sob essas circunstâncias "ideais", cada corpo físico de um indivíduo ainda seria um recurso escasso e por isso existiria a necessidade de estabelecer regras de propriedade, ou seja, regras relativas ao corpo das pessoas. As pessoas não estão acostumadas a pensar em seu próprio corpo como um bem escasso, mas ao imaginar a situação mais ideal que se pode esperar, como o Jardim do Éden, torna-se possível perceber que o corpo de alguém é realmente o protótipo de um bem escasso para que o uso dos direitos de propriedade, ou seja, os direitos de propriedade exclusiva, sejam de alguma maneira estabelecidos com a finalidade de evitar conflitos.

Na realidade, enquanto uma pessoa age[14], ou seja, enquanto uma pessoa

---

[13] A propósito, o caráter *normativo* do conceito de propriedade também cria a pré-condição suficiente para o seu aparecimento como um conceito claro: além da escassez, deve existir a "racionalidade dos agentes", ou seja, os agentes devem ser capazes de se comunicar, discutir, argumentar, e, em particular, *devem ser capazes de se envolver numa argumentação dos problemas normativos*. Se não houvesse tal capacidade de comunicação, simplesmente os conceitos normativos não teriam qualquer serventia. Por exemplo, nós não tentamos evitar os conflitos sobre o uso de um determinado recurso escasso com, digamos, um elefante, pela invocação dos direitos de propriedade, porque não podemos argumentar com um elefante e, consequentemente, chegar a um acordo sobre os direitos de propriedade. A prevenção de conflitos futuros, neste caso, é um problema exclusivamente *técnico* (em oposição a um problema normativo).

[14] Deveríamos observar que uma pessoa não pode *não* agir intencionalmente, pois mesmo a tentativa de não agir, ou seja, sua decisão de *não* fazer nada e se manter em um estado ou posição anteriormente ocupada por si só seria qualificado como uma ação, assim tornando essa afirmação aprioristicamente

tenta intencionalmente alterar um estado de coisas que é subjetivamente percebido e avaliado como menos satisfatório para um estado que parece mais recompensador, essa ação envolve necessariamente uma escolha relativa ao uso do corpo desse indivíduo. E escolher, preferindo uma coisa ou estado a outro, significa, evidentemente, que nem tudo, que nem todos os prazeres e satisfações possíveis, podem ser desfrutados ao mesmo tempo, mas que algo considerado menos valioso deve ser preterido com a finalidade de obter alguma outra coisa considerada mais valiosa[15]. Assim, escolher sempre resulta em custos: renunciar possíveis prazeres porque os meios necessários para obtê-los são escassos e estão ligados a algum uso alternativo que promete retornos muito mais valiosos do que as oportunidades perdidas.[16] Até no Jardim do Éden eu não poderia, simultaneamente, comer uma maçã, fumar um cigarro, tomar uma bebida, subir numa árvore, ler um livro, construir uma casa, brincar com meu gato, dirigir um carro etc. Eu teria que fazer escolhas e só poderia realizar essas ações em sequência. E seria assim porque só há um corpo que eu posso utilizar para realizá-las e para desfrutar a satisfação advinda de cada uma dessas realizações. Eu não tenho uma abundância de corpos que me permitiria aproveitar, simultaneamente, todas as satisfações possíveis num único momento de êxtase. Num outro aspecto, eu também estaria limitado pela escassez: na medida em que esse recurso escasso chamado de "corpo" não é indestrutível e nem equipado com saúde e energia eternas, mas um organismo com apenas um tempo de vida limitado, o tempo também é escasso. O tempo utilizado para buscar o objetivo A reduz o tempo disponível para perseguir outros objetivos. E quanto mais tempo se gasta para atingir o resultado desejado, maiores serão os custos envolvidos na espera e maior deve ser a satisfação esperada para justificar esses custos.

Portanto, por causa da escassez do corpo e do tempo, até mesmo no Jardim do Éden teriam que ser estabelecidas regulamentações de propriedade. Sem elas, e admitindo agora que existe mais de uma pessoa, que o alcance de sua ações se sobrepõem, e que não há uma preestabelecida harmonia e sincronização de interesses entre esses indivíduos, os conflitos sobre o uso do próprio corpo seriam inevitáveis. Eu, por exemplo, poderia querer usar o meu corpo para desfrutar uma xícara de chá enquanto outra pessoa poderia querer começar um relacionamento amoroso com meu

---

verdadeira, ou seja, uma afirmação que não pode ser contestada pela experiência, pois qualquer um que tentasse refutá-la teria, desse modo, que escolher e, querendo ou não, colocar seu corpo para algum uso específico.
[15] Cf. L. v. Mises, *Ação Humana*, São Paulo: Instituto Ludwig von Mises Brasil, 2010, esp. part. 1; M. N. Rothbard, *Man, Economy and State*, Los Angeles, 1970; cf. também: L. Robbins, *Nature and Significance of Economic Science*, London, 1935.
[16] Sobre o conceito de custo, cf. especificamente M. Buchanan, *Cost and Choice*, Chicago, 1969; *L.S.E. Essays on Cost* (ed. Buchanan e Thirlby), Indianapolis, 1981.

corpo, me impedindo assim de beber o chá e também reduzindo o tempo disponível para buscar meus próprios objetivos por meio deste corpo. Para evitar esses possíveis conflitos, devem ser criadas regras de propriedade exclusiva. Na verdade, desde que haja ação, há necessidade de se estabelecerem regras de propriedade. Para manter as coisas simples e livres de detalhes que distraiam a atenção, continuemos a admitir, por outra extensão da análise, que nós, de fato, habitamos o Jardim do Éden, onde exclusivamente um corpo de alguém, o espaço que ocupa e o tempo são recursos escassos. O que o protótipo de um bem escasso pode nos dizer acerca da propriedade e de seus derivados conceituais?

Enquanto que até mesmo num mundo com um único tipo de recurso escasso todas as espécies de normas que regulam a propriedade exclusiva em relação aos meios escassos sejam concebíveis a princípio (por exemplo, uma norma como "às segundas-feiras eu determino o uso dos nossos corpos, às terças-feiras você determina o uso etc."), é certo que nem todas as normas teriam a mesma chance de serem propostas e aceitas. Então, parece ser mais adequado iniciar a análise com a norma de propriedade, que seria mais provável de ser aceita pelos habitantes do Éden como a "posição natural" em relação à atribuição de direitos de propriedade exclusiva nos corpos. Na verdade, nesse estágio do argumento ainda não estamos preocupados com a ética e com o problema da justificação moral das normas. Dessa forma, enquanto pode ser muito bem admitido desde o início que estou realmente debatendo tardiamente que a posição natural é a única moralmente defensável, e que embora eu esteja convencido de que esta é natural porque é moralmente defensável, neste momento, natural não sugere qualquer conotação moral. É simplesmente uma categoria sócio-psicológica usada para indicar que essa posição provavelmente encontraria um maior apoio na opinião pública[17]. Realmente, sua naturalidade é expressa pelo próprio fato de que ao falar sobre corpos também é quase impossível evitar o uso de expressões possessivas (indicativo de posse). Um corpo é normalmente classificado como um corpo específico de alguém: meu corpo, o seu, o dele etc. (e, consequentemente, acontece o mesmo quando se fala de ações!), e ninguém tem o menor problema para distinguir o que é meu, seu etc. Claramente, ao fazê-lo, alguém está atribuindo títulos de propriedade e distinguindo entre proprietários privados e recursos escassos.

---

[17] Vale aqui mencionar que a validade de tudo o que será apresentado a seguir de forma alguma depende da exatidão da descrição da posição natural como sendo "natural". Mesmo se alguém estivesse disposto a conceder à suposta posição natural o status de um ponto inicial arbitrário, nossa análise seria válida. As condições não importam; o que conta é o que a posição natural realmente é e o que significa enquanto tal. As análises seguintes estão preocupadas exclusivamente com *este* problema.

Qual é, então, a posição natural em relação à propriedade contida na maneira natural de se falar sobre corpos? Toda pessoa tem o direito exclusivo de propriedade de seu corpo dentro dos limites de sua superfície. Todo indivíduo pode usar seu corpo para o que ele considera ser o melhor para seus interesses imediatos e de longo prazo, bem-estar ou satisfação, desde que não interfira nos direitos de outra pessoa de controlar o uso de seu próprio corpo. Essa "propriedade" do próprio corpo significa o direito de alguém para convidar (ou concordar com) outra pessoa a fazer algo com o respectivo corpo: meu direito de fazer com o meu corpo tudo o que eu quiser, o que inclui o direito de pedir e de deixar que alguém use o meu corpo, ame-o, examine-o, injete nele medicamentos ou drogas, altere sua aparência física e até mesmo agrida, danifique ou mate-o, se isso for o que eu gostar e concordar. Relações interpessoais desse tipo são e serão chamadas de *trocas contratuais*. Elas são caracterizadas pelo fato de que um acordo sobre o uso dos recursos escassos é obtido, acordo este baseado no respeito mútuo e no reconhecimento de cada um e de todos os parceiros de troca sobre o domínio do controle exclusivo de seus respectivos corpos. Por definição, essas trocas contratuais, embora, *em retrospecto*, não sejam necessariamente vantajosas para cada um e para todos os parceiros de troca (não gostei da minha aparência depois da cirurgia, mesmo que o médico tenha feito exatamente aquilo que eu pedi que ele fizesse no meu rosto) são sempre, e necessariamente, mutuamente vantajosas para cada participante *ex ante*, caso contrário, a troca simplesmente não se realizaria.

Se, por outro lado, uma ação executada indesejadamente invade ou altera a integridade física do corpo de outra pessoa, fazendo um uso dele que não agrada a esta outra pessoa, essa ação, de acordo com a posição natural em relação à propriedade, é chamada de *agressão*.[18] Seria agressão se uma pessoa tentasse satisfazer seus desejos sexuais ou sádicos mediante estupro ou batendo em outra pessoa sem que ela tenha expressamente consentido. E também seria agressão se uma pessoa fosse impedida fisicamente de executar determinadas ações com seu próprio corpo que poderiam não *agradar* outra pessoa (como o uso de meias rosa ou de cabelo cacheado, ou beber diariamente, ou primeiro dormir e depois filosofar em vez do contrário), mas que se de fato fossem executadas não iriam, por si só, provocar uma mudança na integridade física do corpo de qualquer outra pessoa.[19]

---

[18] Observe mais uma vez que o termo "agressão" é usado aqui sem conotações avaliativas. Só posteriormente irei demonstrar neste trabalho que a agressão como definida anteriormente é, na verdade, moralmente indefensável. Nomes são vazios; a única coisa que importa é o que realmente está se chamado de agressão.

[19] Quando eu for discutir no capítulo 7 o problema da justificação moral, voltarei a tratar da importância da distinção já feita da agressão como uma invasão da integridade *física* de alguém e, por outro lado, uma invasão da integridade do sistema de valores de um terceiro, que não é qualificado como agressão. Por hora basta perceber que é algum tipo de necessidade técnica para *qualquer* teoria da pro-

Então, por definição, um ato agressivo significa, sempre e necessariamente, que uma pessoa, ao executá-lo, aumenta seu prazer às custas da diminuição do prazer de outra.

Qual é a razão fundamental implícita dessa posição natural em relação à propriedade? Na base da teoria natural da propriedade reside a ideia de basear a atribuição de um direito exclusivo de propriedade na existência de um vínculo objetivo, intersubjetivamente determinável, entre o proprietário e a propriedade, e, *mutatis mutandis*, de identificar como agressivas todas as reivindicações de propriedade que só podem invocar a seu favor uma evidência puramente subjetiva. Enquanto eu posso alegar a meu favor, no que se refere ao meu direito de propriedade sobre o meu corpo, o fato objetivo de que eu fui o primeiro ocupante desse corpo – seu primeiro usuário – qualquer outra pessoa que pretenda ter o direito de controlar esse mesmo corpo nada pode alegar nesse sentido. Ninguém poderia considerar o meu corpo como sendo um produto de sua vontade da mesma forma como eu posso considerá-lo um produto da minha vontade; essa pretensão ao direito de determinar o uso desse recurso escasso que chamo de "meu corpo" seria uma reivindicação de não-usuários, de não-produtores, e estaria baseada exclusivamente na opinião subjetiva, ou seja, numa declaração meramente verbal de que as coisas deveriam ser desta ou daquela forma. Obviamente, essas pretensões verbais também poderiam apontar (e quase sempre irão) para certos fatos ("Eu sou maior, mais esperto, mais pobre ou muito especial etc.".), e poderiam, dessa forma, tentar legitimar-se. Mas fatos como esses não estabelecem (e nem poderiam estabelecer) qualquer vínculo objetivo entre um determinado recurso escasso e uma pessoa específica. No que se refere a cada recurso específico, a propriedade de cada um pode ser, por essa razão, estabelecida ou rejeitada. Esse direito de propriedade, surgido do nada e com vínculos puramente verbais entre proprietários e as coisas possuídas, é chamado de agressivo, segundo a teoria natural da propriedade. Quando comparado com esta, meu direito de propriedade sobre o meu corpo pode apontar para um determinado vínculo natural; e assim o é porque meu corpo foi *produzido*, e tudo o que foi produzido (em contraste com as coisas "dadas") tem, logicamente, uma determinada conexão com algum produtor (ou produtores) definido; neste caso, eu próprio. Para evitar qualquer equívoco, "produzir" não quer dizer "criar do nada" (afinal, meu corpo também é uma coisa dada naturalmente); significa alterar uma coisa naturalmente

---

priedade (não apenas da posição natural descrita aqui) que a delimitação dos direitos de propriedade de alguém contra os de outra pessoa seja formulada em termos *físicos, objetivos* e *intersubjetivamente determinável*. Caso contrário, seria impossível para um agente determinar *ex ante* se alguma ação sua em particular seria ou não uma agressão e, dessa forma, a função social das normas de propriedade (*quaisquer* normas de propriedade), qual seja, tornar possível uma interação livre de conflitos, não poderia ser cumprida simplesmente por razões técnicas.

dada de acordo com um plano de transformar a natureza. Isso também não quer dizer "transformar toda e qualquer parte da coisa" (afinal, meu corpo tem muitas partes em relação às quais eu nunca fiz nada!); ao invés disso, significa transformar uma coisa dentro de (incluindo ou excluindo) limites, ou, ainda mais precisamente, criar delimitações para as coisas. E, finalmente, "produzir" também não quer dizer que o processo de produção tenha que continuar indefinidamente (afinal, às vezes estou dormindo e o meu corpo não é, certamente, um produto das minhas ações nesse momento), apenas significa que algo foi produzido no passado e pode ser reconhecido como tal. São essas reivindicações de propriedade, que podem ser derivadas de esforços produtivos delimitadores passados e que podem ser ligadas a indivíduos específicos enquanto produtores, que lembram o "natural" e "não-agressivo".[20]

As ideias do capitalismo e do socialismo devem estar um pouco mais claras neste momento. Mas antes de deixar o Jardim do Éden de uma vez por todas, dever-se-ia olhar para as *consequências* da introdução, no paraíso, dos elementos da propriedade estabelecida agressivamente, pois isso ajudaria a esclarecer, pura e simplesmente, o problema social e econômico central de cada tipo de socialismo real, ou seja, do socialismo num mundo de completa escassez, cuja análise detalhada é a preocupação dos capítulos seguintes.

Até mesmo na terra do leite e do mel, as pessoas poderiam, evidentemente, escolher diferentes estilos de vida, definir objetivos diversos, ter padrões diferentes a respeito de que tipo de personalidade gostariam de desenvolver e sobre quais realizações prefeririam se empenhar para conquistar. Realmente, não haveria necessidade de se trabalhar para ganhar a vida enquanto houvesse uma superabundância de tudo. Mas, drasticamente falando, uma pessoa ainda poderia escolher se tornar um bêbado ou um filósofo, o que significa dizer, mais tecnicamente, que poderia optar entre usar o corpo de uma forma mais ou menos compensadora do ponto de vista do agente, ou usá-lo de uma maneira em que os resultados só seriam colhidos num futuro mais ou menos distante. Decisões como as mencionadas devem ser chamadas de "decisões de consumo". Decisões, por outro lado, de usar o corpo em troca de um retorno posterior, ou seja,

---

[20] Vale ressaltar que o direito de propriedade decorrente da produção encontra sua limitação natural somente quando, como no caso das crianças, a coisa produzida é, por si só, um outro agente-produtor. Segundo a teoria natural da propriedade, uma criança, uma vez nascida, é tão proprietária de seu corpo quanto qualquer outra pessoa. Por essa razão, a criança não apenas pode esperar não ser fisicamente agredida, mas como proprietária de seu corpo ela tem o direito, em particular, de abandonar seus pais uma vez que é fisicamente capaz de fugir deles e dizer "não" às possíveis tentativas de recapturá-la. Os pais têm somente direitos especiais em relação aos seus filhos – decorrente do *status* singular de produtores das crianças – na medida em que eles (e ninguém mais) podem legitimamente reivindicar serem o provedor da criança desde que a criança seja fisicamente incapaz de fugir e dizer "não".

decisões induzidas por alguma recompensa ou satisfação previstas num futuro mais ou menos distante, exigindo do agente superar a desutilidade da espera (o tempo é escasso!), devem ser chamadas de "decisões de investimento" – decisões que significam investir no "capital humano", no capital incorporado no próprio corpo físico.[21]

Admitamos agora que a propriedade estabelecida agressivamente seja introduzida. Considerando que, antes, cada pessoa era a proprietária exclusiva de seu corpo e poderia decidir se tornar um bêbado ou um filósofo, agora se instituiu um sistema no qual o direito da pessoa de determinar como usar o seu corpo é cerceado ou completamente eliminado, e este direito é, em parte ou totalmente, delegado a outra pessoa que não está naturalmente ligada ao respectivo corpo como seu produtor. Qual seria a consequência disso? A abolição da propriedade privada do corpo de alguém pode ter amplas consequências: os não-produtores podem ter o direito de determinar todos os usos do meu corpo durante todo o tempo, ou o direito de fazê-lo pode ser restrito em relação ao tempo e/ou aos domínios, e essas restrições podem ser novamente flexibilizadas (com os não-produtores tendo o direito de modificar as definições restritivas ao seu bel prazer) ou determinadas de uma vez por todas, e, portanto, as consequências podem, obviamente, ser mais ou menos drásticas. Mas, independentemente do nível, a socialização da propriedade sempre, e necessariamente, produz dois tipos de resultados. O primeiro, "econômico" no sentido mais estrito do termo, é a redução no montante do investimento no capital humano, conforme definido anteriormente. O proprietário natural de um corpo não pode deixar de tomar decisões em relação àquele corpo na medida em que não comete suicídio e decide permanecer vivo, não importa o quão restritos estejam seus direitos de propriedade.

Mas já que ele não pode mais decidir sobre si mesmo, sem ser importunado, sobre o que fazer com o próprio corpo, o valor que atribuiu ao seu corpo é agora menor; a satisfação desejada, o ganho psíquico, isto é, o que ele pode obter do seu próprio corpo ao utilizá-lo para determinadas ações, é reduzido porque a gama de opções disponíveis foi limitada. Então, como cada ação implica, necessariamente, em custos (como explicado anterior-

---

[21] Sobre a desutilidade do trabalho e da espera verificar a teoria da preferência temporal defendida por L. v. Mises, *Ação Humana*, São Paulo: Instituto Ludwig von Mises Brasil, 2010, capítulos 5, 18, 21; idem, *Socialism*, Indianapolis, 1981, capítulo 8; Murray N. Rothbard, *Man, Economy and State*, Los Angeles, 1970, capítulos 6, 9; e também Eugen von Böhm-Bawerk, *Kapital und Kapitalzins. Positive Theory des Kapitals*, Meisenheim, 1967; F. Fetter, *Capital, Interest and Rent*, Kansas City, 1976. Para uma avaliação crítica do termo "capital humano", em particular sobre o tratamento absurdo que esse conceito tem recebido nas mãos de alguns economistas da Universidade de Chicago (notavelmente de G. Becker, *Human Capital*, New York, 1975), cf. A. Rubner, *The Three Sacred Cows of Economics*, New York, 1970.

mente), e com uma dada inclinação para superar os custos em troca de um lucro ou recompensa esperados, o proprietário natural é confrontado com uma situação em que os custos da ação devem ser reduzidos para trazê-los de volta ao patamar do ganho menor presumido. No Jardim do Éden, há somente uma forma de fazê-lo: encurtando o tempo de espera, reduzindo a sua desutilidade, e optando por um curso de ação que promete retornos antecipados. Assim, a introdução da propriedade estabelecida agressivamente conduz a uma tendência de diminuição das decisões de investimento e de favorecimento das decisões de consumo. Em termos drásticos, tal quadro leva a uma inclinação de transformar filósofos em bêbados. Essa tendência é permanente e mais evidente quando a ameaça de intervenção contra os direitos de propriedade natural for permanente, e é menor na medida em que tal ameaça esteja restrita em certas épocas e domínios. Mas, em todo caso, a taxa de investimento no capital humano é menor do que seria se o direito de controle exclusivo dos proprietários naturais sobre seus corpos permanecesse intacto e absoluto.

A segunda consequência deve ser qualificada de social. A introdução da propriedade estabelecida agressivamente significa uma mudança na estrutura social, uma alteração na composição da sociedade em relação à personalidade e aos tipos de comportamento. Abandonar a teoria natural da propriedade resulta numa redistribuição de renda. O ganho psíquico das pessoas na qualidade de usuários do "próprio" corpo natural, de pessoas que se expressam através de seus corpos, e se satisfazem ao fazê-lo, é reduzido *às custas* de um aumento do ganho psíquico daquelas pessoas na qualidade de invasores dos corpos de terceiros. Tornou-se relativamente mais difícil e mais caro obter satisfação no uso do próprio corpo sem invadir o de outros, e relativamente menos difícil e caro auferir satisfação ao usar o corpo de outros para seus próprios fins. Esse fato por si só não implica qualquer mudança social, mas uma vez que uma única hipótese empírica é demonstrada, passa a implicar: admitindo-se que há o desejo humano de se satisfazer às custas de uma perda de satisfação do outro pela instrumentalização do corpo de um terceiro, algo que não pode ser incutido em todos e na mesma proporção, mas que existe, às vezes e até certo ponto, em algumas pessoas, e que, de modo concebível, pode ser suprimido, estimulado e até favorecido por um determinado regime institucional, as consequências são iminentes. E, seguramente, essa hipótese é verdadeira. Dessa forma, a redistribuição de oportunidades para a obtenção de ganho deve resultar em mais pessoas utilizando a agressão para obter uma satisfação pessoal e/ou mais pessoas tornando-se mais agressivas, ou seja, alterando suas condutas de maneira crescente de não-agressivas para agressivas, e, como resultado, modificando lentamente as suas personalidades. Essa mudança na estrutura do caráter, na composição moral da sociedade, conduz, por sua vez, a outra redução no nível de investimento no capital humano.

Em resumo, as duas consequências que detalhamos são as razões mais fundamentais de por que o socialismo é um sistema de regime de propriedade economicamente inferior. De fato, ambos os resultados reaparecerão repetidamente no curso das análises seguintes dos regimes políticos socialistas. Tudo o que resta agora é explicar a teoria natural da propriedade no que diz respeito à escassez no mundo real, pois este é o ponto de partida de todas as formas do socialismo real.

Inobstante algumas diferenças evidentes entre os corpos e outros recursos escassos, todas as distinções conceituais podem ser realizadas e aplicadas novamente sem dificuldades: ao contrário dos corpos, que nunca são "sem dono", mas sempre tem um proprietário natural, todos os outros recursos escassos podem não ter donos. Este é o caso, na medida em que permanecem em seu estado natural sem serem utilizados por alguma pessoa. Eles só se tornam propriedade de alguém quando são tratados como meios escassos, ou seja, tão logo sejam ocupados em alguns limites objetivos e utilizados por alguém de forma específica. Esse ato de adquirir recursos sem proprietários anteriores é chamado de "apropriação original".[22] Uma vez que esses recursos sem dono são apropriados, torna-se agressão modificar, sem consentimento do proprietário, suas características físicas ou restringir sua variedade de usos, conquanto que um uso específico não afete as características físicas da propriedade de um terceiro – exatamente como no caso dos corpos. Somente no curso de um relacionamento contratual, ou seja, quando o proprietário natural dos meios escassos concorda explicitamente, é possível para um terceiro utilizar e alterar coisas previamente adquiridas. E apenas se o proprietário original ou anterior transferir deliberadamente seu título de propriedade para outra pessoa, tanto numa troca ou como um presente gratuito, esse terceiro pode se tornar o proprietário de tais coisas. Porém, ao contrário dos corpos, que pela mesma razão "natural" nunca podem não ter donos e também nunca podem ser abdicados *completamente* pelo proprietário natural, mas podem ser apenas "emprestados" enquanto durar o acordo entre os donos, naturalmente, todos os demais recursos escassos podem ser alienados e o dono pode renunciar para sempre à sua propriedade.[23]

Um sistema social baseado nessa posição natural sobre a atribuição dos direitos de propriedade é, e será a partir de agora, chamado de *sistema puramente capitalista*. E uma vez que suas ideias também podem ser enten-

---

[22] Sobre a teoria da apropriação original cf. J. Locke, *Dois Tratados do Governo Civil*, Coimbra: Edições 70, 2006, esp. o Livro II: Segundo Tratado.
[23] Sobre a distinção, fluindo naturalmente do caráter único do corpo de uma pessoa em contraste com todos os outros bens escassos, entre títulos de propriedade "inalienáveis" e "alienáveis" cf. W. Evers, "Toward a Reformation of a Law of Contracts," in: *Journal of Libertarian Studies*, 1977.

didas como as ideias dominantes do direito privado, ou seja, das normas reguladoras das relações entre os privados, também deve ser chamado de sistema puro de lei privada.[24] Esse sistema é fundado na ideia de que para ser considerado não-agressivo as reivindicações de propriedade devem estar apoiadas (resguardadas) pelo fato "objetivo" de um ato de apropriação original, de uma propriedade anterior, ou por uma relação contratual mutuamente benéfica. Tal relação tanto pode ser uma cooperação deliberada entre proprietários ou uma transferência intencional de títulos de propriedade de alguém para um terceiro.

Se esse sistema for alterado e substituído por uma política que atribui direitos, ainda que parciais, de controle exclusivo sobre os meios escassos a pessoas ou grupos que não podem ser remetidas a um ato de uso prévio dos recursos em questão, e nem a uma relação contratual com algum usuário-proprietário anterior, então, esse sistema será qualificado como *socialismo* (parcial).

O objetivo dos quatro capítulos seguintes será explicar como diferentes formas de desvio de um sistema puramente capitalista, formas diversas de redistribuição dos títulos de propriedade retirando-os dos proprietários naturais das coisas (ou seja, das pessoas que colocaram recursos específicos em usos específicos e por isso estão naturalmente vinculados a eles, para pessoas que ainda nada fizeram com os recursos, mas que tão-somente fizeram uma reivindicação declaratória verbal sobre os recursos) reduz os investimentos e aumenta o consumo, além de provocar uma mudança na composição da população ao favorecer pessoas improdutivas em detrimento das produtivas.

---

[24] A sobreposição do direito público sobre o direito privado maculou e comprometeu este último em certa medida e em todos os lugares. No entanto, não é difícil separar os sistemas de leis privadas existentes e encontrar o que é aqui chamado de posição natural como elemento constitutivo de seus elementos centrais – um fato que mais uma vez sublinha a "naturalidade" dessa teoria da propriedade. Cf. também o capítulo 8, n. 13.

Capítulo 3
Socialismo ao Estilo Russo

Definimos socialismo como uma política institucionalizada de redistribuição de títulos de propriedade. De forma mais precisa, socialismo é uma transferência de títulos de propriedade de pessoas que realmente utilizaram recursos escassos de alguma forma ou que os adquiriram contratualmente de pessoas que o fizeram anteriormente para terceiros, que nada fizeram com as coisas em questão e que nem as adquiriram formalmente por contrato. Em relação a um mundo altamente irreal – o Jardim do Éden –, chamei a atenção para as consequências socioeconômicas de tal sistema de atribuição de direitos de propriedade: uma redução do investimento no capital humano e o aumento dos incentivos para o desenvolvimento de tipos de personalidade improdutivas.

Agora eu pretendo ampliar e concretizar esta análise do socialismo e seu impacto sócio-econômico analisando diferentes versões, ainda que igualmente típicas, do socialismo. Neste capítulo, irei concentrar-me na análise daquilo que a maioria das pessoas passaram a ver como o "socialismo por excelência" (se não o único tipo de socialismo que existe), provavelmente o ponto de partida mais adequado para qualquer discussão sobre o socialismo. Este "socialismo por excelência" é um sistema social no qual os meios de produção, ou seja, os recursos escassos usados para produzir bens de consumo, são "nacionalizados" ou "socializados".

De fato, enquanto Karl Marx, e assim como ele a maioria dos seus contemporâneos intelectuais de esquerda, estava quase exclusivamente preocupado com a análise das falhas econômicas e sociais do capitalismo, e em todos os seus textos fez apenas alguns comentários gerais e vagos sobre o problema estrutural da organização do processo de produção sob o regime socialista, a alternativa supostamente superior ao capitalismo, não pode haver dúvida de que é isso (a socialização dos meios de produção) que ele considera a pedra angular de uma política socialista e a chave para um futuro melhor e mais próspero.[25] Consequentemente, a socialização dos meios de produção tem sido defendida desde então por todos os socialistas da persuasiva ortodoxia marxista. Não é apenas isto o que os partidos comunistas do Ocidente têm oficialmente reservado para nós, embora tenham se tornado cada vez mais relutantes em dizê-lo para que não atrapalhe o objetivo de conquistar o poder. Em todos os partidos socialistas e

---

[25] Sobre o marxismo e o seu desenvolvimento cf. L. Kolakowski, *Main Currents of Marxism*, 3 vols., Oxford, 1978; e W. Leonhard, *Sovietideologie. Die politischen Lehren*, Frankfurt/M., 1963.

social-democratas Ocidentais também existe uma minoria mais ou menos numerosa, sincera e eloquente com alguma influência e que apoia ardorosamente esse regime e propõe a socialização, se não de todos os meios de produção, pelo menos dos pertencentes às grandes empresas e grandes indústrias. Mais importante, setores maiores ou menores de indústrias nacionalizadas se tornaram parte da realidade social até mesmo nos chamados países de "maioria capitalista"; e, obviamente, foi tentada uma socialização quase completa dos meios de produção na União Soviética e, depois, em todos os países do leste europeu dominados pelo regime soviético, assim como vários outros países ao redor do mundo. Deste modo, a análise a seguir deve permitir-nos compreender os problemas sociais e econômicos dessas sociedades, na medida em que são caracterizadas por meios de produção nacionalizados. E, em particular, deve ajudar-nos a compreender os problemas centrais que flagelam a Rússia e os seus países--satélites uma vez que esses países realizaram uma política de socialização a tal ponto que pode ser legitimamente considerada como sua característica estrutural dominante. É devido a esse fato que o tipo de socialismo que investigamos aqui é chamado de socialismo ao estilo "russo".[26]

Quanto às forças catalisadoras que impulsionam os regimes de socialização, elas são declaradamente igualitárias. Uma vez que se permite a existência de propriedade privada dos meios de produção, permite-se que haja diferenças. Se eu possuo o recurso A, você, então, não o possui, e nossa relação no que se refere a esse recurso é, portanto, diferente. Mediante a abolição da propriedade privada a posição de cada um vis-à-vis os meios de produção é equiparada de um só golpe, ou assim parece. Todos

---

[26] Quando se fala do socialismo russo é evidente que se abstrai do grande número de dados concretos que caracterizam qualquer sistema social e com relação ao qual as sociedades podem se diferenciar. O socialismo de estilo russo é aquilo que foi denominado por Max Weber como um "tipo ideal". Chega--se até ele "através da intensificação unilateral de um ou vários aspectos e através da integração dentro de uma representação conceitual imanentemente consistente de uma multiplicidade de fenômenos individuais difusos e distintos" (M. Weber, *Gesammelte Aufsaetze zur Wissenschaftslehre*, Tuebingen, 1922, p.191). Mas enfatizar o caráter abstrato do conceito de maneira alguma significa que haja qualquer deficiência nele. Pelo contrário, este é o propósito da construção dos tipos ideais para exibir aquelas características que os indivíduos, agindo por si mesmos, consideram como constituindo as semelhanças ou diferenças relevantes no significado e para desconsiderar aqueles que eles próprios consideram ser de pouca ou nenhuma importância para a compreensão das próprias ações ou das ações alheias. Mais especificamente, descrever o socialismo de estilo russo no grau de abstração aqui escolhido e desenvolver posteriormente uma tipologia dos vários tipos de socialismo devem ser entendidos como uma tentativa de reconstruir aquelas distinções conceituais que as pessoas usam para vincularem-se ideologicamente a diversos partidos políticos ou movimentos sociais, possibilitando assim uma compreensão das forças ideológicas que, de fato, moldam as sociedades nos dias de hoje. Sobre os tipos ideais como pré-requisitos para a pesquisa histórico-sociológica cf. L. v. Mises, *Epistemological Problems of Economics*, New York, 1981, esp. p.75 et seq; idem, *Ação Humana*, São Paulo: Instituto Ludwig von Mises Brasil, 2010, esp. p.76 et seq. Sobre a metodologia da "reconstrução do significado" da pesquisa social empírica cf. H. H. Hoppe, *Kritik der kausalwis- senschaftlichen Sozialforschung*, Opladen, 1983, capítulo 3, esp. p.33 et seq.

se tornam co-proprietários de tudo, refletindo uma situação de igualdade entre os seres humanos. E a racionalidade econômica desse regime é que ele é supostamente mais eficiente. Para um observador não instruído e não-familiarizado com a ação coordenada da função dos preços, o capitalismo baseado na propriedade privada dos meios de produção parece algo simplesmente caótico. Parece ser um sistema imprevidente caracterizado pela duplicação de esforços, por competição ruinosa, e pela ausência de acordo e de ação coordenada. Os marxistas o qualificam como uma "anarquia de produção" de maneira depreciativa. Apenas quando a propriedade coletiva é substituída pela propriedade privada é que se torna possível, aparentemente, eliminar o desperdício mediante a implementação de um plano de produção único, abrangente e coordenado.

Mais importante, porém, do que a motivação e as promessas é o que a socialização dos meios de produção realmente significa.[27] As regras de propriedade que são adotadas sob uma política de socialização e que constitui os princípios básicos legais de países como a Rússia são caracterizadas por dois aspectos complementares. Primeiro, ninguém possui os meios de produção socializados; eles são propriedades "sociais", o que significa dizer exatamente que a nenhuma pessoa, a nenhum grupo de pessoas, nem a todas elas juntas, é permitido adquiri-los ou vendê-los e manter privadamente as receitas de suas vendas. Seu uso não é determinado pela pessoa como se fosse proprietário, mas como um zelador. Segundo, a nenhuma pessoa ou grupo de pessoas é permitido se envolver novamente num investimento privado e criar novos meios de produção privados. Elas não podem investir para converter em recursos produtivos os já existentes recursos não-produtivos, seja através de capital próprio poupado, seja pela congregação de recursos com outras pessoas ou pela combinação de ambas. O investimento só pode ser realizado pelos zeladores das coisas, nunca visando o lucro privado, mas sempre em nome da comunidade de zeladores com quem teriam que ser divididos os prováveis lucros dos investimentos.[28]

O que significa ter uma economia de zeladores? O que significa, especificamente, modificar uma economia construída sobre a teoria natural da propriedade para uma socializada? A propósito, duas observações devem ser feitas e que já irão lançar luzes sobre a anteriormente mencionada promessa de igualdade e eficiência. Declarar todo mundo como co-proprietário de todas as coisas só resolve nominalmente o problema das diferenças

---

[27] Sobre o tema, cf. especialmente L. v. Mises, *Socialism*, Indianapolis, 1981.
[28] Certamente, essa proibição total do investimento privado, como indicado no item 2 só se aplica estritamente a uma economia completamente socializada. Se ao lado de uma parte socializada da economia também existe uma parte privada, então, o investimento privado só seria reduzido e prejudicado de acordo com o grau de socialização da economia.

de propriedade. Não resolve o problema real fundamental: diferenças no poder de controlar. Numa economia baseada na propriedade privada, o proprietário determina o que deve ser feito com os meios de produção. Numa economia socializada, isso não pode mais acontecer porque não há proprietário. Contudo, o problema de determinar o que deve ser feito com os meios de produção ainda permanece e tem que ser resolvido de alguma forma, desde que não haja uma harmonia preestabelecida e pré-sincronizada de interesses entre todas as pessoas (caso em que quaisquer que fossem os problemas estes não mais existiriam), mas haja algum grau de discordância. Na verdade, apenas uma visão do que tem que ser feito pode prevalecer e as demais devem ser, *mutatis mutandis*, excluídas. Mas, novamente, deve existir desigualdades entre as pessoas: a opinião de alguém ou de alguns grupos deve prevalecer sobre a dos outros. A diferença entre uma economia de propriedade privada e uma economia socializada é apenas *como* determinar aqueles que prevalecerão em casos de discordância. No capitalismo, deve haver alguém que controla e outros que não o fazem, e, por essa razão, as diferenças reais entre as pessoas continuam a existir, mas a questão de qual opinião deve prevalecer é resolvida pela apropriação original e por contrato. Também no socialismo, as diferenças reais entre controladores e controlados, inevitavelmente, devem existir; somente no socialismo a posição daquele cuja opinião é vencedora não é determinada pelo usuário anterior ou por contrato, mas por meios políticos.[29] Definitivamente, essa distinção é de suma importância e nossa discussão voltará a ela depois neste capítulo e, novamente, nos capítulos seguintes, mas por ora basta dizer que, ao contrário das promessas igualitárias do socialismo, não se trata da diferença entre um sistema igualitário e um não-igualitário no que diz respeito ao poder de controlar.

A segunda observação está intimamente ligada a primeira e diz respeito às supostamente elevadas capacidades de coordenação do socialismo. Novamente, um exame mais detido revela que a diferença é meramente ilusória, criada apenas pela semântica: dizer que uma economia de proprietários privados é suplantada por uma economia nacionalizada cria a impressão de que, em vez de uma variedade de centros de tomada de decisão, passou a haver, subitamente, apenas um.

Na verdade, nada mudou. Há tantas pessoas e interesses diferentes quanto antes. Portanto, tanto quanto o capitalismo, o socialismo tem de encontrar uma solução para o problema de determinar como coordenar

---

[29] A diferença crucial entre o capitalismo e o socialismo é que, sob o capitalismo, as ações voluntárias dos consumidores determinam, no fim das contas, a estrutura e o processo de produção, considerando que num regime socialista essa função cabe ao produtor-zelador. Cf., especialmente, o capítulo 9 deste livro.

as utilizações dos diferentes meios de produção, dadas as diferentes perspectivas da população sobre como devem ser realizadas. A diferença entre capitalismo e socialismo é, novamente, como conseguir a coordenação e não entre o caos e a coordenação, como sugere a semântica socialista. Em vez de simplesmente deixar os indivíduos fazer o que quiserem, o capitalismo coordena as ações e obriga-os a respeitar a propriedade usufrutuária anterior. O socialismo, por outro lado, em vez de deixá-los fazer o que lhes agrada, coordena os planos individuais pela sobreposição do plano de uma pessoa ou de um grupo por outro plano contrário ao de outra pessoa ou grupo, *independentemente* da propriedade anterior e dos acordos de troca mútua.[30] Não é preciso nem dizer que essa diferença também é de suma importância. Mas não é, como o socialismo marxista gostaria que acreditássemos, uma diferença entre planejamento social e ausência de planejamento; pelo contrário, tão logo os mecanismos de coordenação do socialismo e do capitalismo vêm à tona e são reconstruídos, a alegação sobre a grande eficiência do socialismo começa a perder, imediatamente, muito de sua credibilidade, e a tese contrária parece ser mais convincente.

Quão bem fundamentada essa tese realmente é e porque cabe especificamente ao capitalismo, e não ao socialismo, provar que o seu mecanismo de coordenação é economicamente superior, ficará claro quando deixarmos de lado as diferenças aparentes e nos concentrarmos nas diferenças reais, e quando também analisarmos a redistribuição de títulos de propriedade, e, consequentemente, de renda, que resulta quando se desiste do capitalismo em favor de uma economia de zelador, como definida anteriormente. Do ponto de vista da teoria natural da propriedade – a fundação do capitalismo –, a adoção dos princípios básicos de uma economia de zelador significa que os títulos de propriedade são redistribuídos dos verdadeiros produtores e usuários dos meios de produção e daqueles que os adquiriram pelo consentimento mútuo dos usuários anteriores, para uma comunidade de zeladores na qual, na melhor das hipóteses, cada um mantém a guarda das coisas que previamente possuiu. Mas, mesmo neste caso, cada usuário anterior e cada contratante seriam prejudicados, na medida em que não mais poderiam vender os meios de produção e manter de forma privada o valor recebido pela venda, nem poderiam se apropriar do lucro por utilizá-los da maneira que o fazem, e, consequentemente, diminuiria *para eles* o valor dos meios de produção. *Mutatis mutandis*, cada não-usuário e cada não-contratante desses meios de produção seria beneficiado ao ser promovido à categoria

---

[30] Mises escreveu que "o traço essencial do socialismo é o de que haja apenas *uma vontade* atuante. Pouco importa quem seja o titular dessa vontade. Esse comando pode caber a um rei, cuja dinastia remonte aos deuses, ou a um ditador, que governa por força de seu carisma; pode caber a um *führer* ou a um conjunto de líderes eleitos pelo voto popular. O fundamental é que o emprego de todos os fatores de produção seja comandado por um único centro de decisão" (L. v. Mises, *Ação Humana, Ação Humana*, São Paulo: Instituto Ludwig von Mises Brasil, 2010, p.792).

de zelador, com, pelo menos, um direito parcial de decidir sobre os recursos que não havia anteriormente utilizado nem contratado para usar, e *sua* renda aumentaria. Além desse esquema de redistribuição há outro, contido na proibição de capital privado recém-criado ou no grau de obstrução (dependente como é do tamanho da parte socializada da economia) sob o qual esse processo deve agora se realizar: uma redistribuição dos recursos das pessoas que renunciaram a um possível consumo e, em vez disso, pouparam o capital com a finalidade de empregá-lo produtivamente (ou seja, com o objetivo de produzir bens de consumo, e que agora não podem mais fazê-lo ou que têm agora poucas opções disponíveis), para os não-poupadores, que sob o esquema de redistribuição adotado, conquistaram o direito de decidir, ainda que parcialmente, sobre os fundos poupados.

As consequências sócio-econômicas de uma política de socialização estão contidas, essencialmente, nessas formulações. Mas antes de empreender um exame mais acurado delas, talvez valha a pena rever e esclarecer as características centrais do mundo real no qual esse regime de socialização alegadamente se realizaria. Recordemos que se trata de um mundo em mudança; que o homem, além disso, pode aprender sobre esse mundo e, portanto, não necessariamente sabe hoje o que saberá amanhã; que existe uma escassez de uma infinidade de bens e que, consequentemente, o homem é pressionado por uma variedade de necessidades, e não são todas as que ele pode satisfazer ao mesmo tempo sem sacrificar a satisfação de outras necessidades; por isso, o homem deve escolher e orientar suas necessidades numa escala de preferências de acordo com o seu grau de urgência; também, mais especificamente, que nem o processo de apropriação original de recursos entendidos como escassos, nem o processo de produção dos novos e a manutenção dos antigos meios de produção, nem o processo de contratação, é isento de custos para o homem; que todas essas atividades exigem um *tempo* mínimo que poderia ser despendido de outra maneira, por exemplo, para atividades de lazer; e, além disso, não se deve esquecer que se trata de um mundo caracterizado pela divisão do trabalho, o que significa que não estamos falando de um mundo de produtores autossuficientes, mas de um lugar onde a produção é realizada para um mercado de consumidores independentes.

Tendo isso em mente, quais são as consequências da socialização dos meios de produção? Para começar, quais são as consequências "econômicas", no sentido coloquial do termo? Existem três consequências intimamente relacionadas.[31] Em primeiro lugar (e esta é a consequência geral imediata de todos os tipos de socialismo), há uma queda relativa na taxa de investimen-

---

[31] Cf. L. v. Mises, *Socialism*, Indianapolis, 1981, esp. a parte 2; e também *Ação Humana*, São Paulo: Instituto Ludwig von Mises Brasil, 2010, esp. os capítulos 25 e 26.

to, a taxa de formação de capital. Uma vez que a "socialização" beneficia o não-usuário, o não-produtor e o não-contratante dos meios de produção e, *mutatis mutandis*, eleva os custos dos usuários, dos produtores e dos contratantes, haverá poucas pessoas exercendo estes últimos papéis. Haverá menos apropriação original dos recursos naturais cuja escassez for detectada, redução na produção dos novos meios de produção e na manutenção dos antigos, e diminuição nas contratações. Pois todas essas atividades envolvem custos e os custos de realizá-las foi aumentado, e existem modos alternativos de ação, tais como atividades de consumo e lazer, que, ao mesmo tempo, se tornaram menos onerosas, e, assim, mais acessíveis e disponíveis aos agentes. No mesmo sentido, porque os investimentos num determinado mercado secaram não é mais permitido converter poupança privada em investimento privado, ou porque esse mercado foi restringido na medida em que a economia foi socializada, haverá, portanto, menos poupança e mais consumo, menos trabalho e mais lazer. Afinal, você não pode mais se tornar um capitalista, ou sua possibilidade de se tornar um será limitada, e, portanto, há pelo menos uma razão a menos para poupar. Desnecessário dizer que o resultado disso será uma redução na produção de bens permutáveis e a diminuição do padrão de vida em termos de tais bens. E uma vez que esses padrões de vida mais baixos são *impostos* às pessoas e não são mais o resultado das escolhas naturais dos consumidores que intencionalmente alteram suas avaliações relativas de lazer e de bens permutáveis como resultado do seu trabalho, ou seja, uma vez que essa situação é experimentada como um empobrecimento indesejado, se fará evoluir uma tendência para compensar esses prejuízos, seja no submundo, na clandestinidade e na criação de mercados negros.

Em segundo lugar, uma política de socialização dos meios de produção resultará num desperdício desses meios, ou seja, um uso no qual, na melhor das hipóteses, satisfaz necessidades secundárias, e, na pior, não satisfaz de modo algum as necessidades, além de, exclusivamente, elevar os custos.[32] A razão para isso é a existência e a inevitabilidade da mudança! Uma vez que se admite que possa haver mudança da demanda do consumidor, mudança do conhecimento tecnológico e mudança no ambiente natural onde o processo de produção se realiza – e tudo isto ocorre constante e incessantemente –, deve-se também admitir que exista uma necessidade constante e infindável para reorganizar e remodelar toda a estrutura da produção social. Há sempre uma necessidade de retirar antigos investimentos de alguns setores de produção e, junto com os novos investimentos, aplicá-los em outros, fazendo recuar ou expandir certos estabelecimentos produtivos, certas filiais, ou até mesmo determinados setores da economia. Agora vamos supor (e isto é exatamente o que é feito sob um regime de socialização) que é ou completamente ilegal ou

---

[32] Sobre o tema cf. também F. A. Hayek (ed.), *Collectivist Economic Planning*, London, 1935; *Journal of Libertarian Studies* 5, 1, 1981 ("An Economic Critique of Socialism").

extremamente difícil vender os meios de produção de propriedade coletiva para mãos privadas. Então, esse processo de reorganização da estrutura de produção será, (mesmo se não parar completamente) pelo menos, seriamente obstruído. Devido ao fato de que os meios de produção não podem ser vendidos, ou vendê-los é muito difícil para o vendedor-zelador ou para o comprador privado, ou para ambos, inexistem preços de mercado para os meios de produção ou a formação dos preços é prejudicada ou mais dispendiosa. Mas, então, o produtor-zelador dos meios de produção socializados não pode mais estabelecer corretamente os atuais custos monetários envolvidos no uso dos recursos ou em fazer qualquer modificação na estrutura de produção. Nem pode comparar esses custos com o esperado ganho monetário das vendas. Em não sendo permitida receber quaisquer ofertas de outros indivíduos privados que possam ver uma forma alternativa de uso de alguns determinados meios de produção, ou em sendo impedido de receber tais ofertas, o zelador simplesmente não sabe o que ele está perdendo, quais são as oportunidades perdidas, e não é capaz de avaliar corretamente os custos monetários de reter os recursos. Ele está impedido de descobrir se sua forma de usá-los ou de alterar seu uso compensa em termos de retorno monetário, ou se os custos envolvidos são, na verdade, mais elevados do que os rendimentos, podendo assim provocar uma queda absoluta no valor de produção dos bens de consumo. Ele também não pode verificar se a sua maneira de produzir para a demanda do consumidor é, realmente, a forma mais eficiente (se comparada com as possíveis formas alternativas) de satisfazer as necessidades mais urgentes dos consumidores, ou se necessidades menos urgentes estão sendo satisfeitas à custa de negligenciar as mais urgentes, dessa forma provocando, no mínimo, uma queda relativa no valor dos bens produzidos. Sem poder recorrer irrestritamente aos recursos do cálculo econômico, simplesmente, não há maneira de saber. Obviamente, pode-se ir adiante e tentar fazer o melhor. Pode-se até ser bem-sucedido às vezes, embora não houvesse uma maneira de garantir que isso ocorresse. Mas, em todo caso, por mais amplo que seja o mercado consumidor que se tem que atender, e mais conhecimento em relação às preferências dos diferentes grupos de consumidores, das circunstâncias especiais do tempo histórico e do espaço geográfico, e das possibilidades de tecnologia dispersas entre indivíduos diferentes, o mais provável é que algo vai dar errado. Deve acontecer uma má alocação dos meios de produção com desperdícios e deficiências, os dois lados da mesma moeda. Ao dificultar ainda mais, ao tornar completamente ilegal que empreendedores privados façam uma oferta de compra pelos meios de produção dos zeladores, um sistema de produção socializada impede que sejam aproveitadas ao máximo as oportunidades de prover melhorias. Mais uma vez, desnecessário observar que isto também contribui para o empobrecimento.[33]

---

[33] Sobre o livre mercado como pré-requisito necessário para o cálculo econômico e para a alocação racional dos recursos, cf. também, a seguir, os capítulos 9 e 10.

Em terceiro lugar, socializar os meios de produção provoca empobrecimento relativo, ou seja, uma queda no padrão geral de vida, levando a uma superutilização de um dado fator de produção. A razão para isso, novamente, reside na posição peculiar do zelador quando comparada com a do proprietário privado. Um proprietário privado que tem o direito de vender os fatores de produção e manter privadamente as receitas em dinheiro, por causa disso, tenta evitar qualquer aumento na produção que ocorre às custas do valor do capital empregado. Seu objetivo é maximizar o valor dos produtos produzidos *mais* o valor dos recursos usados ao produzi-los, pois ele é o dono de ambos. Deste modo, ele vai parar de produzir quando o valor do produto marginal produzido for mais baixo do que a depreciação do capital usado para produzi-lo. Consequentemente, ele vai reduzir, por exemplo, os custos de depreciação envolvidos na produção em vez de se comprometer com o aumento da manutenção, caso anteveja aumentos futuros dos preços dos produtos produzidos e vice-versa. A situação do zelador, ou seja, a estrutura de incentivos que ele enfrenta, é muito diferente neste aspecto. Porque ele não pode vender os meios de produção, o seu incentivo para não produzir, e, assim, aplicar o capital empregado, às custas de uma redução excessiva no valor do capital, se não desaparece completamente, é, pelo menos, reduzido relativamente. Realmente, uma vez que o zelador também não pode, numa economia socializada, se apropriar de forma privada das receitas da venda de produtos, mas deve entregá-los à comunidade de zeladores em geral para serem usados ao seu critério, seu incentivo para produzir e vender os produtos também fica, *sob qualquer condição*, relativamente enfraquecido. É precisamente esse fato que explica a menor taxa de formação de capital. Mas na medida em que o zelador, de qualquer modo, trabalha e produz, seu interesse em obter uma renda evidentemente existe, mesmo que ela não possa ser utilizada para fins de formação de capital privado, mas somente para consumo privado e/ou para a criação de riqueza privada utilizada de forma não produtiva. A incapacidade do zelador para vender os meios de produção resulta num aumento do incentivo para elevar a sua *renda privada* às custas do valor do capital. Consequentemente, na medida em que ele vê o seu rendimento dependente da produção dos bens produzidos (o salário que lhe é pago pela comunidade de zeladores deve ser em função disso!), seu incentivo para aumentar a produção será elevado às custas do capital. Além disso, uma vez que o atual zelador, na medida em que não se identifica com a comunidade de zeladores, nunca poderá ser completa e permanentemente supervisionado e, assim, pode gerar renda pelo uso dos meios de produção para fins privados (ou seja, a produção de bens de uso particular comercializados ou não no mercado negro), ele será estimulado a aumentar essa produção às custas do valor do capital à medida em que vê seu rendimento dependente dessa produção privada. De todo modo, ocorrerá o gasto do capital e a aplicação excessiva do capital existente; e elevar o gasto do capital uma vez mais resulta no empobrecimento relativo, uma vez que, em função disso, a produção dos bens futuros permutáveis será reduzida.

Embora implícita nessa análise da tripla consequência econômica da socialização dos meios de produção (redução do investimento, má-alocação e superutilização dos recursos, todas levando a uma diminuição nos padrões de vida), com o propósito de alcançar um completo entendimento das sociedades do tipo Russa, é interessante e muito importante observar especificamente que a análise anterior também se aplica ao trabalho como fator de produção. Em relação ao trabalho, a socialização também resulta em menos investimentos, em má alocação e superutilização. Em primeiro lugar, uma vez que os proprietários do fator trabalho não podem mais se tornar trabalhadores por conta própria, ou uma vez que a oportunidade de fazê-lo é limitada, de um modo geral haverá menos investimentos no capital humano. Em segundo lugar, uma vez que os proprietários do fator trabalho não podem mais vender os seus serviços pela oferta mais elevada (na medida em que a economia é socializada não é mais permitida a existência de licitantes individuais com o controle independente sobre determinados fatores de produção complementares, incluindo o dinheiro necessário para pagar o trabalho, e que aproveita as oportunidades e assume os riscos por sua própria conta!), o custo monetário de utilizar um dado fator trabalho, ou de combiná-lo com fatores complementares, não pode mais ser determinado, e, por isso, irão ocorrer todos os tipos de má alocações do trabalho. Em terceiro lugar, uma vez que os proprietários do fator trabalho numa economia socializada possuem, na melhor das hipóteses, somente uma parte dos rendimentos do seu trabalho enquanto o restante pertence à comunidade de zeladores, haverá um aumento do incentivo para esses zeladores complementarem suas rendas privadas às custas de perdas no valor do capital incorporado nos trabalhadores, de modo que isso terá como resultado uma superutilização do trabalho.[34]

Por último, mas certamente não menos importante, uma política de socialização dos meios de produção afeta a estrutura de caráter individual da sociedade, algo cuja importância dificilmente pode ser considerada exagerada. Como tem sido apontado repetidamente, adotar o socialismo ao estilo

---

[34] Aliás, isso prova que uma economia socializada será ainda menos produtiva do que uma economia escravagista. Neste tipo de economia, que, claro, também sofre de um incentivo relativamente menor para o trabalho por parte dos escravos, o senhor de escravos, que pode vendê-los e capturar o seu valor de mercado privadamente, não teria um interesse comparável em extrair de seu escravo um volume de trabalho que reduzisse o seu valor abaixo do valor do seu produto marginal. Para um zelador do trabalho, esses desincentivos não existem. Cf. também G. Reisman, *Government Against the Economy*, New York, 1979.

russo em vez do capitalismo baseado na teoria natural da propriedade implica em conceder uma vantagem relativa aos não-usuários, não-produtores e não-contratantes em relação aos títulos de propriedade dos meios de produção e em relação à renda que pode derivar do uso desses meios.

Se as pessoas têm interesse em determinar e, se possível, aumentar a sua renda, e se elas podem se deslocar de forma relativamente fácil do papel de produtor-usuário ou contratante para o de não-usuário, não-produtor ou não-contratante (hipótese cuja validade, na verdade, dificilmente pode ser contestada), dessa forma, reagindo ao deslocamento na estrutura de incentivos influenciada pela socialização, as pessoas irão se ocupar de forma crescente nas atividades improdutivas e não-contratuais e, à medida que o tempo passa, suas personalidades serão modificadas. A capacidade anterior de perceber e de antecipar situações de escassez, de aproveitar oportunidades produtivas, de estar ciente das possibilidades tecnológicas, de antecipar mudanças na demanda, de desenvolver estratégias de marketing e de identificar oportunidades de trocas mutuamente vantajosas, em resumo, a habilidade de iniciar, de trabalhar e de atender às necessidades das pessoas será reduzida, se não completamente extinta. Os indivíduos se tornarão pessoas diferentes, com habilidades diferentes, e se subitamente a política fosse modificada e o capitalismo reintroduzido, não poderiam mais voltar aos seus antigos *eus* e reacender o velho espírito produtivo, mesmo que quisessem. Eles terão simplesmente esquecido como fazer e serão obrigados a reaprender, lentamente, com elevados custos psicológicos, tais como os altos custos que eles tiveram anteriormente para suprimir suas habilidades produtivas. Mas esta é somente a metade da imagem das consequências da socialização. A outra metade pode ser concluída se recordarmos as conclusões anteriores em relação às diferenças aparentes entre o capitalismo e o socialismo. Isso mostrará o outro lado da mudança de personalidade provocada pela socialização e complementar a já mencionada perda na capacidade de produção. Deve-se recordar o fato de que o socialismo também precisa resolver o problema de quem está no controle e coordena os vários meios de produção. No entanto, ao contrário da solução do capitalismo para este problema, no socialismo, a atribuição de diferentes posições para diferentes indivíduos na estrutura de produção é uma questão *política*, ou seja, um problema resolvido independentemente das considerações dos proprietários-usuários anteriores e da existência de um acordo contratual reciprocamente favorável, mas pela sobreposição da vontade de uma pessoa sobre a da outra (divergente).

Evidentemente, a posição de alguém na estrutura de produção tem um efeito imediato sobre sua renda, seja em termos de bens permutáveis, de lucro psíquico, de status, e assim por diante. Consequentemente, assim como as pessoas querem melhorar seus rendimentos e se colocar em posições muito melhores na hierarquia dos zeladores, terão que usar, cada vez mais, seus talentos políticos. É irrelevante, ou pelo menos de menor importância, se tornar um produtor ou contratante mais eficiente com o objetivo de ascender na hierarquia dos beneficiários dos rendimentos. Em vez disso, é cada vez mais importante ter habilidades peculiares de um político, ou seja, uma pessoa que mediante a persuasão, demagogia e intriga, mediante promessas, subornos e ameaças, consegue construir um apoio público para sua própria posição. Dependendo da intensidade do desejo por rendimentos mais elevados, a pessoa terá que gastar menos tempo desenvolvendo suas habilidades produtivas e mais tempo aprimorando seus talentos políticos. E considerando que pessoas diferentes têm diferentes níveis de produtividade e de talentos políticos, pessoas diferentes chegarão imediatamente ao topo, de modo que é ascendente em toda a parte o número de políticos na ordem hierárquica dos zeladores. Em todo o caminho até chegar o topo, haverá incompetentes para realizar o trabalho que deveriam executar. Não representa nenhum entrave à carreira do zelador se ele for estúpido, indolente, ineficiente e indiferente, desde que ele detenha habilidades políticas superiores e, consequentemente, pessoas assim, em toda parte, tomarão conta dos meios de produção.[35]

Olhar para a Rússia e para outros países do bloco Oriental onde foi implementada uma política de socialização dos meios de produção num grau considerável pode ajudar a ilustrar a verdade das conclusões anteriores. Mesmo um conhecimento superficial desses países é suficiente para verificar a validade da primeira e principal conclusão. O padrão geral de vida nos países do bloco Oriental, embora reconhecidamente diferente de um país para o outro (uma diferença que por si mesma teria que ser explicada pelo grau de rigor com que o regime de socialização foi e é atualmente realizado na prática), é claramente muito menor do que aquele registrado nos chamados países capitalistas do Ocidente (é verdade que até mesmo o grau de socialização dos países Ocidentais, apesar de diferir de país para país, é bastante considerável e normalmente muito subestimado, como ficará claro nos próximos capítulos). Embora a teoria não faça e não possa fazer um prognóstico preciso do quão drástico será o resultado do empobrecimento advindo de uma política de socialização, exceto que tal efeito será perceptível, certamente vale a pena mencionar que quando uma socialização quase completa foi efetivada na Rússia imediatamente após a Primeira Guerra Mundial, essa experiência custou, literalmente, milhões de vidas, e exigiu alguns anos depois, em 1921, uma mudança acentuada na política com a implementação da Nova Política Econômica (NPE), que reintroduziu elementos de propriedade privada para moderar

---

[35] Cf. H. H. Hoppe, *Eigentum, Anarchie und Staat*, Opladen, 1987, esp. capítulo 5, 3.2.

os resultados desastrosos para níveis que se mostrariam toleráveis.³⁶ De fato, mudanças repetidas na política fizeram a Rússia passar por experiências semelhantes por mais de uma vez.

Embora um pouco menos drásticos, resultados similares da política de socialização foram experimentados em todos os países do leste europeu após a Segunda Guerra Mundial. Também lá, privatização moderada de pequenas unidades agrícolas, de ofícios e pequenos negócios havia sido permitida várias vezes com a finalidade de evitar um colapso econômico completo.³⁷ Contudo, apesar de tais reformas, que, consequentemente, provam o ponto de que, ao contrário da propaganda socialista, é a propriedade privada, e não a propriedade social, que aperfeiçoa o desempenho econômico, e apesar do fato de que as atividades produtivas clandestinas e ilegais, de escambo e de comércio no mercado negro, serem fenômenos onipresentes em todos esses países, tal como a teoria nos levaria a supor, e que essa economia clandestina ocupa uma parte dessa inatividade e ajuda a melhorar as coisas, o padrão de vida nos países do bloco Oriental é lamentavelmente baixo.

Faltam completamente todos os tipos de bens de consumo básicos e em muitos lugares o abastecimento é muito pequeno ou de qualidade extremamente baixa.³⁸

O caso das Alemanhas Ocidental e Oriental é particularmente instrutivo. Aqui a história nos dá um exemplo o mais próximo possível de um experimento de controle social que, provavelmente, se desejaria esperar. Uma população bastante homogênea, que compartilha muito da mesma história, cultura, estrutura de caráter, ética do trabalho, dividida após a derrota da Alemanha de Hitler na Segunda Guerra Mundial. Na Alemanha Ocidental, mais por causa das circunstâncias favoráveis do que pela pressão da opinião pública, foi adotada uma extraordinária economia de livre mercado, foi abolido de um só golpe o sistema anterior de controle de preços, e se introduziu uma quase completa liberdade de circulação, de

---

[36] Antes de mais nada, com certeza, a Rússia era um país pobre, com pouco capital acumulado para ser utilizado e consumido numa situação de "emergência". Sobre a história sócio-econômica da Rússia Soviética, ver B. Brutzkus, *Economic Planning in Soviet Russia*, London, 1935; também, por exemplo, A. Nove, *Economic History of the USSR*, Harmondsworth, 1969; também S. Wellisz, *The Economies of the Soviet Bloc*, New York, 1964.
[37] Sobre o sistema econômico do bloco Oriental dominado pela União Soviética ver T. Rakowska-Harmstone (ed.), *Communism in Eastern Europe*, Bloomington, 1984; H. H. Hohmann, M. Kaser, e K. Thalheim (eds.), *The New Economic Systems of Eastern Europe*, London, 1975; C.M. Cipolla (ed.), *Economic History of Europe. Contemporary Economies*, vol. 2, Glasgow, 1976.
[38] Sobre a vida cotidiana na Rússia, ver, por exemplo, H. Smith, *The Russians*, New York, 1983; D.K. Willis, Klass. *How Russians Really Live*, New York, 1985; S. Pejovich, *Life in the Soviet Union*, Dallas, 1979; M. Miller, *Rise of the Russian Consumer*, London, 1965.

comércio e de ocupação.[39] Por outro lado, na Alemanha Oriental sob a dominação da Rússia Soviética, foi implementada a socialização dos meios de produção, ou seja, a expropriação dos proprietários privados anteriores. Foram aplicados sobre a mesma população dois diferentes enquadramentos institucionais e dois diferentes incentivos estruturais. A diferença nos resultados é impressionante.[40] Embora ambos os países apareçam bem dentro dos seus respectivos blocos (a Alemanha Ocidental tem o mais alto padrão de vida entre as maiores nações da Europa Ocidental e a Alemanha Oriental se orgulha de ser o país em melhor condição financeira do bloco Oriental), o padrão de vida na parte Ocidental é muito mais alto e tornou-se relativamente maior ao longo do tempo, apesar da transferência de consideráveis volumes de dinheiro desta para a parte Oriental, tanto pelo governo quanto pelos cidadãos, e do aumento de políticas socialistas no Ocidente, o visitante que fosse da Alemanha Ocidental para a Oriental ficaria simplesmente chocado ao entrar num mundo quase completamente diferente e empobrecido. Na realidade, enquanto todos os países da Europa do leste são atormentados pelo problema da imigração de pessoas que querem deixá-los para se mudar para o próspero Ocidente capitalista com suas oportunidades crescentes, e enquanto todos eles têm gradualmente estabelecido um controle mais rigoroso de fronteiras, transformando esses países numa espécie de gigantescos campos de prisioneiros com a finalidade de impedir o fluxo migratório, o exemplo da Alemanha é o mais marcante. Como não existe diferença de idiomas, tradicionalmente a barreira natural mais severa para os imigrantes, a diferença dos padrões de vida entre as duas Alemanhas provou ser tão elevada e a imigração da parte Oriental para a Ocidental tomou tamanha proporção que, em 1961, o regime socialista da Alemanha Oriental, num último ato de desespero, finalmente fechou completamente suas fronteiras para a Alemanha Ocidental. Para manter a população no país, teve que construir um sistema de muros,

---

[39] Cf. L. Erhard, o introdutor e principal expoente político da economia-política do pós-guerra, *Prosperity through Competition*, New York, 1958; e *The Economics of Success*, London, 1968. Para os teóricos da Alemanha "soziale Marktwirtschaft (N.T.: social economia de mercado)" cf. W. Eucken, *Grundsaetze der Wirtschaftspolitik*, Hamburg, 1967; W. Roepke, *A Humane Economy*, Chicago, 1960; idem, *Economics of a Free Society*, Chicago, 1963. Para uma crítica da economia-política da Alemanha Ocidental como sendo insuficientemente capitalista e dominada por inconsistências que levariam a cada vez mais intervenções socialistas ao longo do tempo cf. as observações proféticas de L. v. Mises, *Ação Humana*, São Paulo: Instituto Ludwig von Mises Brasil, 2010, p.816 et seq.

[40] Para estudos comparativos sobre as duas Alemanhas, cf. E. Jesse (ed.), *BRD und DDR*, Berlin, 1982; H. v. Hamel (ed.), *BRD-DDR. Die Wirtschaftssysteme*, Muenchen, 1983; e também K. Thalheim, *Die wirtschaftliche Entwicklung der beiden Staaten in Deutschland*, Opladen, 1978. Um estudo honesto e empiricamente comparativo, embora ingênuo, que ilustra que, na melhor das hipóteses, as estatísticas econômicas têm pouco a dizer sobre a realidade como percebida pelos agentes, é de autoria de P. R. Gregory e R.C. Stuart, *Comparative Economic Systems*, Boston, 1985, capítulo 13 (Alemanhas Ocidental e Oriental). Para uma crítica valiosa das estatísticas econômicas, cf. O. Morgenstern, *National Income Statistics: A Critique of Macroeconomic Aggregation*, San Francisco, 1979. Para uma crítica ainda mais fundamental, cf. L. v. Mises, *Theory of Money and Credit*, Irvington, 1971, part II, capítulo 5.

nunca antes visto no mundo, com arame farpado, cercas elétricas, campos minados, dispositivos automáticos de tiro, torres de vigilância etc., com extensão de 155 quilômetros, e com o único propósito de impedir o povo de fugir das consequências do socialismo ao estilo russo.

Além de exemplificar o ponto principal, o caso das duas Alemanhas, devido ao seu caráter experimental, se mostra particularmente útil ao ilustrar a verdade das demais conclusões teoricamente deduzidas. Analisando comparativamente as posições sociais, não se encontrará em nenhum lugar da Alemanha Ocidental alguém trabalhando tão pouco, tão lentamente e de forma tão negligente (enquanto a *jornada* de trabalho na parte Oriental, mais elevada, é obviamente regulamentada!) quanto seus compatriotas da Alemanha Oriental. Na verdade, não por causa de quaisquer alegadas diferenças de mentalidade ou ética de trabalho, pois historicamente são as mesmas, mas porque o incentivo para trabalhar é consideravelmente reduzido por um regime político que, efetivamente, fecha todos ou a maioria dos mercados para investimento privado. Na Alemanha Oriental, é mais provável encontrar trabalho efetivo na economia clandestina. E em reação aos vários desincentivos para trabalhar, em particular para trabalhar na economia "oficialmente" controlada, há também uma tendência entre os alemães orientais de se afastar da vida pública e de enfatizar a importância da privacidade, da família, dos parentes, dos amigos e dos colegas, superando significativamente o que se vê na Alemanha Ocidental.[41]

Há também ampla evidência de má alocação de recursos, tal como a teoria nos levaria a supor. Enquanto o fenômeno da não-utilização dos fatores de produção (pelo menos de forma contínua), que estão simplesmente inativos pela falta dos fatores de produção complementares, podem ser observados na Alemanha Ocidental, na Oriental (e, novamente, no caso da Alemanha não é, certamente, por causa das diferenças nos talentos organizacionais) tal fato é observado em todo lugar como características permanentes da vida. E embora seja normalmente bastante difícil na parte Ocidental, e exija um talento empreendedor especial para apontar mudanças no uso de determinados meios de produção que resultem numa melhoria global na produção de bens de consumo, isto é relativamente fácil nos países do bloco Oriental. Quase todos os que trabalham na Alemanha Oriental conhecem muitas maneiras de colocar os meios de produção para usos mais urgentes do que os que estão sendo colocados atualmente, em que são evidentemente desperdiçados e causam escassez de outros bens mais fortemente demandados. Mas uma vez que não são capazes de fazê-

---

[41] Sobre a vida na Alemanha Oriental, cf. E. Windmoeller e T. Hoepker, *Leben in der DDR*, Hamburg, 1976.

-lo e, em vez disso, precisam passar por procedimentos políticos fatigantes para operar quaisquer mudanças, nada pode ser, ou de fato é, feito.

A experiência também corrobora o que tem sido dito sobre o outro lado da moeda: a superutilização dos meios de produção de propriedade coletiva. Na Alemanha Ocidental esses bens públicos também existem e, como seria de esperar, estão relativamente em mau estado. Mas na Alemanha Oriental é algo realmente desmedido, e não é diferente, e na verdade é até pior, nos países da União Soviética, onde todos os fatores de produção, o maquinário e as construções são de propriedade coletiva, mantidos de forma insuficiente, se deteriorando, sem reparos, enferrujando e até mesmo alvo de vandalismo. Além disso, a crise ecológica é muito mais dramática na parte Oriental, apesar do estado relativamente subdesenvolvido da economia em geral, do que na parte Ocidental. E tudo isso não é, como o caso da Alemanha demonstra de forma clara e suficiente, porque há diferenças na inclinação natural das pessoas para cuidar e ter cuidado.

Finalmente, no que se refere às mudanças teoricamente previstas na estrutura social e na personalidade, as queixas sobre os superiores são, naturalmente, um fenômeno bastante comum em qualquer parte. Mas nos países socialistas do tipo russo, onde a atribuição de posições na hierarquia dos zeladores é, e deve ser, uma questão inteiramente *política*, essas reclamações sobre os superiores hierárquicos manifestamente incompetentes, desqualificados e grotescos são mais frequentes, severas e melhor fundamentadas, e, em consequência disso, pessoas decentes são mais frequentemente levadas ao desespero ou ao cinismo. E uma vez que poucas pessoas da Alemanha Oriental ainda vão para a Alemanha Ocidental numa idade em que ainda podem integrar a força de trabalho, alguns como fugitivos, mas com mais frequência mediante o pagamento de uma espécie de resgate, também existe material suficiente para ilustrar a conclusão de que no longo prazo uma economia socializada reduzirá as capacidades produtivas das pessoas. Entre aqueles que se mudam para a parte Ocidental há um número significante de indivíduos que leva uma vida produtiva bastante normal na parte Oriental, mas que, apesar da ausência de quaisquer barreiras linguísticas e culturais, mostra ser incapaz de se adaptar à sociedade Ocidental com sua demanda crescente por habilidades e espíritos competitivos e produtivos.

Capítulo 4
Socialismo ao Estilo Social-democrata

No capítulo anterior, analisei a versão marxista ortodoxa do socialismo (socialismo ao estilo russo, como foi qualificada) e expliquei suas consequências no processo de produção e na estrutura moral da sociedade. Observei que as consequências do empobrecimento relativo previstas teoricamente mostraram ser tão poderosas que, de fato, uma política de socialização dos meios de produção nunca poderia efetivamente ser realizada até sua finalidade lógica, que é a socialização de todos os fatores de produção, sem provocar um desastre econômico imediato. Naturalmente, mais cedo ou mais tarde, todas as realizações efetivas do socialismo marxista foram obrigadas a reintroduzir nos meios de produção elementos de propriedade privada com o objetivo de superar ou evitar a falência evidente. Contudo, até o moderado socialismo de "mercado" não pode impedir o empobrecimento relativo da população, se a ideia de produção socializada não for completamente, e de uma vez por todas, abandonada.

Muito mais do que qualquer argumento teórico, foi a decepcionante experiência com o socialismo do tipo russo que levou a um declínio constante da popularidade do socialismo marxista ortodoxo e induziu a emergência e o desenvolvimento do moderno socialismo social-democrata, que será o objeto de estudo deste capítulo. Ambos os tipos de socialismo, sem dúvida, provêm das mesmas fontes ideológicas.[42] Ambos são igualitários na motivação, pelo menos em teoria[43], e ambos têm, essencialmente, o mesmo objetivo final: a extinção do capitalismo enquanto sistema social baseado na propriedade privada e na fundação de uma nova sociedade caracterizada pela irmandade solidária e pela erradicação da escassez; uma sociedade na qual todo mundo é pago "de acordo com as suas necessidades". Desde os primórdios do movimento socialista em meados do século XIX, porém, havia ideias conflitantes sobre os métodos mais adequados para atingir esses objetivos. Embora geralmente houvesse um acordo sobre a necessidade de socialização dos meios de produção, sempre houve opiniões divergentes sobre como proceder. De um lado, dentro do movimento socialista, havia os defensores de um rumo de ação revolucionária. Eles defendiam uma derrubada violenta dos governos existentes, a completa expropriação, num só

---
[42] Cf. L. Kolakowski, *Main Currents of Marxism*, 3 vols., Oxford, 1978; e também W. Leonhard, *Sowjetideologie heute. Die politischen Lehren*, Frankfurt/M., 1963.
[43] Cf. nota 49 logo abaixo a respeito da avaliação um tanto diferente sobre a prática.

golpe, de toda a propriedade dos capitalistas, e uma temporária ditadura do proletariado (como fora prometido, até que a escassez fosse, de fato, erradicada), ou seja, exercida por aqueles que não eram capitalistas, mas tiveram que negociar a sua força laboral com a finalidade de instituir a nova ordem. Do outro lado, havia os reformistas que defendiam uma mudança gradual. Eles argumentavam que, a partir da ampliação dos direitos, e em última instância, com um sistema de sufrágio universal, a vitória do socialismo poderia ser obtida mediante uma ação democrática e parlamentar. E seria assim porque o capitalismo, segundo a doutrina socialista vulgar, criaria uma tendência rumo à proletarização da sociedade, ou seja, uma inclinação para menos indivíduos serem autônomos e para mais pessoas se tornarem empregados. E de acordo com as crenças socialistas ordinárias, essa tendência iria, por sua vez, construir uma consciência de classe proletária cada vez mais uniforme que depois levaria a uma expansão de votos dos eleitores no partido socialista. E, assim argumentavam, enquanto essa estratégia estava muito mais alinhada com a opinião pública (mais sedutora para a maioria dos pacatos trabalhadores e ao mesmo tempo menos assustadora para os capitalistas), ao adotá-la, o sucesso do socialismo estaria mais assegurado.

Essas duas forças coexistiam dentro do movimento socialista, no entanto, a relação entre ambas era, às vezes, bastante tensa até a Revolução Bolchevique na Rússia em outubro de 1917. Na prática, geralmente o movimento socialista adotava o caminho reformista, mas no âmbito do debate ideológico quem dominava eram os revolucionários.[44] Os acontecimentos na Rússia mudaram as coisas. Com Lênin na liderança, pela primeira vez os socialistas revolucionários executaram o seu programa e o movimento socialista como um todo teve que tomar uma posição *vis-à-vis* o experimento russo. Em consequência, o movimento socialista dividiu-se em dois ramos e dois partidos distintos: um partido comunista mais ou menos favorável aos acontecimentos na Rússia, e um partido socialista ou social-democrata com reservas ou contrário aos revolucionários russos. Entretanto, a cisão não foi por causa da socialização; ambos eram favoráveis. Foi uma ruptura visível sobre a questão da mudança revolucionária vs. democracia parlamentar. Diante da efetiva experiência da revolução Russa (a violência, o derramamento de sangue, o exercício da expropriação descontrolada, o fato de que milhares de novos líderes, em muitos casos de reputação questionável ou simplesmente duvidosa, do pior caráter, foram sendo arrastados para o comando político), os social-democratas, na tentativa de ganhar apoio público, perceberam que teriam que abandonar a sua imagem revolucionária e se tornar, não apenas na prática, mas

---

[44] Cf. E. Bernstein, *Die Voraussetzungen des Sozialismus und die Aufgaben der Sozialdemokratie*, Bonn, 1975, como o grande intérprete do caminho reformista-revisionista; K. Kautsky, *Bernstein und das sozialdemokratische Programm*, Bonn, 1976, como expoente da ortodoxia marxista.

também na teoria, um partido resolutamente democrático e reformista. E até alguns partidos comunistas do Ocidente, dedicados à teoria da mudança revolucionária e tão necessitados de apoio público, perceberam que precisavam encontrar alguma falha, pelo menos, no jeito peculiar dos bolcheviques de implementar a revolução. Eles também pensaram cada vez mais que era necessário entrar no jogo democrata-reformista, mesmo que somente na prática. Porém, esse era apenas o primeiro passo na transformação do movimento socialista causada pela experiência da revolução Russa. O passo seguinte, como indicado, foi imposto a eles pela sombria experiência do desempenho econômico da Rússia Soviética. Independentemente de suas diferentes visões sobre a conveniência das mudanças revolucionárias, e igualmente não-familiarizados ou incapazes ou relutantes para compreender o raciocínio econômico abstrato, da mesma maneira, socialistas e comunistas ainda poderiam, durante uma espécie de lua de mel que eles consideravam merecida, celebrar a mais ilusória esperança sobre as conquistas econômicas de uma política de socialização. Mas esse período não poderia durar para sempre; era preciso encarar os fatos e, decorrido algum tempo, avaliar os resultados. Para qualquer observador decente e imparcial das coisas, e, mais tarde, para cada visitante e viajante atento, ficou evidente que o socialismo ao estilo russo não significava mais, mas menos riqueza e que era um sistema, acima de tudo, que ao permitir pequenos nichos de formação de capital privado, já havia, de fato, admitido sua própria inferioridade econômica, mesmo que apenas de maneira implícita. Como esta experiência se tornou amplamente conhecida e, particularmente, quando após a Segunda Guerra Mundial o experimento soviético foi reproduzido nos países do leste europeu, produzindo os mesmos resultados sombrios e assim refutando a tese de que a trapalhada soviética era somente devido a uma singular mentalidade asiática da população, os partidos socialistas Ocidentais, ou seja, os social-democratas e comunistas, em sua disputa por apoio público, foram obrigados a alterar os seus programas ainda mais. Agora, os comunistas também viam várias falhas na implantação do programa de socialização pela Rússia, e cada vez mais cogitavam a ideia de mais planejamento e tomada de decisão descentralizados, e de socialização parcial, ou seja, somente a socialização das grandes empresas e indústrias, apesar de eles nunca terem abandonado completamente a ideia de produção socializada.[45] Os partidos socialistas ou social-democratas, por outro lado, desde os primórdios menos simpáticos ao modelo de socialismo russo, tiveram que fazer um movimento de adaptação mediante sua política resolutamente democrata-reformista, já inclinada a aceitar fazer acordos como a socialização parcial. Esses parti-

---

[45] Sobre a ideia de um "socialismo de mercado", consultar um de seus principais representantes: O. Lange, "On the Economic Theory of Socialism", in M. I. Goldman (ed.), *Comparative Economic Systems*, New York, 1971.

dos, em resposta às experiências Russa e no leste europeu, cada vez mais desistiam do conceito de produção completamente socializada e em seu lugar davam muito mais ênfase à ideia da tributação e da igualdade de renda, e, numa nova iniciativa, na igualdade de oportunidade, sendo estes os verdadeiros pilares do socialismo.

Embora essa mudança do socialismo do tipo russo para a social-democracia tenha acontecido, e continua acontecendo em todas as sociedades Ocidentais, não foi igualmente intensa em todos os lugares. Grosso modo, e considerando apenas a Europa, onde a substituição do velho pelo novo tipo de socialismo foi mais nítida, a experiência mais imediata e direta com o socialismo do tipo russo pela população obrigou os partidos socialistas e/ou comunistas a buscarem nela apoiadores e eleitores. De todos os países maiores, na Alemanha Ocidental, onde o contato com esse tipo de socialismo é mais direto, onde milhões de pessoas continuam a ter amplas oportunidades de ver com seus próprios olhos o estrago que foi produzido no povo da Alemanha Oriental, essa substituição foi mais completa. Neste país, em 1959, os social-democratas adotaram (ou foram obrigados pela opinião pública a fazê-lo) um novo programa do partido no qual todos os traços óbvios do passado marxista estavam notavelmente ausentes, e, em vez disso, o documento mencionava explicitamente a importância da propriedade privada e dos mercados, falava sobre a socialização apenas como uma mera possibilidade, e destacava fortemente a importância de medidas redistributivas. Lá, dentro do partido social-democrata, os protagonistas de uma política de socialização dos meios de produção têm se tornado, desde então, consideravelmente minoritários; e os partidos comunistas, mesmo quando apenas favoráveis à socialização pacífica e parcial, foram reduzidos à insignificância.[46] Nos países mais afastados da cortina de ferro, como França, Itália, Espanha e também a Grã-Bretanha, essa mudança foi menos dramática.

Contudo, é seguro dizer que hoje só o socialismo social-democrata, mais tipicamente representado pelos social-democratas alemães, consegue sustentar uma ampla popularidade no Ocidente. Na verdade, devido, em parte, à influência da Internacional Socialista (a associação dos partidos socialistas e social-democratas), o socialismo social-democrata pode agora ser considerado uma das mais difundidas ideologias do nosso tempo, cada vez mais moldando os programas políticos e as atuais políticas, não apenas dos partidos declaradamente socialistas, e em menor grau daqueles comunistas ocidentais, mas também de grupos e partidos que nem em seus sonhos mais extravagantes qualificariam a si próprios como socialistas, a exemplo do "liberal" partido Democratas dos Esta-

---

[46] Sobre a ideologia da Social-Democracia Alemã cf. T. Meyer (ed.), *Demokratischer Sozialismus*, Muenchen, 1980; G. Schwan (ed.), *Demokratischer Sozialismus fuer Industriegesellschaften*, Frankfurt/M., 1979.

dos Unidos.⁴⁷ E no âmbito da política internacional, as ideias do socialismo social-democrata, em particular uma abordagem redistributiva em relação ao chamado conflito Norte-Sul, têm se tornado algo quase como uma posição oficial entre todos os homens "bem informados" e bem-intencionados"; um consenso que vai muito além daqueles que consideram a si mesmos como socialistas.⁴⁸

Quais são as características centrais do socialismo estilo social-democrata? Há basicamente duas características. Em primeiro lugar, num constraste positivo em relação ao tradicional socialismo marxista, o socialismo social-democrata não proíbe legalmente a propriedade privada dos meios de produção e até aceita a ideia de que todos eles sejam privados – com a única exceção da educação, tráfego e comunicação, banco central, polícia e justiça. Em princípio, todos têm o direito à aquisição privada e de possuir os meios de produção para vender, comprar ou produzir novos, para dá-los de presente ou alugá-los para outra pessoa, segundo um acordo contratual. Mas, em segundo lugar, nenhum proprietário dos meios de produção possui legalmente *todos* os rendimentos que podem resultar do uso desses meios de produção, e nenhum proprietário é livre para decidir quanto da renda *total* da produção deve ser alocada para consumo e investimento. Em vez disso, parte da renda da produção que legalmente pertence à sociedade deve ser entregue a esta e em seguida, redistribuída para seus membros individuais, de acordo com as ideias de igualitarismo ou justiça distributiva. Além disso, embora as respectivas partes dos rendimentos que vão para o produtor e para a sociedade tenham que ser estabelecidos em algum momento, a cota que pertence legalmente ao produtor é, em princípio, flexível, e a fixação do seu montante, assim como a da fração pertencente à sociedade, não cabe ao produtor, mas pertence por direito à sociedade.⁴⁹

---

⁴⁷ Os indícios da social-democratização do movimento socialista são a ascensão do partido socialista e o correspondente declínio do partido comunista ortodoxo na França; a emergência de um partido social-democrata como rival do mais ortodoxo partido trabalhista da Grã-Bretanha; a moderação dos comunistas na Itália, enquanto único remanescente do poderoso partido comunista da Europa Ocidental, no que se refere a uma política cada vez mais social-democrata; e o crescimento dos partidos socialistas social-democratas na Espanha sob Gonzales e em Portugal sob Mário Soares, ambos com relações próximas ao SPD alemão. Além disso, os partidos socialistas da Escandinávia, que tradicionalmente seguiam de perto o caminho alemão e que, mais tarde, forneceram refúgio seguro a muitos proeminentes socialistas durante a perseguição nazista (especialmente W. Brandt e B. Kreisky), já há muito tempo dão crédito às crenças revisionistas.
⁴⁸ Sobre a posição social-democrata em relação ao conflito Norte-Sul, cf. *North- South: A Programme for Survival*, Independent Commission on International Development Issues (Chair: W. Brandt), 1980.
⁴⁹ Observe novamente que essa caracterização do socialismo social-democrata tem o status de um "tipo ideal" (cf. capítulo 3, n. 2). Ela não deve ser tomada como uma descrição da política ou da ideologia de qualquer partido verdadeiro. Preferencialmente, deveria ser entendida como uma tentativa de reconstruir aquilo que tem se tornado a essência do moderno estilo do socialismo social-democrata,

Vista a partir do ponto de vista da teoria natural da propriedade (a teoria que fundamenta o capitalismo), a adoção dessas regras significa que os direitos de propriedade natural têm sido violados agressivamente. De acordo com essa teoria da propriedade, devemos relembrar, o proprietário-usuário dos meios de produção pode fazer o que quiser com eles; e qualquer que seja o resultado de sua utilização, trata-se de sua própria renda privada, que ele pode usar de novo como desejar, contanto que não modifique a integridade física da propriedade de outra pessoa e conte exclusivamente com trocas contratuais. Da perspectiva da teoria natural da propriedade, não há dois processos separados – a produção da renda e, em seguida, depois de produzida, a sua distribuição. Há somente um processo: produzida a renda, ela é automaticamente distribuída; o produtor é o proprietário. Em comparação a esta perspectiva, o socialismo estilo social-democrata defende a expropriação parcial da propriedade natural através da redistribuição de parte da renda da produção à pessoa que, sejam quais forem os seus méritos, definitivamente, não a produziu e, peremptoriamente, não tem qualquer obrigação contratual, e que, além disso, tem o direito de decidir unilateralmente, ou seja, sem ter que esperar pelo consentimento do produtor afetado, até quando essa expropriação parcial pode avançar.

Dessa descrição deve ficar claro que, ao contrário da impressão que o socialismo estilo social-democrata tenta criar entre a população, a diferença entre os dois tipos de socialismo não é de natureza categórica. É somente uma questão de grau. Certamente, a primeira regra mencionada parece inaugurar uma diferença fundamental, na medida em que permite a propriedade privada. Mas, em seguida, a segunda regra, em princípio, permite a expropriação de toda a renda dos produtores oriunda da produção e assim restringe o direito de propriedade para algo puramente nominal. Obviamente, o socialismo social-democrata não *precisa* chegar ao ponto de reduzir a propriedade privada a apenas um nome. É certo que, enquanto a parcela da renda que o produtor é obrigado a entregar à sociedade pode, de fato, ser bastante módica, isso, na prática, pode fazer uma tremenda diferença em relação ao desempenho econômico. Mas, ainda assim, deve-se perceber que do ponto de vista dos sócios não-produtivos, o grau de expropriação da renda dos produtores privados é uma questão de conveniência, que é suficiente para reduzir de uma vez por todas, e somente em termos de grau, a diferença entre os dois tipos de socialismo (o russo e o social-democrata). O impacto desse fato importante sobre o produtor deveria ser óbvio. Significa que por mais reduzido que seja o grau de expropriação atualmente estabelecido, seus esforços produtivos são realizados

---

fundamental a uma bastante diversificada realidade de programas e políticas de vários partidos ou movimentos com diferentes nomes, mas com um núcleo ideologicamente unificador.

sob uma ameaça sempre presente de que no futuro a parcela da renda que deve ser entregue à sociedade será aumentada de forma unilateral. Não é preciso observar muito para verificar como isto aumenta o risco ou o custo de produção, e, consequentemente, reduz a taxa de investimento.

Com essa afirmação, já foi dado o primeiro passo na análise que se segue. Quais são as consequências econômicas, no sentido coloquial do termo, de se adotar um sistema socialista social-democrata? Depois do que foi dito, é provável que não seja mais inteiramente surpreendente escutar que pelo menos em relação ao curso geral dos resultados, estes são muito similares aos do tradicional socialismo do tipo marxista. Entretanto, na medida em que o socialismo social-democrata se contenta com a expropriação parcial e com a redistribuição das rendas produzidas, alguns dos efeitos do empobrecimento, como resultado de uma política de completa socialização dos meios de produção, podem ser contornados. Desde que esses recursos possam ser comprados e vendidos, o problema mais típico de uma economia de zelador – na qual não existem preços de mercado para os meios de produção e, consequentemente, também não é possível haver cálculo monetário nem contabilidade, com a consequente má distribuição e desperdício de recursos escassos em utilizações que são, no máximo, de importância secundária – é evitado. Além disso, o problema da superutilização é, pelo menos, reduzido. Da mesma forma, uma vez que o investimento privado e a formação de capital ainda são possíveis, na medida em que uma parte da renda da produção é deixada com o produtor para ser usada a seu critério, no regime socialista social-democrata há um incentivo relativamente alto para trabalhar, poupar e investir.

Contudo, em hipótese alguma, podem ser evitadas todas as consequências do empobrecimento. O socialismo estilo social-democrata, por melhor que possa parecer em comparação com o socialismo do tipo russo, ainda leva, necessariamente, a uma redução do investimento e, portanto, da riqueza futura, quando comparado ao sistema capitalista.[50] Ao tomar parte da renda da produção do produtor-proprietário, por menor que seja, e dá-la para pessoas que não a produziram, aumentam-se os custos de produção (que nunca são zero, pois produzir, adquirir e contratar sempre implicam, pelo menos, no uso do tempo, que poderia ser utilizado de outra maneira, por exemplo, para o lazer, consumo ou trabalho extra) e, *mutatis mutandis*, caem ligeiramente os custos de não-produção e/ou a produção clandestina. Como consequência, haverá, relativamente, menos produção e investimento, apesar de que, por razões que serão discutidas resumidamente, ainda poderá elevar o nível absoluto de produção e de riqueza.

---

[50] Sobre o assunto, cf. L. v. Mises, *Socialism*, Indianapolis, 1981, esp. parte V; *Ação Humana*, São Paulo: Instituto Ludwig von Mises Brasil, 2010, esp. parte 6.

Haverá, relativamente, mais lazer, mais consumo e mais trabalho extra e, consequentemente, no geral, empobrecimento relativo. E essa tendência será mais evidente quanto maior for a renda da produção distribuída, e mais iminente a probabilidade de ser aumentada no futuro por decisão unilateral e não-contratual da sociedade.

Por muito tempo, a ideia mais popular para a implementação do objetivo geral do socialismo social-democrata era, de longe, redistribuir a renda monetária por meio da tributação da renda ou de um tributo geral sobre as vendas incidente sobre os produtores. Uma análise desta técnica específica deve esclarecer o nosso ponto e evitar alguns equívocos e concepções erradas sobre o efeito geral do empobrecimento relativo. Qual é o resultado econômico da introdução de tributos sobre a renda ou sobre as vendas onde antes não havia tributação, ou do aumento para um novo patamar do nível de tributação já existente?[51] Ao responder esta questão, eu irei, além disso, ignorar as complicações que resultam das diferentes formas possíveis de redistribuir o dinheiro tributado para diferentes indivíduos ou grupos de indivíduos – o que será discutido posteriormente neste capítulo. Neste momento, consideraremos apenas o fato geral, verdadeiro, por definição, para todos os sistemas redistributivos, de que qualquer redistribuição do dinheiro tributado é uma transferência de produtores de renda monetária e recebedores de dinheiro por meio de contratos para pessoas na qualidade de não-produtoras e de não-recebedoras de renda monetária por contratos. Introduzir ou elevar a tributação reduz para o produtor o fluxo da renda monetária da produção e o aumenta para os não-produtores e não-contratantes. Tal decisão altera os custos relativos de produção para retorno monetário versus os custos relativos de não-produção e produção para retornos não-monetários. Consequentemente, na medida em que essa mudança é percebida pelas pessoas, elas irão cada vez mais consumir vagarosamente e/ou produzir com a finalidade de permutar, e reduzir, simultaneamente, seus esforços produtivos para obter recompensas monetárias. De qualquer maneira, cairá a produção de bens a serem adquiridos com dinheiro, o que significa dizer que o poder de compra diminui e, consequentemente, ocorre um declínio no padrão geral de vida.

Contra esse raciocínio, às vezes se argumenta que, de forma frequente, tem sido observado empiricamente que um aumento no nível da tributação era, na verdade, acompanhado por um crescimento (não uma queda) no Produto Nacional Bruto (PNB), e que o raciocínio acima, apesar de plausível, deve, portanto, ser considerado empiricamente inválido. Este suposto contra-argumento exibe um equívoco bastante simples: a confu-

---

[51] Cf. M. N. Rothbard, *Governo e Mercado*, São Paulo: Instituto Ludwig von Mises Brasil, 2012.

são entre redução absoluta e redução relativa. Na análise acima, a conclusão a que se chega é que o efeito dos tributos mais elevados é uma redução relativa na produção de lucros monetários; ou seja, uma redução quando comparada com o nível de produção que teria sido obtido se o nível de tributação não tivesse sido alterado. Não quer dizer ou sugerir nada em relação ao nível absoluto do rendimento produzido. Na realidade, o crescimento absoluto do PNB não é apenas compatível com a nossa análise, mas pode ser visto como um fenômeno perfeitamente normal na medida em que as melhorias na produtividade são possíveis e realmente acontecem. Se for possível, mediante o aperfeiçoamento da tecnologia de produção, produzir um maior volume com consumo idêntico (em termos de custos), ou conseguir uma produção similar com um consumo reduzido, a coincidência entre a tributação elevada e a produção elevada não é nada mais do que surpreendente. Mas, na verdade, isso não afeta a validade do que tem sido dito sobre o empobrecimento *relativo* resultante da tributação.

Outra objeção que goza de certa popularidade é que aumentar os tributos leva a uma redução da renda monetária, e que essa redução eleva a utilidade marginal do dinheiro quando comparada com outra formas de renda (como o lazer) e, dessa maneira, em vez de reduzi-la, realmente ajuda a aumentar a tendência para trabalhar pelo retorno monetário. Na verdade, esta observação é perfeitamente verdadeira. Mas é um equívoco acreditar que isso contribui para invalidar a tese do empobrecimento relativo. Em primeiro lugar, com o intuito de fazer uma análise completa deveria ser notado que mediante a tributação, não apenas a renda monetária de algumas pessoas (os produtores) é reduzida, mas, simultaneamente, a renda monetária de outras pessoas (não-produtores) é elevada, e para estas pessoas a utilidade marginal do dinheiro e, consequentemente, a sua inclinação para o trabalho por retorno monetário, seria reduzida. Mas isto não é, em hipótese alguma, tudo o que precisa ser dito, pois ainda pode deixar a impressão de que a tributação não afeta a produção dos bens de troca – na medida em que isso reduzirá para alguns e aumentará para outros a utilidade marginal da renda monetária, com ambos os efeitos anulando-se. Mas essa impressão estaria errada. Na realidade, seria uma negação daquilo que tem sido presumido desde o início: que o aumento de impostos, ou seja, uma maior contribuição monetária imposta sobre a renda dos produtores que a desaprovam, realmente ocorreu e foi percebida como tal, e que, consequentemente, implicaria numa contradição lógica. Intuitivamente, a falha na crença de que a tributação é "neutra" em relação à produção torna-se evidente tão logo o argumento é levado às últimas consequências. Isso significaria, então, que a afirmação de que até mesmo a expropriação completa de toda a renda monetária dos produtores e a sua transferência para um grupo de não-produtores não faria qualquer diferença, uma vez que a preguiça elevada dos não-produtores em decorrência daquela redistribuição seria plenamente compensada por um aumento na compulsão pelo trabalho por parte dos produtores (o que é, certamente, um absurdo).

O que é negligenciado nesse tipo de raciocínio é que a introdução da tributação ou o aumento em qualquer nível da tributação não somente favorece os não-produtores às custas dos produtores, mas, paralelamente e de forma similar, também altera para produtores e não-produtores da renda monetária, o custo anexado a diferentes métodos de obtenção de uma (crescente) renda monetária. Pois agora é relativamente menos oneroso obter uma renda monetária adicional através dos *meios não-produtivos*, ou seja, não através da produção de mais bens, mas por participar do processo de aquisições não-contratuais de bens *já produzidos*. Mesmo que os produtores estejam mais concentrados em conseguir dinheiro adicional em decorrência de um tributo mais elevado, eles cada vez mais o farão através de métodos de exploração, não pelo aumento de seus esforços produtivos. Isso explica por que a tributação não é, e nunca pode ser, neutra. Com a (crescente) tributação é institucionalizada uma diferente estrutura legal de incentivos: uma que altera os custos relativos de *produção* para renda monetária versus não-produção, inclusive a não-produção para fins de lazer e a não-produção para retorno monetário, e também *produção* para renda monetária versus produção para retorno não-monetário (escambo). E se essa estrutura diferente de incentivos for aplicada sobre uma mesma população, deverá resultar, necessariamente, numa redução da produção de bens que busca um retorno monetário.[52]

Enquanto a tributação da renda e das vendas são as técnicas mais comuns, não esgotam o repertório de métodos redistributivos do socialismo social-democrata. Não importa como os tributos são redistribuídos para os indivíduos que compõem uma dada sociedade, não importa, por exemplo, em que medida o rendimento monetário é igualado, uma vez que esses indivíduos podem levar, e levam, diferentes estilos de vida e alocam diferentes partes da renda monetária atribuídas a eles para consumo ou para a formação de riqueza privada utilizada de forma improdutiva; mais cedo ou mais tarde, as diferenças significativas entre as pessoas irão de novo emergir, se não com relação à renda monetária, mas no que se refere à riqueza privada. E não é surpreendente que essas diferenças se tornem progressivamente mais evidentes se existe um direito das sucessões puramente contratual. Por esta razão, o socialismo social-democrata, motivado como é pelo zelo igualitário, inclui em seus esquemas políticos a

---

[52] Além do mais, não deveria ser ignorado que mesmo que isto resultasse num aumento de trabalho por aqueles que foram tributados, um nível maior de tributação reduziria, em qualquer caso, a quantidade do lazer disponível e, desse modo, reduziria o padrão de vida. Cf. M.N. Rothbard, *Governo e Mercado*, São Paulo: Instituto Ludwig von Mises Brasil, 2012, p. 117 et seq.

preocupação com a riqueza privada e a tributa, assim como, em particular, também tributa a herança motivado pelo objetivo de satisfazer o clamor popular em relação à "riqueza imerecida" que recai sobre os herdeiros.

Economicamente, essas medidas imediatamente reduzem a quantidade de formação de riqueza privada. Como desfrutar a riqueza privada é relativamente mais caro por causa do imposto, menos riqueza nova será criada, haverá um aumento do consumo – inclusive dos estoques existentes da riqueza utilizada improdutivamente – e o padrão geral de vida, que obviamente também depende dos confortos provenientes da riqueza privada, irá cair.

Conclusões semelhantes sobre os efeitos do empobrecimento são obtidas quando se analisa o terceiro maior campo das políticas tributárias (o dos "ativos naturais"). Por razões que serão discutidas posteriormente, esse campo, ao lado de dois campos tradicionais da renda monetária e da tributação da riqueza privada, ganhou mais destaque ao longo do tempo sob o título de igualdade de oportunidades. Não demorou muito para descobrir que a posição de uma pessoa na vida não depende exclusivamente da renda monetária ou da riqueza dos bens usados de maneira improdutiva. Há outras coisas importante na vida e que trazem renda adicional, mesmo que não seja em forma de dinheiro ou outros bens de troca: uma boa família, educação, saúde, boa aparência etc. Chamarei esses bens não-trocáveis, a partir dos quais advém a renda (psíquica), de "ativos naturais". O socialismo redistributivo, guiado por ideais igualitários, também é estimulado pelas diferenças existentes nesses ativos e tenta, se não erradicar, pelo menos moderá-los. Mas esses ativos, sendo bens não-trocáveis, não podem ser facilmente expropriados e os rendimentos depois redistribuídos. Também não é muito prático, para dizer o mínimo, atingir esse objetivo reduzindo diretamente a renda não-monetária dos ativos naturais das pessoas com rendimento mais alto, ao destruir, por exemplo, a saúde dos saudáveis e assim torná-los iguais aos doentes, ou ao arrebentar a cara das pessoas de boa aparência fazendo-as parecer seus colegas esteticamente menos afortunados.[53] Portanto, o método comum que o socialismo social-democrata defende para criar "igualdade de oportunidade" é a tributação dos ativos naturais. Aquelas pessoas que são consideradas a receber uma renda relativamente mais alta referente a algum ativo, como a saúde, estão sujeitas a um imposto adicional a ser pago em dinheiro. Esse imposto é depois redistribuído àquelas pessoas cujas respectivas rendas são relativamente baixas de forma a ajudar a compensá-las por este

---

[53] Um relato ficcional da implementação de tal política, fiscalizada pela "incessante vigilância dos representantes do Dificultador Geral dos Estados Unidos", foi feito por K. Vonnegut in "Harrison Bergeron," in: K. Vonnegut, *Welcome to the Monkey House*, New York, 1970.

fato. Um imposto adicional, por exemplo, é cobrado do indivíduo saudável para ajudar o não-saudável a pagar seus gastos com saúde, ou daqueles de boa aparência para ajudar os feios a pagar por cirurgia plástica ou pela bebida que os permita esquecer o seu infortúnio. As consequências econômicas desses esquemas de redistribuição devem ser esclarecidas. Na medida em que a renda psíquica, representada pela saúde, por exemplo, exige um esforço produtivo de tempo ou de custos, e enquanto as pessoas podem, em princípio, se deslocar de suas funções produtivas para as improdutivas, ou canalizar seus esforços produtivos para ramos de produção de bens trocáveis ou não-trocáveis, que sejam menos ou não-tributados, elas assim o farão devido ao aumento de custos incluídos na produção da saúde pessoal. A produção global da riqueza em questão irá cair, ou seja, o padrão geral de saúde será reduzido. E até com os ativos realmente naturais, como a inteligência, sobre o qual as pessoas podem pouco ou nada fazer, as consequências serão da mesma espécie, muito embora com apenas o intervalo de uma geração. Percebendo que o custo de ser inteligente se tornou relativamente maior, e o de ser não-inteligente tornou-se menor, e querendo o máximo de rendimento possível (de qualquer espécie) para a própria descendência, o incentivo para a pessoa inteligente gerar um descendente foi reduzido e para o não-inteligente, aumentado. Considerando as leis da genética, o resultado será uma população que é, no geral, menos inteligente. E, além disso, em qualquer caso de tributação de ativos naturais (exato para o exemplo da saúde bem como para o da inteligência), devido ao fato de a renda monetária ser tributada, irá se definir uma tendência semelhante àquela resultante da tributação da renda, ou seja, uma tendência para reduzir os esforços por um retorno monetário e para cada vez mais se envolver na atividade produtiva de retorno não-monetário ou em todos os tipos de empreendimentos não-produtivos. E, claro, tudo isso, mais uma vez, reduz o padrão geral de vida.

Mas isto não é ainda tudo o que precisa ser dito sobre as consequências do socialismo de estilo social-democrata, uma vez que também terá efeitos altamente importantes, ainda que improváveis, na estrutura social e moral da sociedade, que se tornarão mais visíveis quando se considerar os resultados de longo-prazo da introdução dessas políticas redistributivas. Provavelmente, já não é surpresa que, também a esse respeito, a diferença entre o socialismo de tipo russo e o socialismo de estilo social-democrata, muito embora altamente interessante em alguns detalhes, não é na essência.

Devemos recordar que o efeito do socialismo russo na formação dos tipos de personalidade era duplo: reduzia o incentivo para desenvolver habilidades produtivas e, ao mesmo tempo, favorecia o desenvolvimento dos talentos políticos. Estas também são, precisamente, as consequências do socialismo social-democrata. Como o socialismo social-democrata favorece as funções improdutivas tanto quanto as produtivas que não são de conhecimento público, e que por isso não podem ser atingidas pela tributação, consequentemente, o caráter da população muda. Este processo pode ser lento, mas, tanto quanto perdure a peculiar estrutura de incentivo estabelecida pelas políticas redistributivas, será constantemente operante. Serão realizados menos investimentos no desenvolvimento e na melhoria das habilidades produtivas e, como resultado, as pessoas se tornarão cada vez mais incapazes de assegurar seus próprios rendimentos pela produção ou pela contratação. E como aumenta o grau de tributação e o círculo de renda tributada é ampliado, as pessoas irão cada vez mais desenvolver personalidades dissimuladas, padronizadas e medíocres – pelo menos quando estiver em causa a aparência pública. Paralelamente, à medida em que a renda se torna simultaneamente dependente da política, ou seja, da decisão da sociedade sobre como redistribuir os tributos (que são obtidos, na verdade, não por contratação, mas pela sobreposição da vontade de um sobre a vontade recalcitrante do outro), quanto mais dependente se tornar, mais pessoas terão que agir politicamente, ou seja, terão que investir mais tempo e energia no desenvolvimento de seu talento especial para obter vantagens pessoais às custas de outros (ou seja, de forma não-contratual) ou impedir que tal exploração ocorra.

A diferença entre ambos os tipos de socialismo reside (somente) no seguinte aspecto: sob o socialismo russo, o controle da sociedade sobre os meios de produção, e, consequentemente, sobre a renda produzida com eles, é completo, e, até o momento, não parece mais haver espaço para se engajar no debate político a respeito do grau adequado de politização da sociedade. A questão é resolvida sob um capitalismo puro (como estabelecido na outra extremidade do espectro), onde não há espaço para a política e todas as relações são exclusivamente contratuais. Por outro lado, sob o socialismo social-democrata, o controle social sobre a renda produzida de forma privada é, na verdade, apenas parcial, e um controle maior ou total só existe como um direito da sociedade que ainda não foi atualizado e que consiste numa ameaça potencial que paira sobre as cabeças dos produtores privados. Mas viver sob a ameaça de ser completamente tributado em vez de ser muito tributado explica uma característica interessante do socialismo social-democrata quanto ao desenvolvimento geral em relação a personalidades cada vez mais politizadas. Isto explica por que sob um sistema de socialismo social-democrata o tipo de politização é diferente daquele sob o socialismo russo. Neste, tempo e esforço são gastos de forma improdutiva, em discussões sobre como distribuir a renda que pertence à sociedade; sob o socialismo social-democrata, de fato, isto também acontece, mas tempo e esforço também são utilizados em disputas políticas sobre o volume, maior ou menor, das partes da renda socialmente administradas. Sob um sistema de meios de produção socializados, onde essa questão é resolvida de uma vez por todas, se observa, portanto, um maior afastamento da vida pública, resignação e cinismo. O socialismo social-democrata, por outro lado, onde essa questão ainda está em aberto, e onde produtores e não-produtores podem alimentar alguma esperança de melhorar sua posição com a redução ou aumento da tributação, tem privatização de menos e, com maior regularidade, mais pessoas envolvidas ativamente na agitação política tanto a favor quanto contra o aumento do controle pela sociedade dos rendimentos produzidos de forma privada.[54]

Com a explicação das semelhanças gerais e a da diferença específica entre os dois tipos de socialismo, permanece a tarefa de apresentar uma análise resumida de algumas forças modificadoras influenciando o desenvolvimento geral em relação às personalidades politizadas e improdutivas. Estas são o resultado de diferentes abordagens do desejado padrão de distribuição de renda. Os socialismos russo e social-democrata são igualmente confrontados com a questão de como distribuir a renda que passa a ser socialmente controlada. Para o socialismo russo, trata-se do problema de quais salários pagar aos indivíduos a quem foram atribuídos várias posições na economia de zelador. Para o socialismo redistributivo, a questão é quanto de tributos deve ser alocado e para quem. Ao passo que há, em princípio, inúmeras formas de fazê-lo, a filosofia igualitária de ambas as espécies de socialismo reduz efetivamente as opções disponíveis para os três tipos gerais.[55] O primeiro é o método de igualar mais ou menos a renda monetária de todos (e, possivelmente, a riqueza privada e usada de forma improdutiva). Professores, médicos, trabalhadores da construção civil e mineiros, gerentes de fábrica e faxineiras, todos eles recebem praticamente o mesmo salário, ou a diferença entre as remunerações é consideravelmente pequena.[56] Não é preciso observar muito para perceber que

---

[54] Sobre o fenômeno da politização, cf. também K. S. Templeton (ed.), *The Politicalization of Society*, Indianapolis, 1977.

[55] Sobre a preocupação do socialista ortodoxo e do social-democrata pela igualdade, cf. S. Lukes, "Socialism and Equality," in: L. Kolakowski e S. Hampshire (eds.), *The Socialist Idea*, New York, 1974; também B. Williams, "The Idea of Equality", in P. Laslett e W. G. Runciman (eds.), *Philosophy, Politics, and Society*, 2nd series, Oxford, 1962. Para uma crítica da concepção socialista de igualdade, cf. M. N. Rothbard, "Freedom, Inequality, Primitivism and the Division of Labor", in K. S. Templeton (ed.), *The Politicalization of Society*, Indianapolis, 1977; e *Egalitarianism as a Revolt Against Nature* (título do ensaio), Washington, 1974; H. Schoeck, *Envy*, New York, 1966; e *1ª Leistung unanstaendig?* Osnabrueck, 1971; A. Flew, *The Politics of Procrustes*, London, 1980; e *Sociology, Equality and Education*, New York, 1976.

[56] Tradicionalmente, essa perspectiva foi favorecida, pelo menos na teoria, pelo socialismo ortodoxo marxista — em sintonia com o famoso ditado de Marx em sua "Crítica do Programa de Gotha" (K. Marx, *Selected Works*, vol. 2, London, 1942, p.566), "de cada um segundo a sua habilidade; para cada um de acordo com as suas necessidades" (N.T.: a frase foi usada por Marx sem citar o verdadeiro autor, Louis Blanc, que em sua obra *L'Organisation du Travail* [Paris, 1847] escreveu "à chacun selon ses besoins, de chacun selon ses facultés [*a cada um segundo as suas necessidades, de cada um segundo suas habilidades*]"). A realidade econômica, contudo, obrigou os países socialistas do modelo russo a fazer, na prática, enormes concessões. De modo geral, um esforço foi feito, de fato, para igualar a renda

esse caminho reduz drasticamente o incentivo para trabalhar, pois não faz muita diferença – em termos salariais – trabalhar de forma diligente durante todo o dia ou vadiar durante a maior parte do tempo. Consequentemente, sendo a desutilidade do trabalho um fato da vida, as pessoas irão cada vez mais vadiar e a renda média, que todo mundo parece considerar como certa, cairá constantemente em termos relativos. Portanto, essa perspectiva fortalece relativamente a tendência em relação ao afastamento, desilusão, cinismo e, *mutatis mutandis*, contribui para uma redução relativa na atmosfera geral de politização. A segunda abordagem tem o propósito mais moderado de garantir uma renda mínima, que, embora esteja de algum modo vinculada à renda média, está bem abaixo desta.[57] Isto também reduz o incentivo para trabalhar uma vez que as pessoas estarão agora mais dispostas a reduzir o tempo de trabalho, ou até mesmo parar de trabalhar, de forma a desfrutar o lazer, e a se contentar com uma renda mínima, pois elas são apenas produtoras de renda marginal cujos rendimentos da produção são ligeiramente abaixo do mínimo. Assim, por outro lado, mais pessoas cairão para uma linha abaixo da renda mínima, ou mais pessoas, de outra maneira, irão manter ou adquirir aquelas características que existem em decorrência do salário mínimo obrigatório, e como resultado, mais uma vez, teremos a queda da renda média a qual o salário mí-

---

monetária (presumidamente, com maior visibilidade) de várias ocupações, mas, com a finalidade de manter a economia funcionando, foram introduzidas grandes diferenças (supostamente menos visíveis) nas recompensas não-monetárias (tais como privilégios especiais em relação à viagem, educação, moradia, compras, etc.).
Analisando a literatura, P. Gregory e R. Stuart (*Comparative Economic Systems*, Boston, 1985) escreveu: "... os ganhos são distribuídos de forma mais igualitária na Europa Oriental, na Iugoslávia e na União Soviética do que nos Estados Unidos. Para a União Soviética, este parece ser um fenômeno relativamente novo, pois até 1957 os ganhos lá eram mais desiguais do que nos Estados Unidos". Porém, nos países que seguem o modelo soviético, "um volume relativamente muito maior de recursos ... é fornecido sobre uma base de mercado adicional..." (p.502). Conclusão: "A renda é distribuída de forma mais desigual nos países capitalistas onde o estado exerce um papel redistributivo relativamente menor... (Estados Unidos, Itália, Canadá). No entanto, mesmo onde o estado desenvolve uma maior função redistributiva (Reino Unido, Suécia), a distribuição de rendas parece ser levemente mais desigual do que nos países socialistas de economia planejada (Hungria, Checoslováquia, Bulgária). Em 1966, a União Soviética parece ter uma distribuição de renda menos igualitária dos que nos países do Leste Europeu" (p.504). Cf. também F. Parkin, *Class Inequality and Political Order*, New York, 1971, esp. o capítulo 6.
[57] Tradicionalmente, essa abordagem é mais típica do socialismo social-democrata. Nos últimos anos, tem sido dado um grande apoio público — por parte dos profissionais de economia — a M. Friedman e à sua proposta de "imposto de renda negativo" (M. Friedman, *Capitalismo e Liberdade*, São Paulo: Abril Cultural, 1984, capítulo 12); e, do lado dos profissionais da filosofia, a J. Rawls com o seu "princípio da diferença" (J. Rawls, *Uma Teoria da Justiça*, Lisboa: Editorial Presença, 2001, p. 78 et seq.). Portanto, ambos os autores atraíram muita atenção dos intelectuais do partido social-democrata. Geralmente, Friedman só era considerado "culpado" por não querer definir um valor suficientemente alto para a renda mínima — mas, depois, ele não tinha critério baseado em princípio para defini-la em qualquer patamar específico. Rawls, que queria coagir a "pessoa mais favorecida" a deixar a "menos favorecida" partilhar a sua fortuna sempre que melhorasse a sua própria posição, era às vezes acusado de ter ido longe demais com seu igualitarismo. Cf. G. Schwan, *Sozialismus in der Demokratie. Theorie einer konsequent sozialdemokratischen Politik*, Stuttgart, 1982, Capítulo 3, D.

nimo está vinculado para um nível inferior daquele que teria sido obtido de outra forma. Mas, certamente, sob este segundo regime (de garantia de uma renda mínima), o incentivo para trabalhar é reduzido para um nível muito mais baixo na comparação com o primeiro. Por outro lado, a segunda abordagem levará a um grau relativamente elevado de politização ativa (e um menor nível de afastamento resignado) porque, ao contrário da renda média, que pode ser objetivamente determinada, o nível no qual a renda mínima é definido é um assunto completamente subjetivo e arbitrário, e está, portanto, particularmente propenso a se tornar uma questão política permanente.

Indubitavelmente, o grau mais elevado de politização ativa é atingido quando se opta pela terceira abordagem distributiva. Seu objetivo é alcançar a igualdade de oportunidade, amealhando importância cada vez maior para a social-democracia.[58] A ideia é criar, através de medidas redistributivas, uma situação na qual seja igual a chance de qualquer um em obter qualquer posição (renda) possível na vida (como numa loteria, onde cada bilhete tem chances iguais de ser ou não premiado) e, além do mais, ter um mecanismo de correção que ajude a retificar situações de "azar imerecido" (seja lá o que isso signifique) que pode ocorrer no curso dos acontecimentos do jogo de azar. Tomada literalmente, esta ideia é obviamente absurda: não há forma de igualar a oportunidade de alguém que vive nos Alpes com a de alguém que mora no litoral. Além disso, parece muito claro que a ideia de um mecanismo de correção é simplesmente incompatível com a da loteria. No entanto, é exatamente esse alto grau de imprecisão e confusão que contribui para o apelo popular dessa concepção. O que constitui uma oportunidade, o que torna uma oportunidade diferente ou igual, melhor ou pior, de quanto e qual seria o tipo de compensação necessário para igualar as oportunidades que, claramente, não podem ser igualadas em termos físicos (como no exemplo dos Alpes e litoral), o que é um azar imerecido e qual seria a melhor retificação, todas estas são questões completamente subjetivas. Elas são dependentes de avaliações subjetivas, que mudam à medida em que são feitas, e há, então – se for aplicada, de fato, a concepção de igualdade de oportunidades –, um reservatório ilimitado de todos os tipos de demandas distributivas para todos os tipos de justificativas e para todos os tipos de pessoas. É assim, particularmente, porque igualar oportunidade é compatível com demandas por *diferenças* na renda monetária ou na riqueza privada. *A* e *B* podem ter a mesma renda e podem

---

[58] Um exemplo representativo de uma pesquisa com inclinação social-democrata sobre a igualdade de oportunidade, especialmente no que se refere à educação, pode ser encontrada em C. Jencks e outros, *Inequality*, London, 1973; o aumento da notoriedade da ideia de igualar a oportunidade também explica a quantidade torrencial de estudos sociológicos sobre "qualidade de vida" e "indicadores sociais" que surgiram desde o final dos anos de 1960. Cf., por exemplo, A. Szalai e F. Andrews (eds.), *The Quality of Life*, London, 1980.

ambas ser igualmente ricas, mas *A* pode ser negro, ou uma mulher, ou ter uma visão ruim, ou residir no Texas, pode ter 10 filhos, ou não ter marido, ou ter mais do que 65 anos, ao passo que *B* pode não ser nada disso, mas qualquer outra coisa, e, consequentemente, *A* pode argumentar que essas oportunidades para conseguir tudo o que for possível na vida são diferentes, ou muito pior, do que as de *B*, e que deveria de alguma maneira ser compensado por isto, tornando as suas rendas monetárias, que eram as mesmas de antes, diferentes agora. E *B*, é claro, poderia argumentar exatamente da mesma forma pela simples inversão da avaliação implícita das oportunidades. Em consequência, ocorrerá um grau de politização desconhecido. Tudo parece justo agora, e tanto produtores quanto não--produtores, os primeiros com fins defensivos e os segundos com objetivos agressivos, serão orientados a gastar muito mais tempo na função de aumentar, destruir e combater as demandas distributivas. E, na verdade, essa atividade, como o envolvimento em atividades de lazer, não é apenas improdutiva, mas contrasta claramente com a função de desfrutar o lazer, e significa usar o tempo com o objetivo de, realmente, interromper o gozo sereno da riqueza produzida, bem como o da sua produção mais recente.

Mas não é apenas o aumento da politização estimulada (abaixo e acima do nível deduzido pelo socialismo em geral) que acontece com a promoção da ideia de igualar a oportunidade. Há, uma vez mais, e isto talvez seja uma das características mais interessantes do novo socialismo social--democrata quando comparado com a forma marxista tradicional, o surgimento de uma nova e diferente personalidade resultante desse tipo de politização. Sob qualquer política de distribuição, deve haver pessoas que a apoiam e a promovem. E, normalmente, embora não exclusivamente, isto é feito por aqueles que mais lucram com essa política. Portanto, sob um sistema de equalização de renda e de riqueza, e também ao abrigo de uma política de renda mínima, são principalmente os "sem-posses" que apoiam a politização da vida social. Dado o fato de que, na média, são aqueles que tem relativamente menor capacidade intelectual, particularmente menos capacidades verbais, o resultado para a política é a grande falta de sofisticação intelectual, para dizer o mínimo. Expondo de forma mais franca, a política tende a ser completamente tediosa, estúpida e pavorosa, mesmo para um número considerável de "sem-posse". Por outro lado, ao adotar a ideia de igualdade de oportunidade, as diferenças de riqueza e de renda monetária não só são permitidas como se tornam muito evidentes, desde que isto seja justificado por discrepâncias fundamentais na estrutura de oportunidade para que as diferenças anteriores ajudem a compensá-las. Mas, nesse tipo de política, aqueles que têm posse também podem participar. Na verdade, sendo estes os que, na média, dominam habilidades verbais superiores (e a tarefa de definir as oportunidades como melhores ou piores é essencialmente um dos poderes de persuasão retórica), procuram desenvolver exatamente esse tipo de jogo. Portanto, os que têm posse se tornarão a força dominante na sustentação do processo de politização. Cada vez mais, serão as pessoas desse grupo que se moverão para o topo da organização do partido socialista, e, consequentemente, a aparência e a retórica política socialista tomarão uma forma diferente, se tornando cada vez mais intelectualizada, mudando o seu apelo e atraindo uma nova classe de apoiadores.

Com isto eu atingi o estágio na análise do socialismo social-democrata no qual são necessários apenas alguns comentários e observações que ajudarão a *ilustrar* a validade das considerações teóricas desenvolvidas até aqui. Embora isto não afete a validade das conclusões já apresentadas, pois fundamentadas exclusivamente na verdade das premissas e na precisão das deduções, infelizmente, não existe qualquer exemplo quase-experimental e próximo da perfeição para ilustrar o funcionamento do socialismo social-democrata na comparação com o capitalismo como o que temos das duas Alemanhas (Ocidental e Oriental) em relação ao socialismo do tipo russo. Ilustrar o ponto exigiria uma comparação de sociedades manifestamente diferentes onde claramente *ceteris* não são *paribus*, e, portanto, não seria mais possível combinar ordenadamente certas causas com determinados efeitos. Frequentemente, as experiências de socialismo social-democrata não duraram o suficiente ou foram interrompidas repetidas vezes por políticas que definitivamente não poderiam ser classificadas como socialismo social-democrata. Ou então, desde o início, foram misturadas com diferentes (e até mesmo inconsistentes) políticas em decorrência de compromissos políticos, que, na verdade, nenhuma evidência ilustrativa notável pode ser produzida por *qualquer* tese com algum grau de especificidade pelo fato de diferentes causas e efeitos estarem muito enredadas. A tarefa de desenredar causas e efeitos se torna, mais uma vez, um trabalho genuinamente teórico, sem o poder de persuasão peculiar que caracteriza a evidência produzida de maneira experimental.

No entanto, alguma evidência existe, nem que seja de qualidade mais duvidosa. Em primeiro lugar, no nível das observações globais, a tese geral sobre o empobrecimento relativo provocado pelo socialismo redistributivo é ilustrado pelo fato de que o padrão de vida é relativamente mais alto, e se tornou maior ao longo do tempo, nos Estados Unidos do que na Europa Ocidental, ou, mais especificamente, do que nos países da Comunidade Européia. Ambas as regiões são comparadas aproximadamente em relação ao tamanho da população, diversidade étnica e cultural, tradição e herança, e também no que se refere aos dotes naturais, mas os Estados Unidos são comparativamente mais capitalistas e a Europa, mais socialista. Qualquer observador imparcial dificilmente deixará de notar esse aspecto, como também indicado por esses índices globais tal como a percentagem da despesa estatal em relação ao Produto Nacional Bruto, que é de cerca de 35% nos Estados Unidos em comparação ao cerca de 50% por cento ou mais na Europa Ocidental. Isto também se encaixa na imagem que os países europeus (em particular, a Grã-Bretanha) apresentaram com as mais impressionantes taxas de crescimento econômico no século XIX que foram descritas várias vezes pelos historiadores como o período do liberalismo clássico, ao contrário do século XX, que foi denominado como o período do socialismo e do estatismo. Da mesma forma, a validade da teoria é ilustrada pelo fato de que a Europa Ocidental tem sido cada vez mais superada nas taxas de crescimento econômico por alguns países do Pacífico, tais como o Japão, Hong Kong, Cingapura e Malásia; estes países, ao adotarem um comportamento relativamente mais capitalista, conseguiram atingir uma padrão de vida muito mais alto do que os países com inclinações socialistas que começaram mais ou menos na mesma época e com aproximadamente a mesma base de desenvolvimento econômico, tal como a Índia.

Voltando às observações mais específicas, existem as experiências recentes de Portugal, onde, em 1974, o regime autocrático de socialismo conservador de Salazar (sobre esse tipo de socialismo, ver o próximo capítulo), que manteve o país como um dos mais pobres da Europa, foi derrubado por um levante das forças políticas do socialismo redistributivo (com elementos de nacionalização) e onde desde então o padrão de vida caiu ainda mais, transformando literalmente o país numa região do terceiro mundo. Há também a experiência socialista da França de Mitterand, que produziu uma deterioração imediata da situação econômica de forma tão notável (sendo mais evidente o aumento drástico no desemprego e as repetidas desvalorizações da moeda) que, menos de dois anos depois, o reduzido apoio popular ao governo forçou uma reviravolta na política, que era uma situação quase cômica na medida em que correspondia a uma negação completa daquilo que apenas algumas semanas antes tinha sido defendido como as suas mais caras convicções.

O caso mais instrutivo, porém, foi novamente o da Alemanha e, hoje em dia, da Alemanha Ocidental.[59] De 1949 a 1966, houve um governo liberal-conservador que mostrou um comprometimento excepcional com os princípios da economia de mercado, apesar de que desde o início houve uma mistura num grau considerável de elementos socialistas-conservadores e esses componentes ganharam mais importância ao longo do tempo. Em todo caso, dentre todas as maiores nações europeias, a Alemanha Ocidental durante esse período era, definitivamente, o país mais capitalista e

---

[59] Sobre o assunto, cf. também R. Merklein, *Griff in die eigene Tasche*, Hamburg, 1980; e *Die Deutschen werden aermer*, Hamburg, 1982.

o resultado disso foi se tornar a sociedade mais próspera da Europa com taxas de crescimento que ultrapassavam todas as dos países vizinhos. Até 1961, milhões de refugiados alemães e, posteriormente, milhões de trabalhadores estrangeiros dos países do Sul da Europa se integraram expandindo a sua economia e os índices de desemprego e de inflação se tornaram quase imperceptíveis. Mais tarde, após um período curto de transição, de 1969 a 1982 (um intervalo de tempo quase igual), assumiu um governo socialista-liberal que implantou uma política social-democrata. Esse governo aumentou consideravelmente os impostos e as contribuições para a segurança social, elevou a quantidade de servidores públicos, despejou fundos tributários adicionais em programas sociais existentes e criou novos, e aumentou significativamente os gastos em todos os tipos de "bens públicos", para, supostamente, por meio dessas ações políticas igualar as oportunidades e melhorar a "qualidade de vida" geral. Recorrendo a uma política keynesiana de déficit orçamental e inflação imprevista, os efeitos de aumentar os benefícios sociais mínimos, garantidos para não-produtores às custas de tributar excessivamente os produtores, poderiam ser adiados por alguns anos (o lema da política-econômica do ex-chanceler da Alemanha Ocidental, Helmut Schmidt, era "melhor uma inflação de 5% do que uma taxa de desemprego de 5%"). Contudo, as consequências seriam mais drásticas pouco tempo depois assim como a inflação imprevista e a expansão do crédito haviam criado e prolongado o mau investimento mais típico de um *boom*. Como resultado, não só a inflação foi muito mais do que aqueles 5% como a taxa de desemprego também aumentou de forma constante até se aproximar dos 10%; o crescimento do Produto Nacional Bruto se tornou cada vez mais lento até cair em termos absolutos durante os últimos anos daquele período. Em vez de ter uma economia em expansão, se reduziu o número absoluto de pessoas empregadas; foi feita uma pressão cada vez maior sobre os trabalhadores estrangeiros para que deixassem o país e, simultaneamente, as barreiras contra a imigração cresceram a níveis cada vez mais elevados. Enquanto tudo isso acontecia a importância da economia clandestina cresceu continuamente.

Mas esses eram apenas os resultados mais evidentes de uma espécie econômica estritamente definida. Havia outros efeitos de um tipo diferente, que tinham, na verdade, uma importância mais duradoura. Com um novo governo socialista-liberal, a ideia de igualar as oportunidades veio da vanguarda ideológica. E como fora previsto teoricamente, em particular a propagação oficial da ideia *mehr Demokratie wagen* ("ousar mais democracia") – inicialmente um dos slogans mais populares da nova era (Willy Brandt) – que levou a um grau de politização até então inédito. Todos os tipos de demanda foram elevados em nome da igualdade de oportunidade; e dificilmente havia qualquer esfera da vida, da infância à velhice, do lazer às condições de trabalho, que não tenha sido profundamente investigada para identificar diferenças possíveis oferecidas a diferentes pessoas em relação a oportunidades consideradas relevantes. Não é de surpreender que essas oportunidades e diferenças sejam constantemente encontradas[60], e, portanto, o reino da política parecia se expandir quase todos os dias. Cada vez mais frequente, podia-se ouvir a seguinte frase: "Não existe nenhuma questão que não seja uma questão política". A fim de permanecer à frente desse desenvolvimento, os partidos no poder também tiveram que mudar. Especialmente os Social-Democratas, tradicionalmente o partido dos trabalhadores braçais das fábricas e indústrias, tinham que construir uma nova imagem. Com a ideia de igualar as oportunidades ganhando terreno, tornaram-se cada vez mais, como se poderia prever, o partido da intelectualidade (verbal), dos cientistas sociais e dos professores. E esse "novo" partido escolheu como uma de suas principais preocupações concentrar as mais diversas atividades políticas para criar, dentro do campo da igualdade, e acima de tudo, oportunidades educacionais, quase como para provar que o processo de politização será mantido principalmente por aqueles que lucram com esses esquemas distributivos e que o trabalho de definir oportunidades é essencialmente arbitrário e uma questão de poder retórico. Em particular, eles "igualaram" as oportunidades de educação para o ensino médio e para a universidade ao oferecer os respectivos serviços não só de forma gratuita, mas, literalmente, *financiando* grandes grupos de estudantes para usufruir deles. Isto não apenas aumentou a demanda por educadores, professores, cientistas sociais, cujo pagamento naturalmente tinha que vir dos impostos, mas também significou, um tanto ironicamente para um partido socialista que defendia que igualar as oportunidades educacionais resultaria numa transferência de renda do rico para o pobre, um subsídio pago ao mais inteligente às custas de uma redução complementar da renda do menos inteligente, e na medida em que há um número maior de pessoas inteligentes nas classes média e alta do que na classe baixa, é um subsídio pago pelos sem-posse para aqueles com-posse.[61] Como resultado desse processo de politização conduzido por um número cada vez maior de educadores pagos pelos impostos e ganhando influência sobre uma quantidade cada vez maior de estudantes, ocorreu (como era de se esperar) uma mudança de mentalidade das pessoas. Esse fato foi cada vez mais considerado algo completamente normal para satisfazer todo o tipo de demandas através dos meios políticos e para reivindicar toda espécie de supostos direitos contra outras pessoas supostamente melhor situadas economicamente e contra as suas propriedades; e para uma geração inteira de pessoas que cresceu durante esse período, tornou-se cada vez

---

[60] Cf. como exemplo representativo W. Zapf (ed.), *Lebensbedingungen in der Bundesrepublik*, Frankfurt/M., 1978.
[61] Cf. sobre o tema A. Alchian, "The Economic and Social Impact of Free Tuition" in: A. Alchian, *Economic Forces at Work*, Indianapolis, 1977.

menos natural pensar em melhorar o seu destino pelo esforço produtivo ou por contratação. Portanto, quando emergiu a crise econômica atual, necessária em virtude da política redistributiva, as pessoas estavam menos preparadas do que nunca para superá-la, porque ao longo do tempo a mesma política enfraqueceu precisamente aquelas habilidades e talentos que eram agora exigidas de forma mais urgente. Suficientemente revelador, quando o governo socialista-liberal foi derrubado em 1982, principalmente e obviamente por causa de seu miserável desempenho econômico, a opinião predominante ainda era de que a crise não deveria ser resolvida pela eliminação de suas causas, ou seja, os excessivos benefícios mínimos para não-produtores ou não-contratantes, mas por outra medida redistributiva: pela força, igualando o tempo de trabalho disponível para empregados e desempregados. E em sintonia com esse espírito, o novo governo conservador-liberal, de fato, não fez mais do que desacelerar a taxa de crescimento da tributação.

Capítulo 5
O Socialismo do Conservadorismo

Nos dois capítulos anteriores, foram discutidas as formas de socialismo mais vulgarmente conhecidas e identificadas como tais, e que são, na verdade, oriundas basicamente das mesmas fontes ideológicas: o socialismo ao estilo russo, notavelmente representado pelos países comunistas do leste europeu; e o socialismo social-democrata, com seus representantes mais típicos nos partidos socialista e social-democrata da Europa Ocidental, e em menor escala, nos "liberais" dos Estados Unidos. Foram analisadas as normas fundamentais subjacentes aos seus regimes políticos e apresentada a ideia de que se pode aplicar os princípios de propriedade do socialismo russo ou social-democrata em graus variados: pode-se socializar todos os meios de produção ou apenas alguns deles, e pode-se tributar e redistribuir quase toda a renda, e quase todos os tipos de renda, ou se pode fazê-lo com apenas uma pequena parcela de alguns tipos de renda. Mas, como foi demonstrado teoricamente e, de forma menos rigorosa, mediante algumas evidências empíricas ilustrativas, desde que não se adira a esses princípios de maneira alguma e que não se abandone de uma vez por todas a noção de direitos de propriedade como pertencentes aos não-produtores (não-usuários) e aos não-contratantes, o resultado deve ser o empobrecimento relativo.

Este capítulo mostrará que o mesmo se dá com o conservadorismo, que é também uma forma de socialismo. O conservadorismo também gera empobrecimento e tanto mais quanto mais decididamente for aplicado. Mas antes de iniciar uma análise econômica sistemática e detalhada das formas peculiares pelas quais o conservadorismo produz esse resultado, seria adequado dar uma breve olhada na história para compreender melhor por que o conservadorismo é, de fato, socialismo, e como isto está relacionado com as duas formas igualitárias de socialismo discutidas anteriormente.

Grosso modo, existiu antes do século XVIII na Europa e ao redor do mundo, um sistema social de "feudalismo" ou "absolutismo", que era, de fato, um feudalismo em larga escala.[62] Em termos gerais, a ordem social do feudalismo era caracterizada por um senhor feudal que reivindicava a propriedade de uma parte do território, incluindo todos os bens e recursos naturais, e, muito frequentemente, também de todos os homens que lá estavam, sem ter originariamente se apropriado deles através do uso ou do trabalho, e sem ter uma obrigação contratual com aquelas pessoas.

---

[62] Sobre o tema, cf., especialmente, o brilhante ensaio de M. N. Rothbard *Esquerda e direita - Perspectivas para a liberdade*, São Paulo: Instituto Ludwig von Mises Brasil, 2010

Pelo contrário, o território, ou melhor, as várias partes que o formavam, e os bens que lá estavam, foram ativamente ocupados, utilizados e produzidos anteriormente por diferentes pessoas (os "proprietários naturais"). As reivindicações de propriedade pelos senhores feudais eram, portanto, oriundas do nada. Por isso, a prática, baseada naqueles supostos direitos de propriedade, do arrendamento da terra e de outros fatores de produção para os proprietários naturais em troca dos bens e serviços definidos unilateralmente pelo senhor feudal, tinha que ser imposta pela força bruta e pela violência armada contra a vontade daqueles proprietários naturais e com a ajuda de uma nobre casta de militares que eram recompensados por seus serviços pelo senhor feudal ao poderem participar e compartilhar dos métodos e procedimentos de exploração. Para o homem comum que estava sujeito a essa ordem, a vida significava ser vítima da tirania, exploração, estagnação econômica, pobreza, fome e desespero.[63]

Como seria de esperar, houve resistência contra esse sistema. Curiosamente, porém (sob a perspectiva de hoje), não foi a população camponesa que mais sofreu com aquela ordem existente, mas os mercadores e comerciantes, que se tornaram os principais oponentes do sistema feudal. Comprar por um preço mais baixo num local e viajar e vender por um preço mais alto num lugar diferente como eles faziam, enfraqueceu relativamente a subordinação deles a qualquer ordem feudal. Eles eram essencialmente uma classe de homens "internacionais", cruzando constantemente as fronteiras de diversos territórios feudais. E como tal, para fazer negócios, eles exigiam um sistema legal internacionalmente válido: um sistema de normas válidas independentemente do tempo e do espaço, uma definição de propriedade e de contrato, o que facilitaria a evolução das instituições de crédito, e de bancos e seguros, essenciais para qualquer comércio em larga escala. Naturalmente, isto causou atrito entre os mercadores e os senhores feudais, que eram os representantes de vários sistemas legais regionais e arbitrários. Os mercadores se tornaram os párias do feudalismo, constantemente ameaçados e perseguidos pela nobre casta militar que tentava colocá-los sob seu controle.[64]

Para escapar dessa ameaça, os mercadores foram obrigados a se organizar e a ajudar a estabelecer lugarejos comerciais fortificados de comércio nas próprias margens dos centros do poder feudal. Como eram locais de extraterritorialidade parcial e, pelo menos, de liberdade parcial, logo

---

[63] Sobre a estrutura social do feudalismo, cf. M. Bloch, *Feudal Society*, Chicago, 1961; P. Anderson, *Passages from Antiquity to Feudalism*, London, 1974; R. Hilton (ed.), *The Transition from Feudalism to Capitalism*, London, 1978.
[64] Cf. H. Pirenne, *Medieval Cities. Their Origins and the Revival of Trade*, Princeton, 1974, capítulo 5, esp. p. 126 et seq.; também cf. M. Tigar e M. Levy, *Law and the Rise of Capitalism*, New York, 1977.

atraíram um número crescente de camponeses que fugiam da exploração feudal e da miséria econômica e que cresceram em pequenas cidades, promovendo o desenvolvimento do artesanato e de empreendimentos produtivos, que não poderiam emergir num ambiente de exploração e instabilidade legal, duas características da ordem feudal. Esse processo era mais evidente onde os poderes feudais eram relativamente fracos e onde o poder estava disperso entre muitos senhores feudais rivais de menor importância. Foi nas cidades do norte da Itália, nas da liga Hanseática e nas da região de Flandres que o espírito do capitalismo floresceu e o comércio e a produção atingiram seus níveis mais altos.[65]

Mas essa emancipação parcial das restrições e a estagnação do feudalismo foram apenas temporárias e seguidas de uma reação e declínio. Isso se deveu, em parte, pelas deficiências internas no movimento da nova classe de mercadores. Ainda estava muito arraigada nas mentes dos homens a forma feudal de pensar quanto à atribuir a pessoas diferentes categorias de subordinação e de poder, e a ordem que tem que ser imposta aos homens através da coerção. Por isso, nos recém-criados e emergentes centros comerciais foi logo estabelecido um novo conjunto de regulações e restrições não-contratuais – agora de origem "burguesa" –, criaram-se guildas que restringiam a livre competição e surgia uma nova oligarquia mercantil.[66] Porém, mais importante para esse processo reacionário foi ainda um outro fato. Em seus esforços para se livrarem das intervenções exploradoras de vários senhores feudais os mercadores tiveram que procurar aliados naturais. Compreensivelmente, eles encontraram aliados entre os membros da classe dos senhores feudais que, apesar de comparativamente mais poderosos do que seus colegas nobres, tinham os centros de seu poder a uma distância relativamente grande das cidades comerciais que buscam

---

[65] Vale a pena salientar que, ao contrário do que diversos historiadores nacionalistas ensinaram, o renascimento do comércio e da indústria foi promovido pelo enfraquecimento dos estados centrais, pelo caráter essencialmente anarquista do sistema feudal. Esse discernimento foi enfatizado por J. Baechler no livro *The Origins of Capitalism*, New York, 1976, esp. capítulo 7. Ele escreveu: "A expansão constante do mercado, tanto em amplitude quanto intensidade, foi o resultado de ausência de uma ordem política que se estendesse por toda a Europa Ocidental" (p. 73). "A expansão do capitalismo deve sua origem e sua razão de ser à anarquia política. (...) Coletivismo e gestão do Estado só tiveram êxito nos livros-texto (veja, por exemplo, o julgamento constantemente favorável deles em relação ao Colbertismo" (p.77). "Todo poder tende ao absoluto. Se não é absoluto é por causa de alguns tipos de limitações existentes (...). Aqueles que ocupam posições de poder tentam incessantemente destruir essas limitações. Eles nunca têm êxito e por uma razão que também me parece estar ligada ao sistema internacional: uma limitação do poder de agir externamente e a constante ameaça de invasão estrangeira (as duas características de um sistema multipolar) significa que o poder também é limitado internamente e deve contar com centros autônomos de decisão e, portanto, só pode ser usado com moderação" (p.78).
Sobre o papel das pressões ecológicas e reprodutivas para o surgimento do capitalismo, cf. M. Harris, *Cannibals and Kings*, New York, 1978, capítulo 14.

[66] Cf. sobre o tema o entusiasmado relato feito por H. Pirenne, *Medieval Cities*, Princeton, 1974, p.208 et seq.

assistência. Ao se aliarem à classe mercantil, eles procuravam ampliar o seu poder para além do seu limite atual em detrimento de outros senhores feudais inferiores.[67] Para atingir esse objetivo, eles primeiro concediam certas isenções das obrigações "normais", que recaíam sobre os vassalos da norma feudal, para os crescentes centros urbanos, assim garantindo sua existência como locais de liberdade parcial e a proteção oferecida contra as potências feudais vizinhas. Tão logo a coalizão foi bem-sucedida em sua tentativa conjunta de enfraquecer os senhores locais e os aliados feudais "estrangeiros" das cidades comerciais que tinham se estabelecido como um poder real fora de seu próprio território tradicional, avançando e se consagrando como um super poder feudal, ou seja, como uma monarquia com um rei que impôs as suas próprias regras de exploração em substituição às do sistema feudal existente. Nascia assim o Absolutismo; e na medida em que este não era nada além do feudalismo em larga escala, ocorreu um novo declínio econômico, as cidades se desagregaram, a estagnação e a miséria voltaram.[68]

Não foi até o final do século XIX e início do século XX que o feudalismo foi alvo de um ataque realmente pesado. Dessa vez, o ataque era mais severo porque não era mais simplesmente a tentativa do homem prático (os mercadores) de garantir esferas de relativa liberdade com a finalidade de exercer o seu negócio. Era cada vez mais uma batalha ideológica contra o feudalismo. A reflexão intelectual sobre as causas da ascensão e queda do comércio e da indústria, e um estudo mais profundo sobre o Direito Romano e, particularmente, sobre o Direito Natural, que tinham sido redescobertos no curso da luta dos mercadores para desenvolver um direito internacional mercantil e justificá-lo contra as reivindicações concorrentes da lei feudal, levaram a uma compreensão mais sólida do conceito de liberdade, e da liberdade como um pré-requisito para a prosperidade econômica.[69] Enquanto essas ideias se difundiam e ocupavam as mentes de um círculo de pessoas em constante expansão, culminando em trabalhos como os "Dois Tratados do Governo Civil" (1688), de John Locke, e a "Riqueza das Nações" (1776), de Adam Smith, a ordem antiga perdia a sua legitimidade. A velha maneira de pensar segundo vínculos feudais gradualmente deu lugar à ideia de uma sociedade contratual. Finalmente, como

---

[67] Sobre essa coalizão cf. H. Pirenne, *Medieval Cities*, Princeton, 1974. "O interesse claro da monarquia era apoiar os adversários do alto feudalismo. Naturalmente, a ajuda era dada sempre que fosse possível fazê-lo sem estabelecer qualquer obrigação com essas classes médias que, ao se levantarem contra os seus senhores, com todas as intenções e propósitos, lutavam no interesse das prerrogativas reais. Aceitar o rei como árbitro de suas disputas era, para as partes em conflito, reconhecer a sua soberania. (...) Era impossível que a realeza não levasse isso em conta e aproveitasse cada oportunidade para mostrar sua boa vontade para com as comunidades que, sem a intenção de fazê-lo, trabalhavam tão proficuamente em seu nome" (p.179-80; cf. também p.227 et seq.).

[68] Cf. P. Anderson, *Lineages of Absolutism*, London, 1974.

[69] Cf. L. Tigar e M. Levy, *Law and the Rise of Capitalism*, New York, 1977.

expressões exteriores dessa mudança conjuntural da opinião pública veio junto a Revolução Gloriosa de 1688 na Inglaterra, a Revolução Americana de 1776 e a Revolução Francesa de 1789; e nada mais foi o mesmo após a ocorrência dessas revoluções. Elas provaram, de uma vez por todas, que a antiga ordem não era invencível e espalharam uma nova esperança para o progresso futuro no caminho rumo à liberdade e à prosperidade.

O liberalismo, como veio a ser chamado esse movimento ideológico que provocou esses eventos que fizeram a terra tremer, emergiu dessas revoluções mais forte do que nunca e se tornou por pouco mais de meio século a força ideológica dominante na Europa Ocidental. Foi o partido da liberdade e da propriedade privada adquirida através da ocupação e do contrato, atribuindo ao estado apenas o papel de executor dessas regras naturais.[70] Com os resquícios do sistema feudal ainda em vigor em toda parte, apesar de abalado em sua base ideológica, foi o partido que representava uma sociedade cada vez mais liberalizada, desregulada, contratual, interna e externamente, ou seja, tanto nos assuntos e relações internas quanto nas relações exteriores. E como sob a pressão das ideias liberais as sociedades europeias se tornaram cada vez mais livres das restrições feudais, também se tornou o partido da Revolução Industrial, que foi gerada e estimulada pelo próprio processo de liberalização. O desenvolvimento econômico ocorreu num ritmo nunca antes experimentado pela humanidade. A indústria e o comércio floresceram, e a formação e acumulação de capital atingiram novos patamares. Enquanto o padrão de vida não aumentou para todo mundo imediatamente, tornou-se possível sustentar um número cada vez maior de pessoas, que, poucos anos antes, sob o feudalismo, teriam morrido de fome por causa da ausência de riqueza econômica e que agora poderiam sobreviver. Além disso, com o crescimento da população se estabilizando abaixo da taxa de crescimento do capital, agora todos poderiam realmente acalentar a esperança de elevar os seus padrões de vida muito rapidamente.[71]

É com esse fundo histórico (um pouco simplificado, é claro, da forma como acabou de ser exposto) que o fenômeno do conservadorismo como uma forma de socialismo e a sua relação com as duas versões de socialismo originadas no marxismo deve ser visto e compreendido. Todas as formas de socialismo são respostas ideológicas ao desafio proposto pelo avanço do liberalismo; mas a posição adotada contra o liberalismo e contra o feudalismo – a antiga ordem que o liberalismo ajudou a destruir – difere consideravelmente. O desenvolvimento do liberalismo estimulou

---

[70] Cf. L. v. Mises, *Liberalismo – Segundo a Tradição Clássica*, São Paulo: Instituto Ludwig von Mises Brasil, 2010; também E. K. Bramsted e K. J. Melhuish (eds.), *Western Liberalism*, London, 1978.
[71] Cf. F. A. Hayek (ed.), *Capitalism and the Historians*, Chicago, 1963.

a mudança social, até certo ponto, num ritmo e variações jamais vistos até aquele momento. A liberalização da sociedade fez com que cada vez mais pessoas pudessem manter uma determinada posição social após adquiri-la e que poderiam fazê-lo através da produção mais eficiente para atender as necessidades mais urgentes dos consumidores voluntários, com o menor custo possível, e exclusivamente através de relações contratuais no que se refere à contratação de fatores de produção e, em particular, do trabalho. Os impérios mantidos unicamente pela força foram desmoronando diante dessa pressão. E como a demanda do consumidor, para quem a estrutura de produção tinha que cada vez mais se adaptar (e não o contrário), estava mudando constantemente e o surgimento de novos empreendimentos era cada vez menos regulado (na medida em que eram o resultado da apropriação original e/ou por contrato), nenhuma posição relativa na hierarquia da renda e da riqueza estava mais assegurada. Em vez disso, a mobilidade social para cima e para baixo aumentou significativamente, pois nem os proprietários privados dos fatores de produção nem os proprietários dos serviços de trabalho privados estavam mais protegidos das respectivas mudanças na demanda. Eles já não mais tinham garantidos preços e renda estáveis.[72]

O antigo socialismo marxista e a nova social-democracia são as respostas igualitárias e progressistas a esse desafio da mudança, da incerteza e da mobilidade. A exemplo do liberalismo, eles celebraram a destruição do feudalismo e o avanço do capitalismo. Pensaram que foi o capitalismo que libertou o povo dos vínculos da exploração feudal e produziu enormes melhorias na economia; e compreenderam que o capitalismo, responsável pelo desenvolvimento das forças produtivas, era um passo evolutivo necessário e positivo no caminho rumo ao socialismo. O socialismo, da forma como eles concebiam, compartilhava com o liberalismo os mesmos objetivos: liberdade e prosperidade. Mas o socialismo supostamente melhoraria as conquistas do liberalismo pela superação do capitalismo – a anarquia de produção dos concorrentes privados que gerava as já mencionadas mudança, mobilidade, incerteza e a inquietação no tecido social – em seu estágio mais elevado de desenvolvimento mediante a implantação de uma economia racionalmente planejada e coordenada que evitaria que as inseguranças oriundas dessa mudança fossem sentidas a nível individual. Infelizmente, como ficou suficientemente demonstrado nos dois últimos capítulos, essa é uma ideia muito confusa. É precisamente por tornar os indivíduos insensíveis à mudança através de medidas redistributivas que se remove o incentivo para se adaptar rapidamente a qualquer mudança futura, e, por isso, em termos de avaliação do consumidor, o valor

---

[72] A respeito da dinâmica social do capitalismo tanto quanto o ressentimento causado por isto cf. D. Mc. C. Wright, *Democracy and Progress*, New York, 1948; e *Capitalism*, New York, 1951.

do que foi produzido será menor. E é precisamente porque um plano é substituído por muitos outros aparentemente descoordenados que a liberdade individual é reduzida e, *mutatis mutandis*, aumenta o governo de um homem sobre o outro.

Por outro lado, o conservadorismo é a resposta anti-igualitária e reacionária às mudanças dinâmicas que são desencadeadas por uma sociedade liberalizada; é antiliberal e, em vez de reconhecer as conquistas do liberalismo, tende a idealizar e glorificar o antigo sistema feudal como ordeiro e estável.[73] Enquanto fenômeno pós-revolucionário, não defende necessariamente e completamente um retorno ao *status quo ante* pré-revolucionário e, embora com pesar, aceita determinadas mudanças como irreversíveis. Mas foi perturbador quando os antigos poderes feudais, que perderam tudo ou parte dos seus bens para os proprietários naturais no curso do processo de liberalização, foram restaurados às antigas posições e defenderam, de forma clara e definitiva, a conservação do *status quo*, ou seja, a imensamente desigual distribuição de propriedade, riqueza e renda. O objetivo era, tanto quanto possível, interromper ou retardar as mudanças permanentes e o processo de mobilidade trazidos pelo liberalismo e pelo capitalismo e recriar um sistema social estável e ordeiro no qual todos se mantivessem de forma segura naquelas posições que lhes foram atribuídas no passado.[74]

Para realizar esses objetivos, o conservadorismo deve defender, e de fato defende, a legitimidade dos meios não-contratuais de aquisição e conservação da propriedade e da renda que dela deriva, uma vez que foi exatamente a confiança exclusiva sobre as relações contratuais que *causaram* a própria permanência das mudanças na distribuição relativa da renda e da riqueza. Assim como o feudalismo permitiu a aquisição e a manutenção da propriedade e da riqueza mediante o uso da força, o conservadorismo também ignora se as pessoas adquiriram ou não, se conservaram ou não, suas posições no que se referem à renda – e à riqueza – através da apropriação original ou por contrato. Em vez disso, o conservadorismo considera adequado e legítimo para uma classe de proprietários uma vez estabelecidos

---

[73] Apesar de sua atitude geralmente progressista, a esquerda socialista também não está inteiramente livre dessas glorificações conservadoras do passado feudal. Em seu desprezo pela "alienação" do produtor em relação ao seu produto, que é, obviamente, a consequência normal de qualquer sistema de mercado baseado na divisão do trabalho, a esquerda socialista apresenta frequentemente uma casa senhorial feudal economicamente autossuficiente como se fosse um modelo social benéfico e acolhedor. Cf., por exemplo, Karl Polanyi, *A Grande Transformação - As Origens de Nossa Época*, Rio de Janeiro: Editora Campus, 1980.

[74] Cf. R. Nisbet, "Conservatism," in: R. Nisbet e T. Bottomore, *History of Sociological Analysis*, New York, 1978; e também G. K. Kaltenbrunner (ed.), *Rekonstruktion des Konservatismus*, Bern, 1978; sobre a relação entre liberalismo e conservadorismo cf. F. A. Hayek, "Por que Não Sou um Conservador", in *Os Fundamentos da Liberdade*, São Paulo: Visão, 1983, p.466-482.

ter o direito de interromper qualquer mudança social que considera uma ameaça de sua posição relativa na hierarquia social em relação à renda e à riqueza, mesmo que os vários indivíduos usuários-proprietários dos diversos fatores de produção não estabeleçam contrato em qualquer tipo de acordo. Sendo assim, o conservadorismo deve ser tratado como um herdeiro ideológico do feudalismo. E como o feudalismo deve ser descrito como um socialismo aristocrático (algo que deve estar suficientemente claro a partir da caracterização acima), o conservadorismo deve ser considerado como o socialismo do sistema burguês vigente. O liberalismo, em relação ao qual as versões igualitária e conservadora são respostas ideológicas, atingiu o ápice de sua influência em meados do século XIX. Provavelmente, suas últimas conquistas gloriosas foram a revogação das Leis do Grão (Corn Laws) na Inglaterra em 1846, conseguida por R. Cobden, J. Bright e a liga anti-lei do grão, e as revoluções de 1848 da Europa continental. Em seguida, por causa das fraquezas e inconsistências internas da ideologia liberal[75], além das dissensões e divisões trazidas pelas aventuras imperialistas dos vários estados-nação, e por último mas não menos importante, devido ao apelo que as diferentes versões do socialismo, com suas várias promessas de segurança e estabilidade, tinham e ainda têm no que tange à aversão pública e generalizada a mudanças rápidas e à inconstância[76], ocorreu o declínio do liberalismo. O socialismo cada vez mais o suplantou como força ideológica dominante, revertendo dessa forma o processo de liberalização e, de novo, impondo mais e mais bases não-contratuais sobre a sociedade.[77] Em diferentes épocas e lugares, diferentes tipos de socialismo encontraram apoio na opinião pública em graus variados, de modo que, hoje em dia, os seus rastros podem ser detectados em diferentes níveis e em todos os cantos combinando os respectivos efeitos de empobrecimento no processo de produção, a conservação da riqueza e a formação da personalidade. Mas é a influência do socialismo conservador que deve ser enfatizada, especialmente porque ela é muitas vezes negligenciada e subestimada. Se, atualmente, as sociedades da Europa Ociden-

---

[75] Sobre as inconsistências do liberalismo, cf. capítulo 10, n. 21 deste livro.

[76] Normalmente, as atitudes das pessoas em relação à mudança são ambivalentes: por um lado, em seu papel de consumidores, elas enxergam a mudança como um fenômeno positivo desde que traga uma grande variedade de escolhas. Por outro lado, em seu papel de produtores, tendem a abraçar o ideal da estabilidade, como se isto fosse protegê-las da necessidade de continuamente ter que adaptar seus esforços produtivos para as mudanças circunstanciais. É, então, basicamente em sua capacidade enquanto produtores que as pessoas prestam-se a apoiar os vários regimes e promessas de estabilidade socialistas, só que assim prejudicam a si mesmas como consumidores. Assim escreveu D. Mc. C. Wright em seu livro *Democracy and Progress*, New York, 1948, p.81: "Através da liberdade e da ciência vieram um rápido crescimento e mudanças. Do rápido crescimento e das mudanças veio a insegurança. Da insegurança vieram demandas que acabaram com o crescimento e com as mudanças. Acabar com o crescimento e com as mudanças acabou com a ciência e com a liberdade".

[77] Sobre o liberalismo e o seu declínio, e a ascensão do socialismo, cf. A. V. Dicey, *Lectures on the Relation Between Law and Public Opinion in England during the Nineteenth Century*, London, 1914; W. H. Greenleaf, *The British Political Tradition*, 2 vols., London, 1983.

tal podem ser descritas como socialistas é devido muito mais à influência do socialismo do conservadorismo do que a das ideias igualitárias. Porém, é a forma peculiar pela qual o conservadorismo exerce sua influência que explica por que esta não é, na maioria das vezes, identificada. O conservadorismo não apenas molda a estrutura social pela adoção de determinadas políticas; especialmente em sociedades como as europeias, onde o passado feudal nunca foi completamente superado, mas onde um grande número de sobras do feudalismo sobreviveram até mesmo ao ápice do liberalismo. Uma ideologia como a do conservadorismo também exerce sua influência, de maneira muito imperceptível, pela simples manutenção do *status quo* e deixando que as coisas continuem a ser feitas de acordo com as antigas tradições. Quais são, então, os elementos especificamente conservadores nas sociedades atuais e como estes geram um empobrecimento relativo? Com essa questão, voltamos à análise sistemática do conservadorismo e suas consequências econômicas e sócio-econômicas. Uma caracterização abstrata das regras de propriedade subjacentes ao conservadorismo e uma descrição dessas normas em termos da teoria natural da propriedade devem ser novamente o ponto de partida. Há duas normas. Em primeiro lugar, o socialismo conservador, assim como o socialismo social-democrata, não torna ilegal a propriedade privada. Muito pelo contrário: tudo (todos os fatores de produção e toda a riqueza usada de maneira improdutiva) pode ser, em princípio, possuído de forma privada, vendido, comprado, alugado, à exceção de áreas como a educação, trânsito e comunicação, banco central e segurança. Mas, em segundo lugar, nenhum proprietário possui tudo relativo à sua propriedade, nem toda a renda que pode ser oriunda de sua utilização. Em vez disso, uma parte pertence à sociedade dos proprietários atuais e aos beneficiários dos rendimentos, e a sociedade tem o direito de alocar a futura e presente renda e riqueza produzidas por seus membros individuais de uma forma que a antiga e relativa distribuição de renda e riqueza seja preservada. E é também direito da sociedade definir o tamanho (grande ou pequeno) da divisão de renda e riqueza que deve ser administrada e o que exatamente é necessário para preservar uma determinada distribuição de renda e riqueza.[78]

---

[78] Devo novamente mencionar que a caracterização do conservadorismo também tem o status de um tipo ideal (cf. capítulo 3, n. 2; capítulo 4, n. 8 deste livro). É uma tentativa de reconstruir aquelas ideias que as pessoas aceitam ou rejeitam tanto de forma consciente quanto inconsciente ao vincularem-se a ou desvincularem-se de determinadas políticas ou movimentos sociais. A ideia de uma política conservadora como descrita aqui e a seguir também pode ser definida como uma justa reconstrução de uma força ideológica unificadora e subjacente daquilo que é, de fato, classificado na Europa como "conservador". No entanto, o termo "conservador" é usado de forma diferente nos Estados Unidos. Aqui, muito frequentemente, todo mundo que não é da esquerda liberal social-democrata é classificado como conservador. Quando comparado com essa terminologia, nosso uso do termo conservador é muito mais restrito, mas também muito mais alinhado com a realidade ideológica. Rotular tudo o que não é "liberal" (no sentido Americano) como "conservador" omite as diferenças ideológicas fundamentais existentes nos Estados Unidos – apesar de alguma concordância parcial em relação à

Da perspectiva da teoria natural da propriedade, o sistema de propriedade do conservadorismo resulta novamente em agressão contra os direitos dos proprietários naturais. Proprietários naturais podem fazer o que quiserem com a sua propriedade contanto que não modifiquem sem permissão a integridade física da propriedade de terceiros. Isso significa, particularmente, o direito que têm de modificar suas propriedades ou submetê-las a diferentes usos com a finalidade de adaptá-las para antecipar-se às mudanças na demanda e assim preservar ou possivelmente elevar o seu valor; e isso também dá a eles o direito de colher privadamente os benefícios do aumento dos valores da propriedade que resultam de mudanças imprevistas na demanda – isto é, daquelas mudanças frutos da sorte, que eles não previram nem realizaram. Mas, ao mesmo tempo, uma vez que segundo os princípios da teoria natural da propriedade cada proprietário natural só está protegido contra a invasão física, a aquisição não-contratual e a transferência dos títulos de propriedade, isto também significa que todos correm o risco, constante e permanentemente, de que mediante as mudanças na demanda ou pelas ações realizadas por outros proprietários em suas propriedades, os valores irão cair abaixo de seu nível. Porém, de acordo com essa teoria, ninguém é dono do *valor* de sua propriedade e, portanto, ninguém, a qualquer tempo, tem o direito de preservar e restaurar os *valores* da sua propriedade. Quando comparado à essa teoria, o conservadorismo visa precisamente tal preservação ou restauração de valores e a sua distribuição relativa. Mas isso só é possível, obviamente, se for executada uma redistribuição na atribuição dos títulos de propriedade. Como os valores da propriedade de ninguém dependem exclusivamente das suas próprias ações realizadas com o seu próprio patrimônio, mas também, e assim de forma inescapável, das ações realizadas por outras pessoas com os meios escassos sob seu próprio controle (além dos de outra pessoa) a fim de preservar os valores da propriedade, alguém – uma pessoa ou grupo de pessoas – teria que possuir legitimamente todos os meios escassos (muito além daqueles que são efetivamente controlados ou usados por esta pessoa ou pelo grupo de pessoas). Além disso, esse grupo deve literalmente possuir todos os corpos das pessoas, uma vez que o uso que uma pessoa faz do seu corpo também pode influenciar (aumentar ou reduzir) os valores existentes da propriedade. Portanto, com a finalidade de realizar o obje-

---

oposição ao "liberalismo" – entre libertários, como defensores de uma ordem capitalista pura baseada na teoria natural da propriedade, e os conservadores propriamente ditos, que, de W. Buckley a I. Kristol, nominalmente celebram a instituição da propriedade privada, mas desconsideram os direitos dos proprietários privados sempre que for considerado necessário para proteger do desgaste os poderes políticos e econômicos estabelecidos durante o processo de competição pacífica. E no âmbito das relações exteriores, eles exibem o mesmo desrespeito pelos direitos da propriedade privada através de sua defesa de uma política de intervencionismo agressivo. Sobre a diferença antagônica entre libertarianismo e conservadorismo, cf. G. W. Carey (ed.), *Freedom and Virtue*. The Conservative/Libertarian Debate, Lanham, 1984.

tivo do conservadorismo, deve ocorrer uma redistribuição dos títulos de propriedade, à revelia dos proprietários-usuários dos recursos escassos, para as pessoas que, independentemente dos seus méritos passados como produtores, atualmente não usam ou adquirem por contrato aquelas coisas cuja utilização levou à mudança na distribuição de valores.

Com esse entendimento, a primeira conclusão em relação ao efeito econômico geral do conservadorismo é a seguinte: com os proprietários naturais das coisas sendo completa ou parcialmente expropriados para beneficiar os não-usuários, não-produtores e não-contratantes, o conservadorismo elimina ou reduz o incentivo dos primeiros de fazer algo em relação ao valor da propriedade existente e adaptar-se para as mudanças na demanda. Os incentivos para estar atento e se antecipar às mudanças na demanda, para ajustar rapidamente a propriedade existente e usá-la de uma maneira consistente com essas circunstâncias alteradas, para aumentar os esforços produtivos, poupar e investir são reduzidos, enquanto os ganhos possíveis desse comportamento podem não mais ser apropriados de forma privada, mas serão socializados. *Mutatis mutandis*, cresce o incentivo para não fazer nada de forma a evitar o risco permanente da queda dos valores de sua propriedade para um valor inferior ao nível atual, enquanto as possíveis perdas desse comportamento já não têm que ser privadamente apropriadas, pois também serão socializadas. Dessa maneira, como todas essas atividades – prevenção de riscos, alerta, capacidade de adaptação, trabalho e poupança – têm alto custo e requerem tempo e, possivelmente, o uso de outros recursos escassos que poderiam ser usados de formas alternativas (para o lazer e consumo, por exemplo), haverá menor disponibilidade das primeiras atividades e maior das segundas, e, como consequência, o padrão geral de vida cairá. Por isso, ter-se-ia que concluir que o objetivo do conservadorismo de preservar os valores e a distribuição de valores existentes entre diferentes indivíduos só pode ser cumprido às custas de uma queda geral relativa no valor global dos bens recém-produzidos e da manutenção dos antigos, ou seja, de uma redução na riqueza da sociedade.

Provavelmente, já deve ter se tornado evidente que, do ponto de vista da análise econômica, há uma impressionante semelhança entre o socialismo do conservadorismo e o socialismo social-democrata. Ambas as formas de socialismo incluem uma redistribuição de títulos de propriedade à revelia dos produtores/contratantes para não-produtores/não-contratantes, e ambos, desse modo, separam os processos de produção e contratação do da aquisição real de renda e riqueza. Ao fazê-lo, ambos transformam a aquisição de renda e de riqueza em uma questão política – isto é, num problema em cujo desenvolvimento um (grupo de) indivíduo (s) impõe (m) a sua vontade sobre o uso dos meios escassos sobre a vontade de um outro indivíduo relutante; ambas as versões de socialismo, embora em princípio, reivindiquem a propriedade integral de toda a renda e a riqueza produzida em nome dos não-produtores, permitem que seus programas sejam implementados de forma gradual e realizados em vários níveis; e ambos, em consequência de tudo isso, devem, na medida em que a respectiva política é efetivamente promulgada, conduzir a um empobrecimento relativo.

A diferença entre o conservadorismo e o que foi rotulado de socialismo social-democrata reside exclusivamente no fato de que eles apelam a pessoas diferentes ou a sentimentos diferentes nas mesmas pessoas na medida em que preferem uma forma diferente na qual a renda e a riqueza expropriadas dos produtores de maneira não-contratual é, em seguida, redistribuída aos não-produtores. O socialismo redistributivo atribui renda e riqueza a não-produtores independentemente de suas realizações passadas como proprietários de riqueza e beneficiários de rendimentos, ou até mesmo tenta eliminar as diferenças existentes. Por um lado, o conservadorismo aloca renda para não-produtores de acordo com a sua renda desigual anterior e a sua posição na riqueza, e visa estabelecer a distribuição de renda existente e os diferenciais de renda existentes.[79] A diferença é, portanto, meramente sócio-psicológica: ao favorecer diferentes padrões de distribuição, eles concedem privilégios a diferentes grupos de não-produtores. O socialismo redistributivo favorece particularmente os despossuídos no grupo dos não-produtores e prejudica os que têm alguma coisa no grupo dos produtores; e, consequentemente, tende a encontrar seus apoiadores sobretudo entre os primeiros e os seus inimigos entre os segundos. O conservadorismo concede vantagens especiais para aqueles que possuem algo e estão no grupo dos não-produtores e prejudica particularmente os interesses dos despossuídos que estão entre as pessoas produtivas; e assim tende a encontrar seus apoiadores principalmente nas classes dos primeiros e espalha aflição, desespero e ressentimento entre os do segundo grupo de pessoas.

Mas embora seja verdade que ambos os sistemas de socialismo são muito parecidos de um ponto de vista econômico, a diferença entre eles no que se refere às suas bases sócio-psicológicas ainda tem impacto sobre as suas respectivas economias. Na verdade, esse impacto não afeta as consequências do empobrecimento geral resultante da expropriação dos

---

[79] D. Mc. C. Wright (*Capitalism*, New York, 1951, p.198) descreve corretamente que ambos (liberalismo de esquerda, ou social-democracia, e conservadorismo) resultam em expropriação parcial de produtores/contratantes. Em seguida, porém, ele tira conclusões equivocadas sobre a diferença entre ambos quando a vê como uma discordância em relação até quanto essa expropriação deveria avançar. Na verdade, social-democratas e conservadores discordam quanto a isto. Ambos têm seus "radicais" e seus "moderados". O que os torna social-democratas ou conservadores é uma concepção diferente sobre quais grupos devem ser favorecidos em detrimento de outros.

produtores (conforme explicado acima), que ambos têm em comum. Em vez disso, influencia as escolhas que o socialismo social-democrata, de um lado, e o conservadorismo, de outro, fazem entre os instrumentos específicos ou entre as técnicas disponíveis para atingir seus respectivos objetivos distributivos. A técnica favorita do socialismo social-democrata é a da tributação, como descrita e analisada no capítulo anterior. Obviamente, o conservadorismo também pode usar esse instrumento; e, de fato, deve usá-lo de alguma forma, mesmo que seja apenas para custear a execução de suas políticas. Mas a tributação não é a sua técnica predileta e a explicação pode ser encontrada na psicologia social do conservadorismo. Destinada à preservação de um status quo de posições desiguais de renda, riqueza e status, a tributação é um instrumento muito progressista para se atingir os objetivos conservadores. Recorrer à tributação significa permitir que as mudanças na distribuição de riqueza e de renda aconteçam primeiro e somente depois delas passarem a existir, corrige-se novamente as coisas e restaura-se a antiga ordem. No entanto, agir dessa forma não só provoca sentimentos ruins, especialmente entre aqueles que através de seus próprios esforços melhoraram sua posição relativa e depois foram novamente expropriados, mas também por deixar o progresso acontecer e em seguida tentar desfazê-lo, o conservadorismo enfraquece a sua própria justificativa, ou seja, seu argumento de que uma dada distribuição de renda e de riqueza é legítima porque é o que sempre tem dado resultado. Portanto, o conservadorismo prefere, em primeiro lugar, que as mudanças não ocorram e acha adequado utilizar medidas políticas que prometam realizá-las, ou que ajudem a torná-las menos evidentes.

Há três tipos de medidas políticas nesse sentido: controle de preços, regulações e controle de comportamento, todas elas são, na verdade, medidas socialistas, como é a tributação, mas todas elas, curiosamente, foram quase sempre negligenciadas nas tentativas de estimar o nível geral de socialismo em sociedades diferentes, assim como, nesse aspecto, a importância da tributação foi superestimada.[80] Discutirei posteriormente esses

---

[80] Observe a interessante relação entre a nossa tipologia sociológica das políticas socialistas e a tipologia lógica das intervenções no mercado estudada por M. N. Rothbard. Rothbard (*Governo e Mercado*, São Paulo: Instituto Ludwig von Mises Brasil, 2012, p. 32 et seq.) estabelece uma distinção entre a "intervenção autística", onde 'o interventor pode obrigar um indivíduo a fazer ou deixar de fazer certas coisas quando essas ações envolvem diretamente a pessoa ou a propriedade de alguém (...) (ou seja) quando não envolvem troca"; "intervenção binária" onde 'o interventor pode obrigar a realização de uma troca coerciva entre ele próprio e outro indivíduo"; e a "intervenção triangular", onde 'o interventor pode tanto obrigar ou proibir uma troca entre outros dois indivíduos" (p. 32). Em relação a essa distinção, a marca característica do conservadorismo é, portanto, a preferência pela "intervenção triangular" – e como veremos neste capítulo, a "intervenção autística", tanto quanto as ações autísticas, também tem repercussões naturais sobre o padrão das trocas inter-individuais – pois essas intervenções são adaptadas de forma única, de acordo com a psicologia social do conservadorismo, para ajudar a "congelar" um determinado padrão de trocas sociais. Quando comparado a isto, o

específicos esquemas políticos conservadores.

Qualquer mudança nos preços (relativos), evidentemente, provoca mudanças na posição relativa das pessoas que fornecem os respectivos bens e serviços. Portanto, para manter essa posição relativa parecia que tudo o que precisava ser feito era definir os preços – eis o raciocínio conservador para introduzir o controle de preços. Para verificar a validade dessa conclusão é preciso examinar os efeitos econômicos da fixação de preços.[81] Para começarmos, consideremos que um controle seletivo de preços de um produto ou de um grupo de produtos foi adotado e que o atual preço de mercado foi decretado num valor abaixo ou acima do qual o produto não poderia ser vendido. Agora, se o preço estabelecido for idêntico ao preço de mercado, o controle de preços será simplesmente ineficaz. Os efeitos peculiares da fixação de preços só ocorrem se não houver essa identificação. E como nenhuma fixação de preços elimina as causas que provocam a alteração dos preços, além de simplesmente decretar que nenhuma atenção lhes será dada, isso ocorre tão logo haja quaisquer mudanças na demanda para o produto em questão, seja lá qual for a razão. Se a demanda aumentar (e os preços, não sendo controlados, também subirem), os preços fixados se convertem em *preço máximo* efetivo, ou seja, um preço acima do qual a sua venda será ilegal. Caso a demanda diminua (e os preços, sem controle, caiam), os preços fixados se tornam um *preço mínimo* efetivo, ou seja, um preço abaixo do qual a sua venda também será ilegal.[82]

A consequência da imposição de um preço máximo é um excesso na demanda da oferta de bens. Nem todo mundo que deseja comprar pelo preço fixado pode fazê-lo. E essa escassez irá perdurar tanto quanto não seja permitido aumentar o preço diante da demanda crescente e, consequentemente, não existe possibilidade de os produtores (que já tinham considerado produzir acima de um ponto em que os custos marginais, ou seja, o custo de produzir a última unidade do produto concebido, equivalessem à receita marginal) direcionarem recursos adicionais para determi-

---

socialismo igualitário, em sintonia com a sua psicologia "progressista", mostra uma preferência pelas "intervenções binárias" (tributação). Contudo, observe que as políticas atuais dos partidos socialistas e social-democratas nem sempre coincidem de forma precisa com a nossa descrição do tipo ideal do estilo do socialismo social-democrata. Quando geralmente coincidem, é porque, em certa medida, os partidos socialistas – mais notadamente sob a influência dos sindicatos dos trabalhadores – também adotaram políticas tipicamente conservadoras que, em hipótese alguma, são totalmente contrárias a qualquer forma de intervenção triangular.

[81] Sobre o tema, cf. M. N. Rothbard, *Governo e Mercado*, São Paulo: Instituto Ludwig von Mises Brasil, 2012, p.47 et seq.

[82] Enquanto que para estabilizar as posições sociais, o congelamento de preços é necessário e o preço congelado pode resultar em preços *máximos* e *mínimos*, os conservadores favorecem de forma distinta o controle do preço mínimo na medida em que é normalmente considerado até mais urgente do que impedir a deterioração da posição na riqueza absoluta, mais do que a da posição relativa.

nado ramo de produção e assim aumentar a fabricação sem que isso resulte em prejuízos. Filas, racionamento, favorecimento, ágio e mercado negro se tornarão características permanentes da vida. E a escassez e os efeitos colaterais resultantes deles irão até aumentar, assim como a demanda excessiva para os bens de preço controlado irá se alastrar por todos os outros bens não-controlados (em particular, é claro, sobre os substitutos), aumentando seus preços (relativos) e, desse modo, criando um incentivo adicional para mover os recursos de ramos de produção controlados para aqueles não-controlados.

Impor um preço mínimo, ou seja, um preço acima do preço potencial de mercado e abaixo do qual sua venda é ilegal, *mutatis mutandis* gera um excesso de abastecimento sobre a demanda. Haverá uma superabundância de bens produzidos que simplesmente não encontrará compradores. E, de novo, esse excesso de produção continuará durante todo o período em que não for permitida a queda de preços junto com a demanda reduzida para o produto em questão. Para citar alguns exemplos, haverá lagos de leite e de vinho, montanhas de manteiga e grãos, cada vez em maior quantidade; e como os locais de armazenamento estarão lotados será necessário destruir regularmente o excesso de produção (ou, como alternativa, pagar para que os produtores não mais produzam em excesso). O excesso de produção será ainda pior à medida em que os preços artificialmente elevados atraem investimento mais alto de recursos nesse setor específico e que depois faltarão em outros ramos de produção onde atualmente existe uma grande necessidade deles (em termos de demanda de consumo), e onde, como consequência, os preços dos produtos irão aumentar.

Preços máximos e mínimos, tanto faz, em cada caso o controle de preços resultará no empobrecimento relativo. Sob qualquer circunstância, conduzirão a uma situação na qual há muitos recursos (em termos de demanda de consumo) focados nas linhas de produção de menor importância e disponíveis de forma insuficiente nas linhas de produção de maior importância. Portanto, os fatores de produção não mais poderão ser alocados e as necessidades mais urgentes serão satisfeitas primeiro, a urgência seguinte em seguida, e assim por diante, ou mais precisamente, de modo que a produção de qualquer produto não seja acrescida (ou reduzida) para o nível ao qual a utilidade do produto marginal despenque (ou permaneça acima) em relação à utilidade marginal de qualquer outro produto. Antes, a imposição do controle de preços significa que as necessidades menos urgentes serão satisfeitas em detrimento da redução da satisfação das necessidades mais urgentes. E isso significa dizer que o padrão de vida será reduzido. Que as pessoas desperdicem seu tempo brigando por bens cuja oferta está artificialmente reduzida ou que esses bens sejam descartados porque sua oferta é mantida artificialmente alta, são apenas os dois sintomas mais visíveis dessa riqueza social reduzida.

Mas isto não é tudo. A análise anterior também revela que o conservadorismo não pode atingir seu objetivo de estabilidade distributiva mediante o controle parcial de preços. Com os preços apenas parcialmente controlados ainda devem ocorrer distorções na posição da renda e da riqueza existentes, dado que os produtores das linhas de produção não-controladas ou das linhas de produção com produtos a preços mínimos são favorecidos em detrimento daqueles cujas linhas de produção são controladas ou cujas linhas de produção têm produtos a preços máximos. Portanto, continuará a haver um incentivo para produtores individuais deslocarem-se de um ramo de produção para outro mais lucrativo, com a consequência de que as diferenças na agilidade empresarial e na habilidade de prever e implementar esses deslocamentos lucrativos irão emergir e resultar em distorções da ordem estabelecida. Portanto, o conservadorismo, se estiver de fato determinado em seu compromisso de preservar o *status quo*, estará direcionado para ampliar constantemente o círculo de bens sujeitos ao controle de preços até um ponto em que não poderá mais controlá-los ou congelá-los.[83] Somente se os preços de todos os bens e serviços, assim como os do capital e dos bens de consumo, forem congelados num determinado patamar e o processo de produção for completamente separado da demanda – em vez de desconectar produção e demanda a apenas alguns pontos e setores assim como sob controle de preço parcial – parecerá possível preservar integralmente uma ordem distributiva existente. Porém, não é surpreendente que o preço a ser pago por esse conservadorismo avançado seja até maior do que aquele do controle parcial de preços.[84] Com o controle de preços em todos os aspectos, a propriedade privada dos meios de produção é, de fato, abolida. Pode ainda existir proprietários privados no nome, mas o direito de determinar o uso de sua propriedade e de se envolver em qualquer troca contratual que seja considerada benéfica é completamente perdido. A consequência imediata dessa silenciosa expropriação dos produtores será uma redução na poupança e no investimento e, *mutatis mutandis*, um aumento no consumo. Como ninguém mais pode cobrar pelos frutos do trabalho que o mercado poderia suportar, há uma razão a menos para trabalhar. E, além disso, como os preços são fixados há também uma razão a menos para se preocupar com a qualidade de um tipo específico de trabalho ou produto que ainda se rea-

---

[83] Com certeza, os conservadores não estão, em hipótese alguma, realmente desejosos de ir tão longe. Mas eles o fazem de forma recorrente – a última vez nos Estados Unidos foi durante a presidência de Richard Nixon. Além disso, os conservadores sempre exibiram uma admiração mais ou menos ostensiva pelo grande espírito de unificação social trazido por uma economia de guerra tipicamente caracterizada por um controle de preços em grande escala.

[84] Cf. G. Reisman, *Government Against the Economy*, New York, 1979. Para uma abordagem apologética do controle de preços cf. J. K. Galbraith, *Uma Teoria do Controle de Preços*, São Paulo: Forense Universitária, 1986.

liza ou se produz e, consequentemente, a qualidade de cada um e de todos os produtos será menor.

Mas até mais importante do que isso é o empobrecimento que resulta do caos de alocação criado pelo controle universal de preços. Enquanto todos os preços dos produtos são congelados, incluindo aqueles de todos os fatores de custo e, em particular, o do trabalho, a demanda para os vários produtos continua mudando constantemente. Sem o controle de preços, estes seguiriam a direção dessa mudança e desse modo criariam um incentivo para se mudar de ramos de produção menos valorizados para os mais valorizados. Sob um controle universal de preços, esse mecanismo é completamente destruído. Se houver aumento da demanda por um produto será criada uma escassez, pois não é permitido aumentar os preços, e, portanto, devido ao fato de a lucratividade para produzir um produto específico não ter sido alterada, nenhum fator de produção adicional será atraído. Como consequência, uma demanda em excesso, se não for satisfeita, irá se alastrar nos outros produtos, aumentando a demanda por eles acima do nível que de outra forma seria estabelecido. Mas aqui, de novo, não é permitido aumentar o preço por causa do aumento da demanda e, por isso, será criada uma nova escassez. E, assim, deve seguir adiante o processo de deslocamento da demanda dos produtos de necessidade mais urgente para os de importância secundária e a partir daí para os produtos de menor relevância, uma vez que, novamente, nem todas as tentativas de se comprar a preços controlados podem ser realizadas. Finalmente, uma vez que não existem alternativas disponíveis e o papel-moeda que as pessoas continuam a gastar tem um valor intrínseco menor do que o produto menos valorizado disponível para venda, a demanda excessiva irá se alastrar pelos produtos cuja demanda havia inicialmente caído. Portanto, mesmo naquelas linhas de produção onde foi criado um excedente como resultado do declínio na demanda, mas onde não se permitiu haver uma queda nos preços, as vendas serão mais uma vez retomadas em consequência da demanda insatisfeita em outros setores da economia; apesar dos preços altos artificialmente fixados os excedentes serão vendáveis; e, com o restabelecimento da lucratividade, até mesmo aqui se conseguirá impedir uma fuga de capitais.

A imposição de controle de preços generalizado significa que o sistema de produção se tornou completamente independente das preferências dos consumidores, cuja satisfação destina-se a produção. Os produtores podem produzir qualquer coisa e os consumidores não têm escolha a não ser comprá-la, independente do que seja. Consequentemente, qualquer alteração na estrutura de produção que é feita ou ordenada para ser desenvolvida sem a ajuda oferecida por preços livremente flutuantes não é nada mais do que tatear no escuro, substituindo um conjunto arbitrário de bens oferecido por outro igualmente arbitrário. Simplesmente, não há mais conexão entre a estrutura de produção e a estrutura de demanda. Ao nível da experiência do consumidor isso significa, como foi descrito por G. Reisman, "encher as pessoas de camisas quando elas precisam de sapatos, ou enchê-las de calçados quando elas necessitam de roupas; oferecer-lhes grande quantidade de papel, mas não canetas, ou vice-versa; (...) realmente, oferecer-lhes qualquer combinação absurda de bens". Mas, obviamente, "(...) oferecer aos consumidores apenas combinações desequilibradas de bens é por si só equivalente a um grande declínio na produção, pois representa tanto quanto uma perda no bem-estar humano".[85] O padrão de vida não depende apenas de uma fabricação material total da produção; depende muito mais da própria distribuição ou da dosagem de vários fatores de produção específicos na fabricação de uma combinação bem equilibrada de uma variedade de bens de consumo. O controle universal de preços, como *ultima ratio* (último recurso) do conservadorismo, impede que ocorra essa combinação bem-dosada. Só aparentemente que a ordem e a estabilidade são criadas; na verdade, elas são os meios para se criar o caos e a arbitrariedade de alocação, e, desse modo, reduzir drasticamente o padrão de vida geral.

Além do mais, e isto nos leva à discussão do segundo instrumento político conservador, ou seja, as regulações, mesmo que os preços sejam controlados em todos os aspectos isso pode somente salvaguardar uma ordem existente de distribuição de renda e de riqueza se for considerado de forma irrealista que os produtos e os seus produtores são "fixos". Porém, mudanças na ordem existente não podem ser descartadas se forem criados produtos novos e diferentes, se forem desenvolvidas novas tecnologias de produção e se brotarem produtores adicionais. Tudo isso levaria a perturbações na ordem existente, e como os antigos produtos, tecnologias e produtores estão sujeitos ao controle de preços teriam que competir com produtos e serviços novos e diferentes (que, uma vez que são novos, *não podem* ter seus preços controlados) e provavelmente perderiam algo de sua parte definida dos rendimentos para os recém-chegados no decorrer dessa concorrência. Para compensar essas distorções, o conservadorismo poderia uma vez mais utilizar o instrumento da tributação e, de fato, o faz em certa medida. Mas permitir primeiro que as inovações ocorram sem obstáculos e depois tributar os ganhos à revelia dos inovadores e restaurar a antiga ordem é, como já foi explicado, um instrumento muito progressista para uma política conservadora. O conservadorismo prefere *regulações* como instrumentos para impedir ou desacelerar as inovações e as mudanças sociais trazidas por ambas.

---

[85] G. Reisman, *Government Against the Economy*, New York, 1979, p.141.

A forma mais drástica de regular o sistema de produção seria simplesmente tornar ilegal qualquer inovação. Essa política, deve-se observar, tem seus adeptos entre aqueles que lamentam o consumismo dos outros, ou seja, o fato de que hoje já existe "tudo em demasia" no que se refere a bens e serviços no mercado e entre os que desejam congelar ou mesmo reduzir essa atual diversidade. E também, por razões ligeiramente diferentes, entre aqueles que querem congelar a tecnologia de produção atual com medo de que as inovações tecnológicas, como instrumentos de economia de trabalho, "destruíssem" os empregos (existentes). Entretanto, uma proibição total de toda mudança inovadora praticamente não foi seriamente tentada – talvez com a exceção recente do regime de Pol Pot – devido à falta de apoio da opinião pública que não poderia ser convencida de que essa política não teria um custo extremamente alto em termos de perdas do bem-estar. Porém, tem sido bastante popular uma perspectiva ligeiramente mais moderada: na medida em que nenhuma norma é descartada, em princípio, qualquer inovação deve ser oficialmente aprovada (isto é, aprovada por outras pessoas que não as inovadoras) antes que possa ser implementada. Dessa forma, segundo argumentam os conservadores, garante-se que o progresso seja gradual, que as inovações sejam socialmente aceitáveis, que possam ser introduzidas simultaneamente por todos os produtores e que todos possam compartilhar seus benefícios. Compulsoriedade, ou seja, imposição pelo governo e cartéis são os meios mais populares para obter esse resultado. Ao exigir que todos os produtores, ou todos os produtores de um segmento econômico, virem membros de uma organização supervisora (o cartel) torna-se possível, através da imposição de cotas de produção, evitar o muito óbvio excesso de oferta criado pelo controle de preço mínimo. Além disso, as distorções provocadas por qualquer medida inovadora poderiam ser centralizadamente controladas e restringidas. Mas enquanto essa abordagem tem ganhado terreno na Europa e num grau menor nos Estados Unidos, e à medida em que certos setores da economia já estão, de fato, sujeitos a controles muito parecidos, o instrumento regulador mais popular e mais comumente utilizado pelo socialismo-conservador ainda é aquele que estabelece padrões pré-definidos para categorias pré-definidas de produtos ou produtores para os quais todas as inovações devem adaptar-se. Essas regulações estabelecem os tipos de qualificação que uma pessoa deve preencher (além daquelas "normais" ao ser o legítimo proprietário das coisas e de não danificar a integridade física da propriedade alheia através de suas próprias ações) para ter o direito de se estabelecer como um tipo de produtor; ou estipulam os tipos de testes a que um produto de um determinado tipo deve se submeter antes que a sua entrada no mercado seja permitida; ou elas prescrevem verificações precisas pelas quais qualquer melhoria tecnológica deve passar para que um novo método de produção seja aprovado. Com esses métodos de regulação, as inovações não podem ser completamente descartadas e nem podem impedir completamente que algumas mudanças sejam até mesmo surpreendentes. Mas como os padrões pré-definidos a que as mudanças devem atender é ser necessariamente "conservador", ou seja, formulados com base nos produtos, produtores ou tecnologias existentes, servem ao propósito do conservadorismo que será, no mínimo, desacelerar a velocidade das mudanças inovadoras e a gama de possíveis surpresas.

Em todo o caso, todos esses tipos de regulação (a primeira mais do que a segunda), levarão a uma redução no padrão de vida geral.[86] Na verdade, uma inovação só pode ser bem-sucedida, e assim permitir ao inovador romper a ordem existente da distribuição de renda e riqueza, se for, de fato, muito melhor avaliada pelos consumidores em relação aos antigos produtos que com ela competem. No entanto, a imposição das regulações significa uma redistribuição de títulos de propriedade, à revelia dos inovadores, para os produtores, produtos e tecnologias já estabelecidos. Portanto, ao socializar completamente ou parcialmente os possíveis ganhos de renda e de riqueza decorrentes das mudanças inovadoras no processo de produção e, *mutatis mutandis*, pela socialização completa ou parcial dos eventuais prejuízos não decorrentes da inovação, o processo de inovação será desacelerado, haverá menos inovadores e inovações e, em vez disso, surgirá uma tendência reforçada para se aceitar as coisas como elas são. Isso significa que o processo de aumentar a satisfação do consumidor pela produção de bens e serviços muito melhor avaliados e de forma mais eficiente e econômica é paralisado ou, no mínimo, impedido. Portanto, mesmo que de uma forma um pouco diferente do que o controle de preços, as regulações também farão a estrutura de preços ficar em desacordo com a demanda. E enquanto isso pode ajudar a salvaguardar uma distribuição já existente de riqueza, deve novamente ser o preço a pagar por um declínio geral na riqueza global que for incorporada nessa mesma estrutura de produção.

Finalmente, o terceiro instrumento político especificamente conservador é o controle comportamental. Controle de preços e regulações congelam o lado da oferta de um sistema econômico e desse modo separam-no da demanda. Mas isso não impossibilita que mudanças na demanda venham a existir; apenas faz com que o lado da oferta lhes seja indiferente. E , portanto, pode acontecer que as discrepâncias não só apareçam, mas que também se tornem terrivelmente evidentes. Controles comportamentais são medidas políticas projetadas para controlar o lado da demanda. Eles

---

[86] Sobre a política e a economia da regulação, cf. G. Stigler, *The Citizen and the State. Essays on Regulation*, Chicago, 1975; M. N. Rothbard, *Governo e Mercado*, São Paulo: Instituto Ludwig von Mises Brasil, 2012, capítulo III-3; sobre licenças, cf. também M. Friedman, *Capitalismo e Liberdade*, São Paulo: Abril Cultural, 1984, capítulo 9.

visam impedir ou retardar as mudanças na demanda com a finalidade de tornar menos evidente a indiferença do lado da oferta e desse modo completar a tarefa do conservadorismo: a preservação de uma ordem existente das mudanças que produzem rupturas de qualquer espécie.

Controle de preços e regulações de um lado e controle comportamental de outro são, portanto, as duas partes complementares de uma política conservadora. Embora as diferentes formas de socialismo favoreçam diferentes categorias de pessoas improdutivas e não-inovadoras assim como qualquer outra variante do socialismo, o conservadorismo tende a gerar pessoas menos produtivas e menos inovadoras, obrigando-as a aumentar o consumo ou a canalizar suas energias produtiva e inovadora para os mercados negros. Mas de todas as formas de socialismo, é só o conservadorismo que, como parte de seu programa, interfere diretamente no consumo e nas trocas não-comerciais. (Na verdade, todas as outras formas também interferem no consumo na medida em que conduzem a uma redução no padrão de vida; mas, diferente do conservadorismo, deixam o consumidor praticamente livre com tudo o que é deixado para ele consumir). O conservadorismo não apenas mutila o desenvolvimento dos seus talentos produtivos; sob o nome de "paternalismo", também quer congelar o comportamento das pessoas em seus papéis de consumidores isolados ou como parceiros de troca em formas não-comerciais de trocas, sufocando ou suprimindo, desse modo, seu talento para desenvolver um estilo de vida consumidor que melhor satisfaça as suas necessidades recreativas.

Qualquer mudança no padrão do comportamento do consumidor tem efeitos secundários (Se eu deixo meu cabelo crescer, isso afeta os cabeleireiros e a indústria de fabricação de tesouras; se mais pessoas se divorciarem, isso afeta os advogados e o mercado imobiliário; se eu começo a fumar maconha, meu ato tem consequências não apenas no uso da terra destinada à agricultura, mas também na indústria de sorvete etc.; e, acima de tudo, todos esses comportamentos desequilibram o sistema de valor de qualquer um que se sinta afetado). Qualquer mudança poderia parecer um elemento perturbador *vis à vis* a estrutura de produção conservadora, e o conservadorismo, em princípio, teria que considerar *todas* as ações – todo o estilo de vida das pessoas enquanto consumidores ou agentes de trocas não--comerciais como objetos adequados ao controle de comportamento. Um conservadorismo plenamente desenvolvido equivaleria a estabelecer um sistema social no qual tudo, exceto o comportamento tradicional (aquele explicitamente permitido), fosse ilegal. Na prática, o conservadorismo nunca poderia ir tão longe uma vez que há custos relacionados aos controles e a forma pela qual ele normalmente teria que enfrentar a crescente resistência da opinião pública. Portanto, o conservadorismo "normal" é caracterizado por uma quantidade maior ou menor de leis específicas e de proibições que tornam ilegal ou punem várias formas de comportamento não-agressivo de consumidores isolados, ou de pessoas envolvidas em trocas não-comerciais – ou seja, ações que se de fato realizadas não modificariam a integridade física da propriedade de terceiros nem violariam o direito de qualquer pessoa de recusar qualquer troca que não parecesse vantajosa, mas que prefeririam (apenas) romper a estabelecida ordem "paternal" de valores sociais.

Mais uma vez, o resultado dessa política de controle de comportamento é, em qualquer caso, um empobrecimento relativo. Mediante a imposição desses controles não apenas um grupo de pessoas é prejudicado pelo fato de que não lhe será mais permitido desenvolver certas formas não-agressivas de comportamento, mas outro grupo é beneficiado por esses controles e não terá mais que tolerar essas desagradáveis formas de comportamento. Mais especificamente, os perdedores dessa redistribuição de direitos de propriedade são os usuários-produtores das coisas cujo consumo está agora obstruído, e aqueles que ganham são os não-usuários/não-produtores dos bens de consumo em questão. Assim, uma nova e diferente estrutura de incentivos em relação à produção e à não-produção é estabelecida e aplicada sobre uma determinada população. A produção de bens de consumo tornou-se mais dispendiosa uma vez que seu valor caiu em decorrência da imposição de controles considerando o seu uso e, *mutatis mutandis*, a conquista da satisfação do consumidor através de meios não-produtivos e não-contratuais foi relativamente menos dispendiosa. Como resultado, haverá menos produção, menos poupança, menos investimentos e uma elevada tendência de obter satisfação em detrimento de outros através de métodos políticos, ou seja, agressivos. E, em particular, na medida em que as restrições impostas pelos controles de comportamento dizem respeito ao uso que uma pessoa pode fazer de seu próprio corpo, a consequência será um valor mais baixo atribuído a ele e, consequentemente, um investimento reduzido em capital humano.

Com isso, chegamos ao fim da análise teórica do conservadorismo como uma forma especial de socialismo. Mais uma vez, para concluir a discussão, devem ser feitas algumas observações que possam ajudar a ilustrar a validade das conclusões anteriormente expostas. Como na discussão do socialismo social-democrata, essas observações ilustrativas devem ser lidas com algumas precauções: primeira, a validade das conclusões deste capítulo foi, pode e deve ser instituída independentemente da experiência. Em segundo lugar, na medida em que a experiência e a evidência empírica estão em causa, não há, infelizmente, exemplos de sociedades em que possam ser estudados os efeitos do conservadorismo na comparação com outras variantes do socialismo e do capitalismo. Não há um estudo de caso quase-experimental que sozinho possa fornecer uma evidência normalmente considerada como "irrefutável". O que acontece é que todos esses tipos de medidas políticas – conservadora, social-democrata, marxista-socialista e liberal-capitalista – são tão ligados e misturados que seus respectivos resultados não podem geralmente ser perfeitamente combinados com as causas definitivas, mas devem ser uma vez mais desemaranhados e combinados por meio de recursos puramente teóricos.

Porém, com isso em mente, algo bem poderia ser dito sobre o desempenho real do conservadorismo na história. Mais uma vez, a diferença entre os padrões de vida dos Estados Unidos e dos países da Europa Ocidental (tomados em conjunto) permite uma observação que se encaixa no quadro teórico. Seguramente, como mencionado no capítulo anterior, a Europa tem mais socialismo redistributivo – como indicado aproximadamente pelo nível total de tributação – do que os Estados Unidos, e é mais pobre por causa disso. Porém, ainda mais notável é a diferença que existe entre os dois no que se refere ao grau de conservadorismo.[87] A Europa tem um passado feudal que é perceptível nos dias de hoje, particularmente na forma de numerosas regulações que restringem o comércio, dificultam a entrada nos países e proíbem ações não-agressivas, enquanto os Estados Unidos estão extraordinariamente livres desse passado. Está relacionado a isso o fato de que por longos períodos durante os séculos XIX e XX a Europa foi moldada por políticas desenvolvidas por partidos mais ou menos conservadores e não por outra ideologia política ao passo que um partido genuinamente conservador nunca existiu nos Estados Unidos. De fato, mesmo os partidos socialistas da Europa Ocidental estavam contaminados em larga medida pelo conservadorismo, particularmente sob a influência dos sindicatos dos trabalhadores, e impuseram muitos elementos socialistas-conservadores (ou seja, regulações e controle de preços) sobre as sociedades europeias durante seus períodos de influência (enquanto reconhecidamente ajudaram a abolir alguns controles de comportamento conservadores). Em todo o caso, dado que a Europa é mais socialista do que os Estados Unidos e seus padrões de vida são relativamente mais baixos, isso deve-se menos à grande influência do socialismo social-democrata na Europa e mais pela influência do socialismo do conservadorismo – não tanto indicado pelos seus mais elevados graus de tributação, mas pela quantidade significativamente maior de controle de preços, regulações e controles de comportamento na Europa. Devo me antecipar para acrescentar que os Estados Unidos não são mais ricos do que realmente são, e não apresentam mais o vigor econômico do século XIX não só porque adotaram ao longo do tempo cada vez mais políticas de socialismo redistributivo, mas mais ainda porque também se tornaram vítimas da ideologia conservadora de querer proteger da concorrência o *status quo* de distribuição de renda e riqueza e, em particular, a posição daqueles com

---

[87] Cf. também B. Badie e P. Birnbaum, *The Sociology of the State*, Chicago, 1983, esp. p.107 et seq.

recursos entre os produtores existentes por meio de regulações e controle de preços.[88]

Mesmo num nível mais global, outra observação se encaixa no quadro teoricamente derivado do conservadorismo como causador do empobrecimento. Fora do chamado mundo Ocidental, os únicos países que combinam o desempenho econômico miserável dos regimes totalmente marxista-socialista são exatamente aqueles da América Latina e Ásia que nunca romperam seriamente com seu passado feudal. Nessas sociedades, grandes partes da economia estão agora mesmo quase completamente livres do alcance e da pressão da liberdade e da concorrência e estão travadas em suas posições tradicionais mediante regulações impostas, digamos, por agressão direta.

No âmbito das observações mais específicas, os dados também indicam claramente o que a teoria nos levaria a supor. Voltando à Europa Ocidental, não pode haver dúvida de que dentre os principais países europeus, Itália e França são os mais conservadores, especialmente se comparados com as nações do Norte que, tanto quanto no que se refere ao socialismo, foram se inclinando mais em direção à sua versão redistributiva.[89] Enquanto o grau de tributação na Itália e na França (despesa estatal como parte do Produto Nacional Bruto) não é mais elevado do que em outras partes da Europa, esses dois países apresentam claramente mais elementos conservadores-socialistas do que se encontra em qualquer outro lugar. Itália e França estão decoradas com milhares de controle de preços e regulações, tornando altamente duvidoso haver qualquer setor de suas economias que possa ser chamado, com alguma justificativa, de "livre". Como resultado (e como poderia ser previsto), o padrão de vida em ambos os países é significativamente mais baixo do que no norte da Europa, como pode perceber qualquer um que não esteja viajando exclusivamente para cidades turísticas. Na verdade, nos dois países um dos objetivos do conservadorismo parece ter sido atingido: as diferenças entre aqueles que têm recursos e os que não têm foram bem preservadas – dificilmente se encontrará diferenças extremas na renda e na riqueza na Alemanha Ocidental ou nos Estados Unidos como na Itália ou na França –, mas o preço a pagar é uma queda relativa na riqueza social. Na verdade, essa queda é tão significante que o padrão de vida das classes baixa e média-baixa em ambos os países é, na melhor das hipóteses, apenas um pouco maior do que nos países mais liberais do bloco Oriental. E particularmente as províncias do sul da Itália, onde ainda mais regulações foram amontoadas sobre aquelas que vigoravam em todo o país, mal saíram do grupo das nações do terceiro mundo.

---

[88] Cf. sobre o tema R. Radosh e M. N. Rothbard (eds.), *A New History of Leviathan*, New York, 1972.
[89] Cf. Badie e Birnbaum, *The Sociology of the State*, Chicago, 1983.

Finalmente, como último exemplo que ilustra o empobrecimento causado por políticas conservadoras deve ser mencionada a experiência com o nacional-socialismo na Alemanha, e, em menor grau, com o fascismo italiano. Muitas vezes não se compreende que ambos eram movimentos conservadores-socialistas.[90] Ou seja, enquanto movimentos orientados contra a mudança e contra as desordens sociais oriundas das forças dinâmicas de uma economia livre – além dos movimentos marxistas-socialistas –, eles poderiam encontrar apoio entre as classes de proprietários, donos de lojas, fazendeiros e empreendedores estabelecidos. Mas extrair dessa conclusão que estes movimentos eram pró-capitalistas ou mesmo considerá-los como o estágio superior no desenvolvimento do capitalismo antes de seu derradeiro fim, como os marxistas normalmente fazem, é completamente equivocado. Realmente, o inimigo do fascismo e do nazismo fervorosamente abominado não era o socialismo, mas o liberalismo. Obviamente, ambos também desprezavam o socialismo dos marxistas e bolcheviques, porque, pelo menos ideologicamente, eram internacionalistas e pacifistas (confiando nas forças históricas que levariam à destruição do capitalismo por dentro), enquanto o fascismo e o nazismo eram movimentos nacionalistas devotados à Guerra e à conquista; e, provavelmente, até mais importante considerando o seu apoio público, porque o marxismo significava que aqueles que tinham recursos seriam expropriados pelos que não tinham e a ordem social seria, portanto, virada de ponta-cabeça, enquanto o fascismo e o nazismo prometiam preservar uma determinada ordem.[91] Mas, se isso é decisivo para classificá-los como movimentos socialistas (em vez de capitalistas), perseguir esse objetivo implicava (como já foi explicado em detalhes) tanto uma negação dos direitos do usuário-proprietário das coisas de fazer com elas o que lhes parecesse melhor (desde que não danificasse a propriedade alheia ou se envolvesse em trocas não-contratuais), quanto uma expropriação dos proprietários naturais pela "sociedade" (isto é, por pessoas que nem produziram nem adquiriram contratualmente as coisas em questão) como faz a política do marxismo. E, de fato, para atingir esse objetivo, fascismo e nazismo fizeram exatamente aquilo que a classificação como conservadores-socialistas nos levaria a esperar que fizessem: instituíram economias altamente controladas e reguladas nas quais a propriedade privada continuaria a existir só no nome, mas não teria qualquer significado uma vez que o direito de determinar o uso das coisas possuídas foi quase completamente perdido para as instituições políticas. Os nazistas, em particular, impuseram um sistema de controle de

---

[90] Cf. L. v. Mises, *Omnipotent Government*, New Haven, 1944; F. A. Hayek, *O Caminho da Servidão*, São Paulo: Instituto Ludwig von Mises Brasil, 2010; W. Hock, *Deutscher Antikapitalismus*, Frankfurt/M, 1960.
[91] Cf. um dos principais representantes da "Escola Historicista" alemã, o "Kathedersozialisr" e apologista do nazismo W. Sombart, *Deutscher Sozialimus*, Berlin, 1934.

preços quase completo (incluindo controles de salários), conceberam os planos quadrienais (quase como na Rússia, onde os planos se estendiam por períodos de cinco anos) e estabeleceram o planejamento econômico e as diretorias de supervisão, que tinham que aprovar todas as alterações significativas na estrutura de produção. Um "proprietário" não poderia mais decidir o que ou como produzir, de quem comprar ou para quem vender, quais preços pagar ou cobrar, ou como implementar quaisquer mudanças. Tudo isso, na verdade, criou um sentimento de insegurança. A todos foram atribuídas posições fixas e tanto os assalariados quanto os proprietários do capital recebiam, em termos nominais, uma renda garantida, estável e até mesmo crescente. Além disso, os gigantescos programas de trabalhos forçados, a reintrodução do recrutamento para serviço militar obrigatório, e, finalmente, a implementação de uma economia de Guerra, reforçaram a ilusão de uma expansão econômica e de prosperidade.[92] Mas como seria de se esperar de um sistema econômico que destrói o incentivo do produtor de ajustar a demanda e até impedir que isto seja feito, e que, desse modo, separa a demanda da produção, esse sentimento de prosperidade provou ser nada menos do que uma ilusão. Na verdade, no que se refere aos bens que as pessoas poderiam comprar com o próprio dinheiro, o padrão de vida caiu não só em termos relativos, mas em termos absolutos.[93] Em todo o caso, mesmo desconsiderando toda a destruição causada pela Guerra, a Alemanha e, em menor extensão, a Itália empobreceram severamente após a derrota dos nazistas e dos fascistas.

---

[92] Cf. W. Fischer, *Die Wirtschaftspolitik Deutschlands 1918-45*, Hannover, 1961; W. Treue, *Wirtschaftsgeschichte der Neuzeit*, vol. 2, Stuttgart, 1973; R. A. Brady, "Modernized Cameralism in the Third Reich: The Case of the National Industry Group", in: M. I. Goldman (ed.), *Comparative Economic Systems*, New York, 1971.

[93] A renda bruta média das pessoas empregadas na Alemanha em 1938 (última cifra disponível) era ainda menor do que a de 1927 (em termos absolutos, ou seja, sem considerar a inflação!). Em seguida, Hitler começou a guerra e os recursos foram cada vez mais deslocados para uso militar, de modo que pode-se considerar com segurança que o padrão de vida diminuiu ainda mais e de forma drástica de 1939 em diante. Cf. *Statistisches Jahrbuch fuer die BRD*, 1960, p.542; cf. também V. Trivanovitch, *Economic Development of Germany Under National Socialism*, New York, 1937, p.44.

Capítulo 6
O Socialismo de Engenharia Social e os Fundamentos da Análise Econômica

À luz dos argumentos teóricos apresentados nos capítulos anteriores parece não haver uma justificação econômica para o socialismo. O socialismo prometia trazer mais prosperidade econômica às pessoas do que o capitalismo e muito de sua popularidade é baseado nessa promessa. Porém, os argumentos apresentados provaram que a verdade era o oposto disso. Estes mostraram que o socialismo do tipo russo, caracterizado pela nacionalização ou socialização dos meios de produção, envolvia necessariamente desperdício econômico, uma vez que não existiriam preços para os fatores de produção (porque não era permitido comprar ou vender os meios de produção) e, consequentemente, não se poderia fazer a contabilidade de custos (que é um meio para direcionar os recursos escassos com usos alternativos para uma linha produção de maior valor produtivo). Em relação à social-democracia e ao socialismo conservador, foi demonstrado que, em qualquer caso, ambos resultam em aumento de custos de produção e, *mutatis mutandis*, num declínio dos custos em comparação à sua alternativa, ou seja, a não-produção e a produção no mercado-negro, o que, portanto, levaria a uma redução relativa na produção de riqueza uma vez que ambas as versões do socialismo criam uma estrutura de incentivos que (comparada ao sistema capitalista) favorece relativamente os não-produtores e os não-contratantes em detrimento dos produtores e dos contratantes de bens, produtos e serviços.

A experiência também ratifica os argumentos. Em geral, os padrões de vida nos países do leste-europeu são significativamente mais baixos do que os da Europa Ocidental, onde o grau de socialização dos meios de produção, embora extraordinário, é relativamente muito mais baixo. E, também, onde quer que se amplie o grau de medidas redistributivas e se aumente a proporção da riqueza produzida que é redistribuída, como ocorreu, por exemplo, na Alemanha Ocidental durante a década de 1970 sob os governos de coligações social-democratas e liberais, há um retardamento na produção social de riqueza ou até mesmo uma redução absoluta no padrão de vida geral. E seja onde for que uma sociedade queira preservar o *status quo*, isto é, uma determinada distribuição de renda e de riqueza, mediante o controle de preços, regulações, controles comportamentais – como, por exemplo, na Alemanha de Hitler ou, atualmente, na Itália e na França – os padrões de vida cairão constantemente e ainda mais na comparação com as sociedades mais liberais (capitalistas).

No entanto, o socialismo está muito vivo e muito bem, mesmo no Ocidente, onde o socialismo social-democrata e o conservadorismo permaneceram como ideologias poderosas. Como isso pôde acontecer? Um fator importante é que seus partidários abandonaram a ideia original de superioridade econômica do socialismo e recorreram a um argumento completamente diferente: o socialismo pode não ser economicamente superior, mas é moralmente preferível. Essa afirmação será estudada no capítulo 7. Mas, certamente, este não é o fim da história. O socialismo readquiriu força até mesmo na esfera econômica. Isso se tornou possível porque o socialismo combinou suas forças com a ideologia do empirismo, que, tradicionalmente, tem tido peso no mundo Anglo-Saxão e que, particularmente através da influência do chamado Círculo de Viena de filósofos positivistas, tornou-se a filosofia-epistemologia-metodologia dominante do século XX, não somente no campo das ciências naturais, mas também nas ciências sociais e econômicas. Isso se aplica não só aos filósofos e metodologistas dessas ciências (que desde então se libertaram do feitiço do empirismo e do positivismo), mas provavelmente até mais aos profissionais (que ainda estão sob sua forte influência). Ao combinar sua própria força com o empirismo ou com o positivismo, que para o nosso propósito inclui o racionalismo crítico de K. R. Popper e de seus seguidores, o socialismo se desenvolveu naquilo que será chamado daqui em diante de "socialismo de engenharia social".[94] É uma forma de socialismo muito diferente em seu estilo de raciocínio do marxismo tradicional, que era muito mais racionalista e dedutivo – aquele que Marx adotou provinha do economista clássico David Ricardo, a mais importante fonte dos seus escritos econômicos. Mas parece ser justamente por causa dessa diferença de estilo que o socialismo de engenharia social tem sido capaz de obter cada vez mais apoio dos grupos tradicionais de social-democratas e conservadores-socialistas. Na Alemanha Ocidental, por exemplo, a ideologia da "engenharia social gradativa", como K. R. Popper chamou sua filosofia social[95], tornou-se algo como o denominador comum dos "moderados" em todos os partidos políticos e só os doutrinários de ambos os lados não a aprovariam. Inclusive, o ex-chanceler Helmut Schmidt, do SPD (Sozial-

---

[94] Sobre a posição positivista clássica, cf. A.J. Ayer, *Linguagem, Verdade e Lógica*, Lisboa: Presença, 1991; sobre o racionalismo crítico, cf. K. R. Popper, *A Lógica da Pesquisa Científica*, São Paulo: Cultrix, 2000; *Conjecturas e Refutações*, Coimbra: Almedina, 2003; e *Conhecimento Objetivo: Uma Abordagem Evolucionária*, Belo Horizonte: Editora Itatiaia, 1999; sobre as afirmações representativas do empirismo-positivismo como sendo a metodologia apropriada para a economia cf., por exemplo, M. Blaug, *The Methodology of Economics*, Cambridge, 1980; T. W. Hutchinson, *The Significance and Basic Postulates of Economic Theory*, London, 1938; e *Positive Economics and Policy Objectives*, London, 1964; e *Politics and Philosophy of Economics*, New York, 1981; e também M. Friedman, "The Methodology of Positive Economics," in: M. Friedman, *Essays in Positive Economics*, Chicago, 1953; H. Albert, *Marktsoziologie und Entscheidungslogik*, Neuwied, 1967.

[95] Sobre a engenharia social gradativa cf. K. R. Popper, *A Pobreza do Historicismo*, Lisboa: Esfera do Caos, 2007.

demokratische Partei Deutschlands, Partido Social-Democrata Alemão), defendeu publicamente o popperianismo como sendo a sua própria filosofia.[96] Contudo, é provavelmente nos Estados Unidos que essa filosofia está mais profundamente enraizada como se tivesse sido criada quase sob medida para a forma de pensar dos americanos no que se refere aos problemas práticos e métodos pragmáticos e a busca de soluções. Como o empirismo-positivismo *poderia* ajudar a salvar o socialismo? Num grau altamente abstrato, a resposta deveria ser clara. O empirismo-positivismo precisa ser capaz de apresentar as razões pelas quais todos os argumentos apresentados até agora não conseguiram ser decisivos; deve tentar provar como se pode evitar tirar as conclusões que eu tirei e ainda alegar estar sendo racional e operando de acordo com as regras da investigação científica. Mas como, detalhadamente, isso pode ser realizado? Sobre isso, a filosofia do empirismo e do positivismo oferece dois argumentos aparentemente plausíveis. O primeiro e, certamente, o mais central de seus princípios é esse[97]: o conhecimento sobre a realidade, que é chamado de conhecimento empírico, deve ser verificável ou, pelo menos, falseável pela experiência; e a experiência é sempre de um tipo que poderia, em princípio, ter sido outra daquela que realmente foi, de modo que ninguém poderia saber de antemão, ou seja, antes de efetivamente ter tido uma experiência em particular, se o resultado aconteceria de uma forma ou de outra. Se, *mutatis mutandis*, o conhecimento não é verificável ou falseável pela experiência, não é, então, conhecimento sobre nada que seja real – isto é, conhecimento empírico –, mas simplesmente conhecimento sobre as palavras, sobre o uso dos termos, sobre os sinais e as regras transformacionais – ou conhecimento *analítico*. E é altamente duvidoso que o conhecimento analítico deve ser classificado, sob qualquer condição, como "conhecimento".

Se assumirmos essa posição, como farei neste momento, não é difícil ver como os argumentos anteriores poderiam ser severamente rejeitados. O argumento sobre a impossibilidade do cálculo econômico e o caráter do levantamento de custos das medidas social-democratas ou conservadoras, que conduzem necessariamente a um declínio na produção de bens e serviços e, consequentemente, reduz os padrões de vida, pretende evidentemente ser válido *a priori*, ou seja, não falseável por qualquer tipo de experiência, mas preferivelmente reconhecido como verdadeiro antes de quaisquer experiências posteriores. Agora se for, de fato, verdadeiro, então, de acordo com o princípio central e primeiro do empirismo-positivismo, esse argumento não poderia conter qualquer informação sobre a realidade, mas teria que ser considerado um subterfúgio verbal inútil – um exercício de transformações tautológicas de palavras como "custo", "produção", "processo de

---

[96] Cf. G. Luehrs (ed.), *Kritischer Rationalismus und Sozialdemokratie*, 2 vols., Bonn, 1975-76.
[97] Sobre o assunto, cf. M. Hollis e E. Nell, *Rational Economic Man*, Cambridge, 1975, p.3 et seq.

produção", "consumo" – que nada diz sobre a realidade. Portanto, o empirismo conclui que, na medida em que a realidade está em causa, ou seja, as consequências *reais* do socialismo, os argumentos apresentados até agora não têm peso algum. Ao invés disso, para dizer qualquer coisa convincente sobre o socialismo, a experiência, e somente a experiência, teria que ser o fator decisivo a ser considerado. Se isso fosse de fato verdade (como eu continuo considerando), todos os argumentos econômicos contra o socialismo que eu apresentei seriam descartados como sendo de natureza categórica. Simplesmente não haveria ali nada categórico sobre a realidade. Mas mesmo assim o empirismo-positivismo não teria que enfrentar as experiências reais com o socialismo real e o seu resultado não teria que ser decisivo? Nos capítulos anteriores, foi colocada muito mais ênfase nas razões lógicas, categóricas e de princípios (todas usadas aqui como sinônimos) dirigidas contra as pretensões do socialismo de oferecer uma forma mais promissora para se atingir a prosperidade econômica do que o capitalismo; e a experiência foi citada apenas vagamente para ilustrar a tese cuja validade poderia, no fim das contas, ser conhecida independentemente da experiência ilustrativa. No entanto, mesmo a experiência pouco assistemática que foi citada não seria suficiente para elaborar um argumento contra o socialismo?

A resposta a essas questões é um conclusivo "não". O segundo princípio do empirismo-positivismo explica o por quê. Este formula a extensão ou a aplicação do primeiro princípio ao problema da causalidade e da explicação causal ou previsão. Explicar de forma causal ou prever um fenômeno real é formular um afirmação tanto do tipo "se A, então B" ou, se as variáveis permitem medição quantitativa, "se um aumento (ou redução) de A, então um aumento (ou redução) de B". Como uma afirmação que se refere à realidade (com A e B sendo um fenômeno real), sua validade nunca pode ser estabelecida com precisão, ou seja, pelo exame da proposição isolada ou de qualquer outra proposição da qual a que está em causa poderia, por sua vez, ser logicamente deduzida, mas sempre será e permanecerá hipotética, de acordo com o resultado das experiências futuras que não podem ser conhecidas previamente. Se a experiência confirma a explicação causal hipotética, ou seja, se observamos um exemplo onde B, de fato, seguiu A como fora previsto, isso não provaria que a hipótese era verdadeira, uma vez que A e B são termos gerais abstratos ("universais" em oposição a "nomes próprios") que se referem a eventos ou processos do quais há (ou, pelo menos, em princípio, *deve* haver) um número indefinido de exemplos e, consequentemente, as experiências possivelmente poderiam falseá-los. E se uma experiência falseasse uma hipótese, ou seja, se observássemos um exemplo em que A não foi seguida por B, isso não seria decisivo, como se ainda fosse possível que o fenômeno hipoteticamente relatado estivesse, de fato, causalmente ligado e que alguma outra circunstância previamente negligenciada e não-controlada ("variável") tivesse simplesmente impedido a relação hipotética de ser verdadeiramente observada. Uma falsificação apenas provaria que a hipótese específica sob investigação não era completamente correta tal como existia, mas necessitava de algum refinamento, ou seja, de alguma especificação ou variáveis adicionais que teríamos que observar e controlar a fim de sermos capazes de perceber a relação hipotética entre A e B. Mas, na verdade, uma falsificação jamais provaria de uma vez por todas que uma relação entre alguns fenômenos não existiria.

Dado que essa posição empirista-positivista sobre a explicação causal está correta, é fácil ver como o socialismo poderia ser socorrido da crítica empiricamente justificada. Obviamente, um socialista-empirista não negaria os fatos. Ele não argumentaria que há, de fato, um padrão de vida menor na Europa Oriental em relação à Europa Ocidental e que o aumento da tributação ou uma política conservadora de regulações e controles estão correlacionadas com um atraso ou com uma contração na produção da riqueza econômica. Mas, dentro dos limites de sua metodologia, ele poderia perfeitamente negar que, baseado nessas experiências, poderia ser formulado um argumento assentado em princípios contra o socialismo e a sua pretensão de oferecer um caminho mais promissor rumo à prosperidade. Isto é, ele poderia depreciar as experiências (aparentemente) falseáveis, e qualquer outra que pudesse ser citada, como meramente acidentais; como experiências que foram produzidas por algumas circunstâncias infelizmente negligenciadas e não-controladas que desapareceriam e, de fato, se transformariam em seu oposto, revelando a verdadeira relação entre socialismo e um aumento de produção da riqueza social, tão logo essas circunstâncias fossem controladas. Mesmo as extraordinárias diferenças entre os padrões de vida nas Alemanhas Ocidental e Oriental – o exemplo que eu tanto enfatizei porque é o mais próximo que se assemelha a um experimento de sociedade controlada – poderiam ser explicadas da seguinte forma: ao argumentar, por exemplo, que os padrões de vida mais altos na parte Ocidental deveriam ser explicados não pelo seu modo de produção mais capitalista, mas pelo fato de que a ajuda do Plano Marshall foi enviada para a Alemanha Ocidental enquanto a Alemanha Oriental foi obrigada a pagar reparações (indenizações de guerra) à União Soviética; ou pelo fato de que, desde o início, a Alemanha Oriental englobou as províncias agricultoras, rurais e menos desenvolvidas do país e, por isso, não teve o mesmo ponto de partida; ou que nas províncias orientais a tradição da servidão foi descartada muito mais tarde do que nas ocidentais e, portanto, a mentalidade do povo era realmente diferente nas duas Alemanhas etc.

De fato, qualquer que seja a evidência empírica que se apresente contra o socialismo tão logo se adote a filosofia empírica-positivista, ou seja, tão logo a ideia de formular um argumento baseado em *princípios* tanto a favor quanto contra o socialismo é derrubada como sendo vã e mal concebida, e que em vez disso só se admite, é claro, que possa ter havido algum erro no que se refere aos *detalhes* de um plano político socialista que, depois, seria suficientemente flexível para corrigir certos pontos da sua própria política sempre que o resultado não tenha sido satisfatório, o socialismo é assim imunizado de qualquer crítica decisiva, porque qualquer falha pode sempre ser atribuída a alguma variável interveniente que ainda não foi controlada. Deve-se observar que nem mesmo o experimento mais perfeitamente controlado e conduzido poderia alterar um pouco essa situação. Nunca seria possível controlar todas as variáveis que, concebivelmente, podem ter alguma influência sobre a variável a ser explicada – seria impossível por razões práticas porque exigiria controlar literalmente todo o universo, e por razões teóricas, porque ninguém em qualquer ponto no tempo poderia saber quais *são* todas as variáveis que compõem esse universo. Esta é uma questão cuja resposta deve continuar permanentemente aberta para experiências recentemente descobertas e percebidas. Consequentemente, a estratégia de imunização caracterizada anteriormente funcionaria sem exceção e de maneira infalível. E uma vez que, como sabemos a partir dos escritos dos próprios empiristas, particularmente pelos de David Hume, não existe "vínculo" que se possa observar para conectar visivelmente determinadas variáveis como causas e efeitos[98], deve-se notar que não haveria maneira alguma de excluir qualquer variável como uma possível influência perturbadora desde o início sem realmente testá-la ou controlá-la. Nem mesmo as variáveis aparentemente mais absurdas e ridículas, como, por exemplo, as diferenças das condições meteorológicas ou uma mosca que voa numa circunstância e não em outra, poderiam ser descartadas antecipadamente; tudo que poderia ser feito seria se voltar à experiência novamente ("Moscas voando ou não nunca fazem diferença para o resultado de um experimento"). Mas segundo a própria doutrina empírica, essa experiência, referindo-se como o faz somente a exemplos anteriores, novamente não ajudaria a decidir definitivamente o problema e uma referência a ele significaria apenas uma falácia lógica.

Assim, não importa quais acusações são levantadas contra o socialismo, na medida em que são baseadas em evidências empíricas, o empirismo-socialista poderia argumentar que não há maneira de conhecer antecipadamente quais serão os resultados de um determinado regime político sem realmente adotá-lo e deixar que a experiência fale por si mesma. E quaisquer que sejam os resultados, a ideia socialista original – o "núcleo duro" do próprio "programa de pesquisa", como o teria chamado o filósofo neopopperiano Lakatos[99] – pode ser sempre e facilmente recuperada

---

[98] Cf. D. Hume, *Tratado da Natureza Humana*, Calouste Gulbenkian, Lisboa, 2001; e também H. H. Hoppe, *Handeln und Erkennen*, Bern, 1976.
[99] Cf. I. Lakatos, "Falsification and the Methodology of Scientific Research Programmes," in: Lakatos e Musgrave (eds.), *Criticism and the Growth of Knowledge*, Cambridge, 1970.

apontando para as variáveis negligenciadas mais ou menos plausíveis cuja falta de controle é a hipótese considerada como responsável pelo resultado negativo, com as hipóteses novamente revisadas devendo ser testadas indefinidamente, *ad infinitum*.[100] A experiência só nos diz que um regime político socialista específico não atinge o objetivo de produzir mais riqueza, mas nunca pode nos dizer se outro ligeiramente diferente produzirá quaisquer resultados diversos, ou se é possível atingir o objetivo de melhorar a produção de riqueza através de qualquer política socialista.

Neste momento cheguei ao ponto do meu argumento onde devo desafiar a validade desses dois princípios centrais do empirismo-positivismo. O que há de errado com eles e porque nem mesmo o empirismo pode salvar o socialismo? A resposta será apresentada em três estágios. Primeiro, irei demonstrar que, numa análise mais detalhada, a posição empírica demonstra ser autodestrutiva porque ela mesma deve pelo menos implicitamente assumir e pressupor a existência de conhecimento não-empírico como conhecimento sobre a realidade. Sendo esta uma tarefa principalmente destrutiva, terei que abordar a questão de como é possível ter ou conceber o conhecimento que informa sobre a realidade, mas que não está, por si só, sujeito à confirmação ou à falsificação pela experiência. Em terceiro lugar, mostrarei que esse conhecimento não é apenas concebível e deve ser pressuposto mas que há exemplos positivos que servem como sólidos fundamentos epistemológicos sobre os quais o argumento econômico contra o socialismo pode ser e realmente foi o tempo todo construído.

Apesar da aparente plausibilidade das ideias centrais do empirismo, deve ser observado que, desde o início, mesmo no nível da intuição as coisas não parecem ser exatamente da maneira que o empirismo gostaria que elas fossem. Certamente não é evidente que a lógica, a matemática, a geometria e também certas afirmações da ciência econômica pura, como a lei da oferta e da demanda ou a teoria quantitativa da moeda (porque não permitem qualquer falsificação pela experiência ou porque sua validade independe da experiência), não nos forneçam qualquer informação sobre a realidade, por serem subterfúgios meramente verbais. O contrário parece ser muito mais plausível: que as proposições desenvolvidas por essas disciplinas – por exemplo, uma afirmação da geometria que diz "se uma linha reta S e um círculo C têm mais do que um ponto em comum, então S tem exatamente dois pontos em comum com C", ou uma afirmação mais estreitamente re-

---

[100] Tudo isso foi levantado pelo popperianismo, principalmente por T. S. Kuhn, *A Estrutura das Revoluções Científicas*, São Paulo: Perspectiva, 2010; e foi nessa época que P. Feyerabend formulou a conclusão mais radical: jogar fora a afirmação da ciência para o conjunto da racionalidade e abraçar o niilismo sob o lema "tudo passa". (P. Feyerabend, *Contra o Método*, São Paulo: Editora UNESP, 2007; e *A Ciência em uma Sociedade Livre*, São Paulo: Editora UNESP, 2011). Para uma crítica dessa conclusão infundada cf. a nota 105 mais adiante.

lacionada com o campo da ação que eu abordei aqui, tal como "não se pode ter e comer o bolo ao mesmo tempo" – de fato informam sobre a realidade e informam sobre o que não pode, na realidade, ser diferente, sob pena de contradição.[101] Se eu tivesse um bolo e o comesse, poder-se-ia concluir que eu não o tenho mais – e esta é claramente uma conclusão que informa sobre a realidade sem ser falseável pela experiência.

Mas, obviamente, muito mais importante do que a intuição é a análise reflexiva, e esta irá provar que a posição empírica é simplesmente autodestrutiva. Se for verdade que o conhecimento empírico deve ser falseável pela experiência e que o conhecimento analítico, que não é desta forma falseável, não pode conter qualquer conhecimento empírico, portanto, que tipo de declaração é essa afirmação fundamental do próprio empirismo? Ela deve novamente ser ou analítica ou empírica. Se analítica, então de acordo com a sua própria doutrina, essa proposição não é nada mais do que rabiscos no papel, bazófia, completamente vazia de qualquer conteúdo significativo. É só porque já foi dada uma interpretação significativa aos termos usados na afirmação, tais como "conhecimento", "experiência", "falseabilidade" etc., que isso pode, em primeiro lugar, ser examinado. Mas a completa ausência de significado das afirmações analíticas resulta decisivamente da ideologia empírica-positivista. Naturalmente, e esta é a primeira armadilha autodestrutiva, se for verdade, o empirismo não poderia, então, nem mesmo dizer e significar o que parece dizer ou significar; não seria mais do que o farfalhar das folhas ao vento. De qualquer modo, para dizer algo, deve ser dada uma interpretação aos termos utilizados, e uma interpretação dos termos, na verdade, é sempre (na medida em que uma expressão não pode ser explicada nos termos de outra) uma questão prática; isto é, uma questão na qual o uso de um termo é praticado e aprendido a partir de exemplos reais do conceito designado pelo termo, e pelo qual um termo está, portanto, ligado à realidade.[102] No entanto, não seria qualquer interpretação arbitrária que serviria: "falseável", por exemplo, não significa o que se entende por "vermelho" ou "verde". A fim de afirmar o que o empirismo-positivismo evidentemente quer dizer quando formula seus princípios básicos, aos termos deve ser dado o significado que eles realmente têm para os empíricos tanto quanto para aqueles que ele deseja convencer acerca da adequação de sua metodologia. Mas se a afirmação realmente significa o que pensamos dela durante todo o tempo, ela claramente contém informação sobre a realidade. Na verdade, ela nos informa sobre a estrutura fundamental da realidade: que não há nada nela

---

[101] Sobre essa questão e a seguinte, cf. A. Pap, *Semantics and Necessary Truth*, New Haven, 1958; M. Hollis e E. Nell, *Rational Economic Man*, Cambridge, 1975; B. Blanshard, *Reason and Analysis*, La Salle, 1964.

[102] Sobre isso, cf. W. Kamlah e P. Lorenzen, *Logische Propaedeutik*, Mannheim, 1967.

que possa ser conhecido antecipadamente como verdadeiro, confirmando ou falseando experiências. E se *essa* proposição agora é considerada como *analítica*, ou seja, como uma afirmação que não permite falsificação, mas cuja verdade pode ser definida por uma análise dos significados dos termos utilizados isoladamente, como tem sido considerado neste momento, temos portanto em mãos nada menos do que uma contradição flagrante, e o empirismo demonstra mais uma vez ser uma posição autodestrutiva.[103]

Portanto, parece que o empirismo-positivismo teria que escolher a outra opção disponível e declarar seu credo central como uma afirmação *empírica*. Mas, claramente, a posição empírica não mais teria importância alguma: afinal, a proposição fundamental do empirismo (que serve de base a partir da qual são deduzidas todos os tipos de regras da correta investigação científica) poderia estar errada, e ninguém jamais poderia ter certeza se era ou não era assim. Pode-se, igualmente, muito bem alegar exatamente o oposto e dentro dos limites do empirismo não haveria forma de decidir qual posição estava certa ou errada. Realmente, se o seu princípio central fosse declarado como uma proposição empírica, o empirismo deixaria de ser de modo geral uma método-*logia* – uma *lógica* da ciência –, e não seria mais do que uma convenção verbal completamente arbitrária para identificar determinadas formas (arbitrárias) de se lidar com certas afirmações de determinados nomes (arbitrários). Seria uma posição vazia de qualquer justificação da razão pela qual ela, em vez de qualquer outra, deveria ser adotada.[104]

No entanto, isso não é tudo que pode ser exibido contra o empirismo, mesmo que a segunda opção disponível tenha sido escolhida. Numa inspeção mais detalhada essa rota de fuga conduz a outra armadilha autodestrutiva. Mesmo que essa rota tenha sido escolhida, pode ser demonstrado que a posição empírica-positivista deve pressupor tacitamente a existência do conhecimento não-empírico como conhecimento "real". A fim de compreendê-la, vamos considerar que uma explicação causal relativa a dois ou

---

[103] Cf. L. v. Mises, *The Ultimate Foundation of Economic Science*, Kansas City, 1978, p.5: "A essência do positivismo lógico é negar o valor cognitivo de um conhecimento *a priori* ao mostrar que todas as proposições *a priori* são meramente analíticas. Elas não fornecem uma nova informação, além de serem meramente verbais e tautológicas... Somente a experiência pode conduzir a proposições sintéticas. Há uma objeção óbvia contra essa doutrina, a saber, que essa proposição (como considera este autor, falsa) é, em si mesma, uma proposição sintética *a priori*, pois isto pode manifestamente não ser estabelecido pela experiência."

[104] M. Hollis e E. Nell observam: "Uma vez que cada afirmação significativa é, para um positivista, analítica ou sintética, e nenhuma pode ser ambas ao mesmo tempo, nós podemos solicitar uma classificação... Não conhecemos nenhum positivista que tentou produzir evidência empírica para afirmações de (o tipo em questão). Nem podemos ver como poderia fazê-lo, a não ser argumentando que se trata, na verdade, de como as pessoas usam os termos... que nos induziria a simplesmente perguntar 'E daí'?" (M. Hollis e E. Nell, *Rational Economic Man*, Cambridge, 1975, p. 110).

mais eventos encontra-se adaptada a um exemplo específico de experiências sobre tais eventos e isto é então aplicado a um segundo exemplo, presumivelmente para ser submetido a alguns testes empíricos adicionais. Neste momento, deve-se perguntar qual é o pressuposto que deve ser formulado a fim de relacionar o segundo ao primeiro exemplo da experiência tanto para confirmá-la quanto para falseá-la? À primeira vista, deve parecer quase auto-evidente que se na segunda posição da experiência as observações do primeiro fossem repetidas, isto seria uma confirmação, caso contrário, seria um falseamento – e claramente, a metodologia empírica também supõe como evidente e não exige explicação adicional. Mas isso não é verdade.[105] A experiência, deve-se observar, só revela que duas ou mais observações sobre a sequência temporal de dois ou mais tipos de eventos podem ser "imparcialmente" classificadas como "repetição" ou "não-repetição". Uma repetição neutra só torna uma confirmação "positiva" e uma não-repetição um falseamento "negativo" se, independente daquilo que possa ser realmente descoberto pela experiência, se considera que há causas constantes que não variam conforme o tempo. Se, pelo contrário, se supõe que no decorrer do tempo as causas devem agir algumas vezes dessa forma e em outro momento de outra maneira, então, essas ocorrências repetitivas e não-repetitivas simplesmente são e permanecerão como experiências neutras registradas, completamente independentes uma da outra, e não estão de forma alguma relacionadas logicamente entre si para confirmar ou falsear qualquer outra. Há uma experiência e, em seguida, há outra, elas são a mesma ou são diferentes, mas isto é tudo o que existe quanto à ela; nada mais resulta.

Dessa maneira, o pré-requisito de ser capaz de dizer "falsear" ou "confirmar" é o princípio da constância: a convicção de que o fenômeno observável é, em princípio, determinado pelas causas que são constantes e invariantes no tempo na forma em que agem, e que, em princípio, a contingência não desempenha nenhuma função na forma como as causas agem. Só se o princípio da constância for considerado válido deduz-se que a partir de qualquer falha em reproduzir um resultado há algo errado com a hipótese original; e somente então pode uma reprodução bem-sucedida ser interpretada como uma confirmação. Pois só se dois (ou mais) eventos forem realmente causa e efeito *e* as causas produzirem resultados de forma invariante no tempo deve-se concluir que a relação funcional a ser observada entre as variáveis relacionadas de maneira causal *devem* ser a mesma em todos os exemplos efetivos, e que se este não for realmente o caso, algo *deve* estar em falta com a especificação particular das causas.

---

[105] Sobre o tema, cf. H. H. Hoppe, *Kritik der kausalwissenschaftlichen Sozial-forschung*, Opladen, 1983; e "Is Research Based on Causal Scientific Principles Possible in the Social Sciences?", in Ratio, XXV, 1, 1983.

Obviamente, agora, esse princípio da constância não é, por si só, baseado na, ou derivado da, experiência. Não há apenas um vínculo não--observável a conectar os eventos. Mesmo que esse vínculo tenha existido, a experiência não poderia revelar se ela era ou não invariante no tempo. O princípio também não pode ser refutado pela experiência, uma vez que qualquer evento que aparecer para refutá-lo (como uma falha para duplicar alguma experiência) poderia ser interpretado desde o início como se a experiência tivesse mostrado que apenas um tipo *particular* de evento não fosse a causa de outro (de outro modo, a experiência teria sido repetida com êxito). Contudo, à medida em que a experiência não pode excluir a possibilidade de que *outro* conjunto de eventos possa ser realmente encontrado, o que acabaria por ser invariante no tempo em seu modo de funcionamento, a validade do princípio da constância não pode ser refutada.

No entanto, apesar de não ter sido derivado ou refutado pela experiência, o princípio da constância é nada menos do que o pressuposto logicamente necessário para a existência de experiências que podem ser consideradas tanto para confirmar quanto para falsear umas às outras (em contraste com as experiências isoladas e logicamente desconectadas). E, portanto, uma vez que o empirismo-positivismo considera a existência dessas experiências logicamente relacionadas, deve-se concluir que também considera implicitamente a existência de conhecimento não-empírico sobre a realidade. Considera ainda que realmente existem causas que agem de forma invariante no tempo e que este é o caso, muito embora a experiência provavelmente nunca possa prová-las ou refutá-las. Mais uma vez, portanto, o empirismo acaba por ser uma filosofia contraditória e inconsistente.

Deve estar suficientemente claro até agora que o conhecimento apriorístico deve existir ou, no mínimo, que o empirismo-positivismo – a filosofia mais cética quanto a essa possibilidade – deve, de fato, pressupor a sua existência. No entanto, é certo que a própria ideia de conhecimento como conhecimento das coisas reais, cuja validade pode ser determinada independentemente da experiência, é difícil de compreender – caso contrário, o extraordinário sucesso da filosofia do empirismo-positivismo junto à comunidade científica e ao "público educado" dificilmente poderia ser explicado. Consequentemente, antes de iniciar a tarefa mais concreta de esclarecer os fundamentos apriorísticos específicos sobre os quais se assenta o argumento econômico contra o socialismo, seria apropriado formular alguns comentários gerais que podem ajudar a tornar mais plausível a existência de algo como um conhecimento apriorístico.

Parece ser de grande importância livrar-se primeiro da ideia de que o conhecimento apriorístico tem algo a ver com "ideias inatas" ou com conhecimento "intuitivo", que não teriam que ser descobertos ou aprendidos de alguma forma. Inato ou não, intuitivo ou não, são questões que dizem respeito à *psicologia* do conhecimento. Na comparação, a epistemologia preocupa-se exclusivamente com a questão da validade do conhecimento e de como verificar a validade – e, na verdade, o problema do conhecimento apriorístico é somente epistemológico. O conhecimento apriorístico pode ser, e na verdade o é na maioria das vezes, muito similar ao conhecimento empírico a partir de uma ponto de vista psicológico, em que ambos os tipos de conhecimento devem ser adquiridos, descobertos, aprendidos. O processo de descoberta do conhecimento apriorístico pode, e frequentemente parece realmente ser, mais difícil e meticuloso do que o da aquisição de conhecimento empírico, que muitas vezes parece impor--se sobre nós sem que tenhamos feito muita coisa a respeito; e também, poderia muito bem ser geneticamente o caso de que a aquisição de conhecimento apriorístico exige que se tenha previamente algum tipo de experiência. Mas tudo isso, insisto, não afeta a questão da validação do conhecimento, e é precisamente e exclusivamente a este respeito que o conhecimento apriorístico e empírico diferem categoricamente.[106]

Do lado positivo, creio, a ideia mais importante para a compreensão da possibilidade do conhecimento *a priori* é que não há somente uma dada natureza das coisas sobre a qual se tem que aprender através da experiência, mas que também existem coisas artificiais feitas pelo homem que podem necessitar da existência ou do uso de materiais naturais, porém, na medida em que são construtos não podem, no entanto, ser só plenamente compreendidas em termos de sua estrutura e implicações, mas também podem ser analisadas quanto à questão de saber se o seu método, de maneira concebível, pode ou não ser alterado.[107]

Os três principais campos de construtos são: 1) linguagem e pensamento, 2) ações e 3) objetos fabricados, todos feitos pelo homem. Não iremos tratar aqui de objetos fabricados, mas apenas mencionar de passagem que a geometria euclidiana, por exemplo, pode ser concebida como normas ideais cujo uso não podemos evitar na construção de instrumentos de medição que possibilitam medições empíricas de espaço. (Portanto, na medida em que não se pode dizer que a geometria euclidiana foi falseada pela teoria da relatividade, mas sim que essa teoria pressupõe sua validade mediante o uso de seus instrumentos de medição)[108]. O campo da ação,

---

[106] Cf. I. Kant, *Kritik der reinen Vernunft*, in Kant, *Werke* (ed. Weischedel), Wiesbaden, 1956, vol. II, p.45.
[107] Esta é, naturalmente, uma ideia Kantiana, manifestada na máxima de Kant segundo a qual a "razão só entende aquilo que produz segundo os seus próprios planos" (*Crítica da Razão Pura*, Lisboa: Calouste Gulbenkian, 2001, p. XIII).
[108] Sobre o tema, Cf. P. Lorenzen, "Wie ist Objektivitaet in der Physik moeglich"; "Das Begruen-

enquanto nossa área de maior interesse, será analisada quando forem discutidos os fundamentos apriorísticos da economia. Portanto, a primeira explicação do conhecimento apriorístico (enquanto conhecimento das regras de construção que não podem ser alteradas de modo concebível) deve ser fornecida usando o exemplo da linguagem e do pensamento. Esta foi a escolha como ponto de partida porque é a linguagem e o pensamento que são utilizados para fazer o que está sendo feito aqui, ou seja, comunicar, discutir e argumentar.

Da forma como os empíricos a vêem, a linguagem é um sistema de sinais e de combinação de sinais convencionalmente aceitos aos quais, novamente por convenção, são atribuídos algum significado, basicamente por meio de definições ostensivas. De acordo com essa visão, pode parecer que embora a linguagem seja um produto artificial criado pelo homem, nada pode ser conhecido *a priori* sobre ela. E, realmente, há muitas linguagens diferentes, todas fazendo uso de sinais diferentes, e o significado dos termos utilizados pode ser atribuído e modificado arbitrariamente, portanto, tudo o que há para saber sobre a linguagem deve ser, ou assim parece, aprendido a partir da experiência. Mas essa perspectiva é incorreta, ou, na melhor das hipóteses, uma meia verdade. É verdade que qualquer linguagem é um sistema convencional de sinais, mas o que é uma convenção? Evidentemente, não se pode sugerir que "convenção" seja definida de forma convencional, pois isso simplesmente seria desvirtuar a questão. Tudo pode ser *chamado* de convenção (e, neste caso, a linguagem), mas seguramente nem tudo o que pode ser chamado *é*, de fato, um acordo convencional. Falar e ser compreendido ao dizer que a "convenção é utilizada desta ou daquela forma" pressupõe que já se sabe o que é convenção, na medida em que essa afirmação já teria que fazer uso da linguagem como meio de comunicação. Consequentemente, somos forçados a concluir que a linguagem é um sistema convencional de sinais e, como tal, o conhecimento sobre ela só poder ser o conhecimento empírico. Mas para que haja um sistema devemos considerar que cada falante de uma língua já saiba o que é uma convenção, e deve saber que não é simplesmente aquela maneira que ele conhece de que "cão" significa cão, mas deve saber o significado real e verdadeiro de convenção.

Esse conhecimento do que é a linguagem deve ser considerado *a priori*. Essa compreensão pode ser repetida a níveis mais particulares. Há todos os tipos de afirmações específicas que podem ser feitas numa linguagem

---

dungsproblem der Geometrie als Wissenschaft der raeumlichen Ordnung," in: *Methodisches Denken*, Frankfurt/M., 1968; e em *Normative Logic and Ethics*, Mannheim, 1969; F. Kambartel, *Erfahrung und Struktur*, Frankfurt/M., 1968, Kap. 3; e também H. Dingier, *Die Ergreifung des Wirklichen*, Muenchen, 1955; P. Janich, *Protophysik der Zeit*, Mannheim, 1969.

e, na verdade, a experiência desempenha uma função aqui. Porém, saber o que significa formular uma proposição pode não ser aprendido definitivamente a partir da experiência, mas deve ser pressuposto por qualquer falante de uma língua. Não se pode explicar a um falante o que é uma proposição apenas recorrendo a outra afirmação, a menos que ele já saiba como interpretá-la como sendo uma proposição. E o mesmo se aplica às definições: não se definiria ostensivamente "definição" ao apontar para alguém que está apenas mostrando alguma definição, porque assim como no caso em que a palavra "cão" é definida ao mostrar um cachorro, uma compreensão do significado das definições ostensivas já deve estar pressuposta quando se entende que apontar para um cão e a sonoridade da palavra cão significam que "cão" é cão, isto no caso da "definição". Definir ostensivamente a palavra definição seria algo completamente sem sentido, a menos que já se soubesse que um som específico produzido deveria significar algo cuja identificação deveria ser auxiliada por indicação, e como, então, identificar objetos específicos como exemplos de propriedades abstratas gerais. Em resumo, para definir qualquer termo por convenção, um falante deve ser considerado como tendo um conhecimento *a priori* do significado real – a definição real – de "definição".[109]

Assim, o conhecimento sobre a linguagem, que deve ser considerado *a priori* naquilo que deve ser pressuposto por qualquer falante de uma língua, é o de como criar convenções reais, como formular uma proposição ao fazer uma afirmação (ou seja, como dar significado a alguma coisa ao dizer algo), e como formular uma definição real e identificar exemplos particulares de propriedades gerais. Qualquer negação disso seria autorrefutada, uma vez que teria que ser feita numa língua, fazendo proposições e utilizando definições. E como qualquer experiência é uma experiência conceitual, ou seja, uma experiência segundo alguma língua – e dizer que isto não é assim e explicá-la só provaria o ponto, uma vez que também teria que ser moldada numa linguagem – por saber que isto é verdadeiro para uma linguagem *a priori*, também se conheceria uma verdade *a priori* sobre a realidade: que ela é feita de objetos específicos que têm propriedades abstratas, ou seja, propriedades das quais é possível encontrar outros exemplos; que qualquer objeto tem ou não tem alguma propriedade defi-

---

[109] Sobre o problema das definições reais vs. convencionais ou estipuladas cf. M. Hollis e E. Nell, *Rational Economic Man*, Cambridge, 1975, p.177 et seq. "A partir de um ponto de vista empírico, as definições honestas são de dois tipos: lexical e estipulativa" (p.177). Mas "quando se trata de justificar (essa) visão, nos está sendo oferecida, provavelmente, uma definição de 'definição'. Qualquer que seja a categoria da definição de definição (...) que desmorona, não precisamos aceitá-la como tendo qualquer valor epistemológico. Realmente, não seria nem mesmo possível uma tese epistemológica, a menos que não fosse nem lexical nem estipulativa. A visão é tanto inconveniente quanto autorrefutável. Uma opinião contrária com uma longa linhagem é que há 'definições' reais que captam a essência da coisa definida" (p.178); cf. também B. Blanshard, *Reason and Analysis*, La Salle, 1964, p.268 et seq.

nida e, portanto, há fatos que podem ser considerados como sendo o caso, verdadeiro ou errado; e também que não se pode conhecer *a priori* quais são todos os fatos, exceto que também devem ser realmente fatos, ou seja, exemplos de propriedades específicas abstratas. E mais uma vez, não se sabe de tudo isto a partir da experiência, na medida em que a experiência é apenas o que pode aparecer nas formas descritas.[110]

Com isto em mente, podemos voltar ao campo da ação a fim de provar o ponto específico que também tem um conhecimento apriorístico positivo das ações e das consequências das ações, porque também as ações são construtos feitos pelo homem que podem ser plenamente compreendidas em relação às suas regras de construção; e que o empirismo-positivismo, sob risco de contradição, provavelmente não pode ser pensado para enfraquecer ou mesmo desafiar seriamente o argumento econômico contra o socialismo, enquanto este argumento, em última análise, baseia-se nesses fundamentos e a filosofia empírica encontra-se em contradição com aqueles.

No primeiro passo argumentativo, devo demonstrar que a metodologia empírica, ao contrário de sua própria pretensão, não pode ser aplicada às ações e, desse modo, revela um primeiro exemplo, ainda que bastante negativo, de conhecimento apriorístico sobre as ações. O empirismo afirma que as ações, tanto quanto outro fenômeno, podem e devem ser explicados mediante hipóteses causais que podem ser confirmadas ou refutadas pela experiência. Agora, se este for o caso, o empirismo seria então forçado a considerar que as causas que agem invariavelmente no tempo dizem respeito às ações existentes. Não se sabe com antecedência que determinado evento pode ser a causa de uma *ação* em particular – a experiência que teria que revelar isso. Mas a fim de prosseguir no caminho que o empirismo quer que prossigamos – para relacionar diferentes experiências com respeito a sequências de eventos, tanto para confirmar quanto para falsear um ao outro, e se falsear, responder com uma reformulação da hipótese causal original – deve-se pressupor uma constância ao longo do tempo no funcionamento das causas. No entanto, se for verdade, e as ações puderem realmente ser concebidas como governadas pelas causas que agem invariavelmente no tempo, que tal explicar os explicadores, ou seja, as pessoas que realizam o próprio processo de criação, de verificação e de falseamento de hipóteses; isto é, todos nós que agimos da forma que os empíricos nos dizem para agir? Evidentemente, para fazer tudo isso –assimilar, confirmar ou falsear as experiências, substituir hipóteses antigas por novas – deve-se supostamente ser capaz de aprender. Contudo, se é possível ser capaz de aprender a partir da experiência, e o empírico é obrigado a

---

[110] Cf. A. v. Melsen, *Philosophy of Nature*, Pittsburgh, 1953, esp. capítulos 1 e 4.

admiti-lo, não se pode então saber em qualquer dado momento o que se saberá posteriormente e como se atuará sobre as bases desse conhecimento. Ao invés disso, se pode apenas reconstruir as causas de suas ações após o evento, do mesmo modo que só se pode explicar o próprio conhecimento depois de já possuí-lo. Portanto, a metodologia empírica aplicada ao campo do conhecimento e da ação, que contém o conhecimento como seu ingrediente necessário, é simplesmente contraditória – um absurdo lógico.[111] O princípio da constância pode ser corretamente considerado dentro da esfera dos objetos naturais, e sendo assim, essa metodologia do empirismo pode ser ali aplicada, mas no que se refere às ações, qualquer tentativa de uma explicação empírica causal é logicamente impossível, e isso, que definitivamente é o conhecimento sobre algo *real*, pode ser, de fato, conhecido. Nada pode ser conhecido *a priori* sobre qualquer ação específica, mas o conhecimento *a priori* existe em relação às ações na medida em que elas, sob qualquer condição, são ações. Pode ser conhecido *a priori* que nenhuma ação pode ser concebida como previsível sobre as bases das causas que atuam constantemente.

O segundo insight sobre a ação é do mesmo tipo. Demonstrarei que enquanto as ações em si não podem ser concebidas como tendo sido causadas, qualquer coisa que seja uma ação deve pressupor a existência da causalidade no mundo físico no qual as ações são realizadas. Causalidade – cuja existência a filosofia empírica-positivista, por qualquer razão, teve que considerar a fim de realizar seus próprios procedimentos metodológicos logicamente factíveis, apesar de sua hipótese definitivamente não poder ser considerada como derivada da experiência e nem justificada em relação a esta – é uma categoria da ação, ou seja, é produzida ou construída por nós obedecendo a algumas regras procedimentais. E essa regra, como se vê, revela-se necessária, sob qualquer condição, para agir. Em outras palavras, esta regra é de tal maneira que não pode, de modo concebível, ser falseada, e até mesmo a tentativa de falseá-la teria que pressupô-la.

---

[111] Cf. também H. H. Hoppe. *Kritik der kausalwissenschaftlichen Sozialforschung*, Opladen, 1983; e "Is Research Based on Causal Scientific Principles Possible in the Social Sciences", in *Ratio* XXV, 1, 1983. Aqui o argumento é resumido dessa forma (p. 37): "(1) Eu e – como possíveis oponentes num argumento – outras pessoas somos capazes de aprender. (Essa afirmação não pode ser desafiada sem implicitamente admitir que ela está correta. Acima de tudo, deve ser considerado por qualquer um que empreenda uma investigação sobre causas. Na medida em que a proposição (1) é válida *a priori*. (2) Se for possível aprender, não se pode saber em qualquer dado momento o que se saberá posteriormente e como se atuará sobre as bases desse conhecimento. (Se não se sabe em qualquer dado momento o que se virá a saber algum tempo depois, seria sempre impossível aprender alguma coisa – mas veja a proposição (1) sobre esse ponto). (3) A afirmação de que é possível prever o estado futuro de seu próprio conhecimento, e/ou o de outrem, e as ações correspondentes que são a manifestação deste conhecimento (ou seja, encontrar as variáveis que podem ser interpretadas como as causas) envolve uma contradição. Se o sujeito de um determinado estado do conhecimento ou de um ato intencional pode aprender, então não há causas para isso; contudo, se as causas existem, então o sujeito não pode aprender – mas veja novamente a proposição (1)".

Depois do que foi dito sobre causalidade, deveria ser realmente fácil ver que ao invés de ser uma determinada característica da realidade, ela é uma característica produzida. Não se realiza experiência e se aprende que existem causas que sempre atuam da mesma forma e com base nas quais podem ser feitas previsões sobre o futuro. Em vez disso, se estabelece que fenômenos possuem essas causas por seguir um tipo específico de procedimento investigativo, recusando-se, por princípio, a permitir quaisquer exceções, ou seja, casos de inconstância, e por estar preparado para lidar com elas através da formulação de uma nova hipótese causal a cada momento em que ocorre uma aparente inconstância. Mas o que torna necessária essa forma de proceder? Por que se *tem* que agir dessa maneira? Porque se comportar dessa forma é o mesmo que desenvolver ações intencionais; e é precisamente o que se faz quando se age intencionalmente, pressupondo causas que atuam de maneira constante. Atos intencionais são caracterizados pelo fato de que um agente interfere em seu ambiente e modifica certas coisas, ou as impede de mudar, e assim desvia o curso "natural" dos eventos para obter um resultado ou um estado de coisas específico; ou se uma interferência ativa se revelar impossível, assim ele se prepara para um resultado sobre o qual nada pode fazer exceto antecipar-se no tempo e observar os eventos antecedentes que indicam o resultado posterior. Em todo caso, para produzir um resultado que de outro modo não teria acontecido, ou ser capaz de adaptar-se a um resultado inevitável que de outra forma teria ocorrido como se fosse uma grande surpresa, o agente deve pressupor as causas que atuam constantemente. Ele não interferiria se não considerasse que isso ajudaria a trazer o resultado desejado; e não prepararia ou adequaria qualquer coisa a menos que pensasse que os eventos sobre cujas bases ele iniciou os preparativos eram, de fato, as forças causais atuando constantemente que produziriam o resultado em questão, e que a preparação realmente levaria ao objetivo desejado. Obviamente, um agente poderia estar errado no que se refere às hipóteses específicas das relações entre causa e efeito e um resultado desejado, apesar da interferência, poderia não ocorrer, ou um evento antecipado, para o qual foram realizados preparativos, deixaria de acontecer. Mas não importa o que aconteça a esse respeito, se os resultados estão de acordo ou não com as expectativas, se as ações sobre determinado resultado ou evento são mantidas ou não no futuro, qualquer ação, alterada ou inalterada, pressupõe a existência de causas agindo constantemente, mesmo que nenhuma causa específica para um evento determinado possa ser pré-conhecida por qualquer agente a qualquer tempo. De fato, refutar que qualquer fenômeno natural é governado por causas que agem de forma invariante no tempo exigiria que se mostrasse que determinado fenômeno não pode ser antecipado ou produzido sobre as bases das variáveis antecedentes. Mas tentar provar mais uma vez essa afirmação pressuporia necessariamente que a ocorrência ou não-ocorrência do fenômeno sob análise pudesse ser gerada pela ação adequada e que o fenômeno devesse, portanto, ser compreensivelmente incorporado a uma rede de causas atuando constantemente. Consequentemente, somos forçados a concluir que a validade do princípio da constância não pode ser falseado por qualquer ação assim como qualquer ação teria que pressupô-la.[112] (Só há uma maneira pela qual deve-se considerar que a "experiência" poderia "falsear" o princípio da constância: se o mundo físico fosse realmente caótico e não mais se pudesse agir sob qualquer condição, então, obviamente, não faria muito sentido falar de um mundo com causas atuando constantemente. Portanto, os seres humanos, cuja característica essencial é agir intencionalmente, também não seriam mais os únicos a *experimentar* essa inconstância. Enquanto se sobrevive como ser humano – e isto é o que o argumento, de fato, diz –, o princípio da constância deve ser considerado válido *a priori*, assim como qualquer ação deve pressupô-lo e nenhuma experiência que alguém pudesse realmente *ter* poderia refutá-lo).[113]

Implícita na categoria da causalidade está a categoria do tempo. Toda vez que se produz ou se prepara para um determinado resultado e, des-

---

[112] M. Singer, *Generalization in Ethics*, London, 1863; P. Lorenzen, *Normative Logic and Ethics*, Mannheim, 1969; S. Toulmin, *The Place of Reason in Ethics*, Cambridge, 1970; F. Kambartel (ed.), *Praktische Philosophie und konstruktive Wissenschaftstheorie*, Frankfurt/M, 1974; A. Gewirth, *Reason and Morality*, Chicago, 1978.

[113] A causalidade, portanto, não é uma característica contingente da realidade física, mas uma categoria da ação, e, como tal, uma peculiaridade logicamente necessária do mundo físico. Este fato explica por quê, apesar da possibilidade explicada anteriormente de imunização de qualquer hipótese contra possíveis refutações pela postulação de novas variáveis não-controladas, não se cumprem as consequências niilistas em relação à pesquisa científica causal (cf. nota 7). Pois se é entendido que a ciência natural não é um empreendimento contemplativo, mas, em última instância, um instrumento da ação (cf. sobre isso J. Habermas, *Conhecimento e Interesse*, Rio de Janeiro: Zahar, 1982, esp. capítulo 6), então nem o fato de que a hipótese possa ser imunizada nem que uma seleção entre teorias rivais pareça sempre possível (porque as teorias são, reconhecidamente, subdeterminadas pelos dados) já afeta a existência permanente do critério de racionalidade do "sucesso instrumental". Nem imunizar as hipóteses nem referir-se às diferenças paradigmáticas tornam qualquer um menos sujeito a esse critério em cuja luz toda teoria, no fim das contas, demonstra-se comensurável. É a inexorabilidade do critério de racionalidade do sucesso instrumental que explica por quê – não obstante Kuhn, Feyerabend entre outros – o desenvolvimento das ciências naturais poderiam trazer um progresso tecnológico constante e inegável.
Por outro lado, no âmbito da ação humana, onde, como já foi demonstrado, não é possível qualquer investigação científica causal, onde o conhecimento previsto nunca pode atingir o status de uma hipótese científica empiricamente testável, mas apenas o de uma previsão informada aprendida de forma não-sistemática, e onde, em princípio, o critério de sucesso instrumental é assim inaplicável, o espectro do niilismo parecia realmente ser real, se fosse possível adotar seriamente as prescrições metodológicas empíricas. Porém, não apenas essas prescrições são inaplicáveis às ciências sociais como ciências *empíricas* (cf. sobre o tema H. H. Hoppe, *Kritik der kausalwissenschaftlichen Sozialforschung*, Opladen, 1983, esp. capítulo 2); como eu mostrei aqui, ao contrário da doutrina empírica segundo a qual tudo deve ser testado antes que o seu resultado seja conhecido, existe um conhecimento *a priori* no que se refere à ação, e as previsões apoditicamente verdadeiras sobre o mundo social podem ser feitas baseadas nesse conhecimento *a priori*. É isso, portanto, que prova que todas as tentações niilistas são infundadas.

se modo, enquadra os eventos nas categorias de causas e efeitos também se distingue entre eventos anteriores e posteriores. E, na verdade, essa classificação por categorias não é simplesmente derivada da experiência, ou seja, da mera observância das coisas e dos eventos. A sequência das experiências tal qual aparece na ordem temporal de suas observações é algo muito diferente da sequência real dos eventos em tempo real. De certa maneira, pode-se observar as coisas numa ordem que é exatamente oposta à ordem temporal real na qual elas se encontram mutuamente. Dessa maneira, sabe-se como interpretar as observações de uma forma que seja possível afastar-se e corrigir a ordem temporal em que foram feitas e pode-se inclusive localizar eventos num tempo objetivo que exige que o observador seja um agente e saiba o que significa produzir ou preparar--se para um resultado.[114] Só porque alguém é um agente, e as experiências são aquelas de uma pessoa que age, os eventos podem ser interpretados como se ocorrem mais cedo ou mais tarde. E não se pode conhecer a partir da experiência que as experiências devem ser interpretadas no que tange às ações, assim como o desempenho de qualquer ação já pressupõe que se possui experiências interpretadas dessa maneira. Nenhuma pessoa que não soubesse o que significa agir poderia experimentar os eventos situados no tempo real e, consequentemente, o significado do tempo deve ser considerado como conhecido *a priori* para qualquer agente devido ao fato de que ele é um agente.

Além disso, as ações não apenas pressupõem a causalidade de uma ordem objetiva do tempo, mas também exigem valores. Os valores também não são conhecidos por nós através da experiência; em vez disso, ocorre o inverso. Só se experimenta as coisas porque elas são coisas sobre as quais se atribuem no curso da ação valores positivos ou negativos. Isto é, somente por um *agente* é que as coisas podem ser experimentadas como tendo valor e, de forma ainda mais geral, só porque se é um agente é que se é possível ter experiências conscientes, na medida em que elas informam sobre as coisas que podem ser valorizadas por uma pessoa que age para saber. De forma mais precisa: a cada ação um agente persegue um objetivo.[115] Ele quer produzir um resultado definitivo ou quer estar preparado para um resultado que não pode impedir que ocorra. Independentemente da finalidade de sua ação (que, obviamente, só poderia ser descoberta a partir da experiência), o fato de que é perseguido por um agente revela que ele atribui-lhe um valor. Na realidade, isso revela que no início de sua ação ele atribui um valor relativamente maior àquele objetivo do que qualquer outra finalidade

---

[114] Cf. também H. H. Hoppe, *Handeln und Erkennen*, Bern, 1976, p.62f.
[115] Cf. também L. v. Mises, *Ação Humana*, São Paulo: Instituto Ludwig von Mises Brasil, 2010; *Epistemological Problems of Economics*, New York, 1981; e *The Ultimate Foundation of Economic Science*, Kansas City, 1978.

de ação que poderia ter pensado, pois, caso contrário, teria agido de forma diferente. Além do mais, uma vez que para atingir seu objetivo de maior valor qualquer agente deve interferir num ponto anterior do tempo ou deve esperar por um evento anterior a fim de iniciar os preparativos para alguma ocorrência posterior, cada ação deve também empregar meios (pelo menos, meios como próprio corpo do agente e o tempo gasto na interferência ou nos preparativos) para produzir o fim desejado. E como esses meios são considerados causalmente necessários para se atingir o objetivo valorizado, caso contrário o agente não os empregaria, deve-se também atribuir-lhes valor. Portanto, não apenas os objetivos, mas os meios também têm valor para um agente – um valor que é derivado daquele fim desejado, como se não fosse possível atingir um fim sem empregar alguns meios. Além do mais, como as ações podem ser realizadas em sequência por um agente, cada ação inclui fazer uma escolha. Trata-se de assumir que o curso da ação no momento de agir promete ao agente um resultado altamente valioso e, portanto, a ele é concedida a preferência; ao mesmo tempo, trata-se de excluir outras ações possíveis com resultados esperados de menor valor. Como consequência de ter que escolher sempre que se age (de não ser capaz de realizar simultaneamente todos os objetivos valiosos) o desempenho de toda e cada ação implica em custos. O custo de uma ação é o preço que deve ser pago por preferir um curso de ação a outro, e isso equivale ao valor fixado ao objetivo altamente valorizado que não pode ser realizado ou cuja realização deve agora ser adiada, porque os meios necessários para produzi-lo estão estreitamente ligados à produção de outro fim altamente valorizado. E na medida em que isso significa que em seu ponto de partida cada ação deve ser considerada como valendo mais do que os seus custos e capaz de garantir um lucro para o agente, ou seja, um resultado cujo valor é classificado como mais elevado do que seus custos, cada ação também é ameaçada pela possibilidade de um prejuízo. Esse prejuízo ocorreria se, em retrospecto, um agente achasse que – ao contrário de sua própria expectativa anterior – o resultado, de fato, tinha um valor menor do que aquela alternativa que fora abandonada. E assim como toda ação visa necessariamente o lucro, a possibilidade de um prejuízo também é um efeito secundário necessário a qualquer ação. Pois um agente sempre pode estar errado em relação ao seu conhecimento causal-tecnológico e os resultados visados podem não ser concretizados com sucesso ou os eventos para os quais eles foram direcionados não acontecerem; ou ele pode errar pois cada ação leva tempo para ser realizada e o valor atribuído a diferentes objetivos pode, entretanto, mudar, tornando agora menos valiosas as coisas que antes pareciam altamente valiosas.

Todas essas categorias (valores, fins, meios, escolha, preferência, custo, lucro e perdas) estão implícitas no conceito de ação. Nenhuma delas é derivada da experiência. Antes, ser capaz de interpretar as experiências nessas categorias exige que já se saiba o que significa agir. Ninguém que não seja um agente poderia compreendê-las como não sendo "dadas", prontas para serem experimentadas, mas a experiência é moldada nesses termos, uma vez que é construída por um agente de acordo com as regras necessárias para agir. E, na verdade, como as ações são coisas reais e não se pode *não* agir – até mesmo a tentativa de fazê-lo seria, por si só, uma ação visando um objetivo, exigindo meios, excluindo outros cursos de ação, incorrendo em custos, sujeitando o agente à possibilidade de não atingir o objetivo desejado e assim sofrer um prejuízo –, o conhecimento do que significa agir deve ser considerado conhecimento sobre a realidade que é *a priori*. A própria posse do conhecimento não poderia ser desfeita ou contestada, uma vez que já se pressuporia a sua própria existência. Na realidade, uma situação na qual essas categorias de ação deixassem de ter uma existência real jamais poderia ser percebida, pois fazer uma observação é, por si só, uma ação.[116]

A análise econômica, e, em particular, a análise econômica do socialismo, tem como fundamento esse conhecimento *a priori* do significado da ação tanto quanto seus componentes lógicos. A análise econômica consiste, essencialmente, de: (1) um entendimento das categorias da ação e uma compreensão do significado de uma *mudança* no que tange a valores, custos, conhecimento tecnológico etc.; (2) uma descrição de uma situação na qual essas categorias assumem um significado concreto, onde pessoas específicas são identificadas como agentes com objetivos específicos definidos como seus meios de ação, com objetivos definidos identificados como valores e coisas específicas definidas como custos; e (3) uma dedução das consequências oriundas da realização de alguma ação específica nessa situação, ou das consequências que afetam um agente se essa situação for alterada de uma forma específica. E essa dedução deve produzir conclusões válidas *a priori*, contanto que não haja nenhuma falha no próprio processo de dedução, e sendo dadas situação e mudança introduzidas, e a mudança *a priori* – conclusões válidas sobre a *realidade* da situação e da condição –, da forma que foi descrita, possam elas mesmas ser identificadas como reais porque assim as suas validades, em última instância, remeteriam à validade incontestável das categorias da ação.

---

[116] O caráter apriorístico do conceito de ação – ou seja, a impossibilidade de refutação da proposição de que o homem age, e agir inclui as categorias já explicadas, pois mesmo a tentativa de refutá-la seria, por si só, uma ação – tem seu complemento no campo da epistemologia, na lei da contradição e na hipótese impensável de sua negação. A respeito dessa lei, B. Blanshard escreveu que: "Negar a lei significa dizer que ela é falsa em vez de verdadeira, que sendo falsa a exclui de ser verdadeira. Mas é a própria coisa que é supostamente negada. Não se pode negar a lei da contradição sem pressupor a sua validade no ato de negá-la. (B. Blanshard, *Reason and Analysis*, La Salle, 1964, p.276).
De fato, como observou Mises, a lei da contradição está implícita nos epistemologicamente mais fundamentais "axiomas da ação." (L v. Mises, *The Ultimate Foundation of Economic Science*, Kansas City, 1978, p.35). Sobre a relação entre praxeologia e epistemologia, cf. também o capítulo 7, n. 5.

É ao longo desse caminho metodológico que na discussão anterior do socialismo a conclusão foi derivada, por exemplo, da hipótese de que se o trabalho executado por um agente não for, em si mesmo, o seu objetivo de ação, mas somente os meios para se atingir o objetivo da produção de renda, e se essa renda for reduzida contra a sua vontade – mediante tributação –, então aumentou para ele o custo de execução do trabalho, enquanto o valor de outros objetivos alternativos podem ser perseguidos por meio de seu corpo e, em termos relativos, do tempo que passou, e, portanto, isso deve resultar em redução do incentivo para trabalhar. Também ao longo desse caminho metodológico, a conclusão obtida – como uma conclusão *a priori* – foi que, por exemplo, se os usuários atuais dos meios de produção não têm o direito de vendê-los pelas ofertas mais altas, então, não se pode estabelecer os custos monetários envolvidos na produção que é efetivamente produzida com eles (isto é, o valor monetário das oportunidades anteriores por não utilizá-las de forma diversa), e não se pode garantir por mais tempo que esses meios sejam realmente empregados na produção daqueles bens considerados como sendo mais altamente valiosos pelos agentes no início de seus esforços produtivos. Portanto, deve acontecer uma redução da produção em termos de poder de compra.

Após essa digressão bastante prolixa dentro do campo da epistemologia, voltemos à discussão da engenharia social do socialismo. Essa digressão foi necessária para refutar a alegação do empirismo-positivismo, que se fosse verdadeira teria salvado o socialismo, de que nada de categórico pode ser dito contra qualquer regime político, na medida em que só a experiência pode revelar as consequências reais de certas políticas. Contra essa perspectiva, eu mostrei que o empirismo claramente parece contradizer a intuição. Segundo a intuição, a lógica é mais fundamental do que a experiência e também é o conhecimento sobre as coisas reais. Além disso, o empirismo-positivismo acaba por ser autocontraditório, uma vez que ele mesmo deve pressupor a existência do conhecimento *a priori* como conhecimento real. Realmente existe um acúmulo de conhecimento positivo *a priori* que deve ser pressuposto de cada pessoa que experimenta e age, pois ela sabe o que significa agir e que isso, provavelmente, não pode ser refutado pela experiência, como a própria tentativa de fazê-lo pressuporia a validade daquilo que foi contestado.

A discussão nos leva a uma conclusão que pode ser resumida dessa forma: "A experiência não bate a lógica, mas o contrário é verdadeiro". A lógica melhora e corrige a experiência, e nos diz quais tipos de experiência nós possivelmente teremos e quais são o resultado de uma mente turva, e, portanto, seria melhor qualificá-las de "sonhos" ou de "fantasias" do que de experiências sobre a "realidade".

Com a confiança restabelecida na solidez dos fundamentos sobre os quais foi construído o argumento econômico contra o socialismo, é agora possível fazer uma crítica franca e direta do socialismo de engenharia social; uma crítica novamente lógica, esboçada sobre um conhecimento *a priori*, a demonstrar que os objetivos pretendidos pelo socialismo de engenharia social nunca podem ser alcançados pelos meios que propõe, uma vez que estariam em contradição com esse conhecimento. A crítica seguinte agora pode ser breve, na medida em que a ideologia da engenharia social, *à parte* a sua metodologia empirista-positivista que se provou defeituosa, realmente não é diferente das outras versões do socialismo. Portanto, a análise realizada nos capítulos anteriores sobre o socialismo marxista, social-democrata e conservador também encontram aqui a sua aplicação.

Isso se torna claro quando as regras de propriedade do socialismo de engenharia social são demonstradas. Em primeiro lugar, os usuários-proprietários dos recursos escassos podem fazer o que quiserem com eles. Mas, em segundo lugar, toda vez que os resultados desse processo não forem os desejados pela comunidade de engenheiros sociais (isto é, aqueles que não são usuários-proprietários das coisas em questão e que não possuem títulos contratualmente adquiridos), eles têm o direito de interferir no procedimento dos verdadeiros usuários-proprietários e determinar os usos desses meios, restringindo, desse modo, os direitos de propriedade. Além disso, a comunidade de engenheiros sociais tem o direito de determinar unilateralmente qual é ou não o resultado preferido e, dessa forma, restringir os direitos de propriedade dos proprietários naturais onde, quando e na medida em que julgar necessário para produzir um resultado específico.

Sobre essas regras de propriedade, compreende-se de uma vez só que, embora o socialismo de engenharia social permita uma implementação gradual de seus objetivos sob um grau apenas moderado de intervenção nos direitos de propriedade dos proprietários naturais, uma vez que o grau de cerceamento dos seus direitos é determinado pela sociedade (os engenheiros sociais), a propriedade privada é, em princípio, abolida e a iniciativa produtiva das pessoas se realiza sob ameaça de uma expropriação crescente ou até mesmo total dos proprietários privados. Nesses aspectos, não há diferença alguma do socialismo social-democrata e do socialismo conservador para a versão socialista de engenharia social. A diferença é novamente reduzida à psicologia social. Enquanto o socialismo marxista, redistributivo e conservador quer atingir um objetivo geral determinado antecipadamente – de igualdade ou de preservação de uma determinada ordem –, o socialismo de engenharia social não tem nenhum projeto desse tipo. Sua ideia é promover intervenções pontuais e sem princípios; uma engenharia social flexível e feita em etapas. Assim, o socialista engenheiro é aparentemente muito mais aberto à crítica, à alterar respostas, às novas ideias – e essa atitude certamente seduz muitas pessoas que não estariam dispostas a aceitar qualquer das outras formas de socialismo. Por outro lado, porém, e isso também deve ser mantido em mente, não há quase nada, incluindo até mesmo as coisas mais ridículas, os quais alguns engenheiros sociais não gostariam de testar em seus semelhantes, que eles consideram como grupos de variáveis a serem tecnicamente manipulados como peões num tabuleiro de xadrez através da estipulação dos estímulos corretos.

Em todo o caso, uma vez que o socialismo de engenharia social não difere, em princípio, de quaisquer outras versões do socialismo, naquilo que implica em redistribuição dos títulos de propriedade dos usuários e contratantes dos recursos escassos para os não-usuários e não-contratantes, também aumenta o custo de produção e leva a uma redução na produção de riqueza; e isso é necessariamente assim e ninguém precisa experimentar previamente para chegar a essa conclusão. Essa conclusão geral é verdadeira independentemente do rumo específico que a engenharia social pode tomar. Digamos que a comunidade de engenheiros sociais não aprova que algumas pessoas tenham uma renda baixa e decide, então, fixar o salário-mínimo acima do nível atual praticado no mercado.[117] A lógica diz que isso resulta numa restrição dos direitos de propriedade dos empregadores e dos empregados que não estão mais autorizados a iniciar certos tipos de acordos mutuamente benéficos. A consequência é, e deve ser, o desemprego. Em vez de receberem um salário mais baixo de mercado, alguns não irão receber nada, na medida em que alguns empregadores não poderão pagar os custos adicionais ou contratar tantas pessoas quanto estariam dispostos a contratar a custos mais baixos. Os empregadores serão prejudicados na medida em que só podem empregar pouca gente e o processo de produção consequentemente será menor em termos relativos; e os empregados serão prejudicados, pois em vez de alguma renda, mesmo baixa, eles agora não terão renda alguma. Não pode ser demonstrado *a priori* quem, empregado ou empregador, irá sofrer mais com essa situação, exceto que a mão-de-obra específica dos empregados têm valor relativamente mais baixo no mercado, e são aqueles empregadores que contratam esse tipo de trabalhador. No entanto, sabendo a partir da experiência, por exemplo, que mão-de-obra de baixa qualificação é particularmente frequente entre os jovens, negros, mulheres e pessoas mais velhas que querem reingressar no mercado de trabalho após um longo período de trabalho doméstico etc., pode se prever com certeza que esses serão os grupos atingidos de forma mais grave pelo desemprego. E, na verdade, o

---

[117] Sobre os efeitos do salário-mínimo, cf. também Y. Brozen e M. Friedman, *The Minimum Wage: Who Pays?*, Washington, 1966.

próprio fato de que o problema que a intervenção, no início, supostamente pretendia resolver (a baixa renda de algumas pessoas) está agora ainda pior do que antes poderia ter sido conhecido *a priori*, independentemente de *qualquer* experiência! Enganado pela errônea metodologia empírica, pensar que tudo isso tem que ser primeiro testado porque de outra forma não se poderia saber não é apenas uma fraude científica; como toda ação baseada em fundamentos intelectuais mal-concebidos, também é extremamente oneroso.

Analisando ainda outro exemplo, a comunidade de engenheiros sociais não gosta do fato de que os preços dos aluguéis de casas e apartamentos são tão altos quanto são e, portanto, algumas pessoas não são capazes de viver tão confortavelmente quanto achavam que deveriam. Consequentemente é aprovada uma legislação para controlar o preço dos aluguéis que estabelece valores máximos que se pode cobrar para determinados imóveis.[118] Este é o caso, por exemplo, da cidade de Nova Iorque, ou numa escala maior, de toda a Itália. Novamente, sem precisar aguardar pelas consequências se tornarem *reais*, já se sabe o que vai acontecer. A construção de novos apartamentos irá decrescer assim como os lucros do investimento serão mais baixos. E com relação aos apartamentos antigos, haverá uma carência imediata, assim como aumentará a procura por esses imóveis e os preços de seus aluguéis, sendo baixos, irão subir. Alguns apartamentos mais antigos não devem nem mais ser locados, caso os preços fixados para os aluguéis sejam tão baixos que a locação nem sequer cobriria o custo de deterioração de se viver e usar o imóvel. Haveria assim uma enorme escassez de habitação juntamente com milhares de imóveis vazios (e a cidade de Nova Iorque e a Itália nos fornece ilustrações exatas desse problema). E não haveria nenhuma forma de escapar dessa situação, como não se investiria na construção de novos apartamentos. Além do mais, o aumento da escassez resultaria em inflexibilidades muito onerosas, enquanto as pessoas que felizmente tinham conseguido os imóveis com aluguéis a preços baixos estariam cada vez mais relutantes para se mudar novamente, apesar do fato de que, por exemplo, o tamanho da família normalmente muda durante o ciclo de vida e, portanto, surgiriam diferentes necessidades em relação à moradia, e, também, poderiam aparecer diferentes oportunidades de trabalhos em outros lugares. E, portanto, ocorre um enorme desperdício de área de locação quando, por exemplo, os idosos que ocupam amplos apartamentos que tinham o tamanho adequado quando os filhos ainda viviam com eles, mas que agora são muito grandes, ainda não se mudaram para apartamentos menores porque não há nenhum disponível; e as jovens famílias que estão em busca de imóveis maiores não conseguem

---

[118] Sobre os efeitos do controle de aluguel cf. também C. Baird, *Rent Control: The Perennial Folly*, San Francisco, 1980; F. A. Hayek *et al.*, *Rent Control: A Popular Paradox*, Vancouver, 1975.

encontrá-los justamente porque esses lugares não estão desocupados. O desperdício também ocorre porque as pessoas não se mudam para lugares onde existe uma maior demanda por suas qualificações profissionais ou gastam muito tempo percorrendo longas distâncias apenas porque não conseguem encontrar um lugar para viver onde há trabalho, ou só podem encontrar acomodações com um aluguel de valor muito mais alto do que aquele de valor mais baixo fixado que elas atualmente pagam. Claramente, o problema que os engenheiros sociais queriam resolver ao introduzir a legislação de controle de preço dos aluguéis se tornou muito pior do que antes e o padrão geral de vida declinou em termos relativos. Mais uma vez, tudo isso poderia ter sido conhecido *a priori*. Para o engenheiro social, no entanto, enganado por uma metodologia empírica-positivista que diz a ele que não há maneira de conhecer os resultados a menos que as coisas sejam realmente testadas, essa experiência provavelmente só irá definir o cenário para a próxima intervenção. Talvez os resultados não fossem exatamente o esperado porque se esqueceu de controlar alguma outra variável importante e agora se deve seguir em frente e descobri-la. Mas como demonstrei neste capítulo, há uma forma de saber previamente que nem o primeiro nem qualquer dos atos subsequentes de intervenção jamais atingirão seu objetivo, pois todos resultam em interferência nos direitos dos proprietários naturais das coisas pelos não-usuários e não-contratantes.[119]

Para compreender esta questão é necessário apenas voltar ao raciocínio econômico correto; perceber a natureza epistemológica singular da economia como uma ciência apriorística da ação humana que se assenta em fundamentos cuja própria negação deve pressupor a sua validade; e reconhecer, por sua vez, que uma ciência da ação fundada numa metodologia empírica-positivista é tão infundada quanto a afirmação de que "se pode ter e comer o bolo ao mesmo tempo".

---

[119] Cf. também L. v. Mises, *Intervencionismo, Uma Análise Econômica*, São Paulo: Instituto Ludwig von Mises Brasil, 2010.

Capítulo 7

A Justificativa Ética do Capitalismo e Por que o Socialismo é Moralmente Indefensável

Os quatro capítulos anteriores forneceram razões sistemáticas e evidências empíricas para a tese de que o socialismo como um sistema social que não é inteiramente baseado na "teoria natural da propriedade" (a regra do primeiro-que-usa é o primeiro-que-possui) que caracteriza o capitalismo deve ser necessariamente, e de fato é, um sistema inferior no que se refere à produção de riqueza e ao padrão de vida médio. Isso pode satisfazer aquele que acredita que a riqueza econômica e os padrões de vida são os critérios mais importantes na hora de avaliar uma sociedade – e não pode haver dúvidas de que, para muitos, o padrão de vida é uma questão da mais alta importância – e certamente por isso é necessário manter em mente todo o raciocínio econômico exposto anteriormente. No entanto, há pessoas que não dão muita importância à riqueza econômica e que qualificam outros valores como mais elevados – felizmente para o socialismo, pode-se dizer, porque dessa forma ele pode silenciosamente esquecer a sua reivindicação original de ser capaz de trazer mais prosperidade à humanidade e, em vez disso, recorrer à afirmação completamente diferente, mas ainda assim mais inspiradora, de que embora o socialismo possa não ser a chave para a prosperidade, significaria justiça, equidade e moralidade (todos termos usados aqui como sinônimos). E ainda pode argumentar que uma compensação entre eficiência e justiça, uma troca de "menos riqueza" por "mais justiça", é justificada, uma vez que justiça e equidade são fundamentalmente mais valiosas do que riqueza econômica.

Essa alegação será estudada detalhadamente neste capítulo. E ao fazê-lo, serão analisadas duas afirmações separadas, mas correlacionadas: (1) a afirmação feita particularmente por socialistas marxistas e social-democratas, e, em menor grau, pelos conservadores socialistas, de que é possível formular um argumento a favor do socialismo baseado em princípios por causa do valor moral de seus princípios e, *mutatis mutandis*, que o capitalismo não pode ser moralmente defendido; e (2) a afirmação do socialismo empírico de que as afirmações normativas ("deveria" ou "tem que") – uma vez que não se relacionam unicamente aos fatos, nem simplesmente declaram uma definição verbal, e, portanto, não são afirmações analíticas nem empíricas – não são realmente afirmações, pelo menos não afirmações que possam ser chamadas de "cognitivas" num sentido mais amplo, mas meras "expressões verbais" usadas para expressar ou despertar sentimentos (tais como "Opa!" ou "Rrrrrr").[120]

A segunda afirmação, a empírica, ou pretensão "emotivista", como é chamada a sua posição aplicada ao campo da moral, será tratada em primeiro lugar, dada a sua maior abrangência.[121] A posição emotivista é derivada da aceitação da afirmação central empírica-positivista de que a distinção dicotômica entre as afirmações empírica e analítica é de natureza totalmente inclusiva; isto é, qualquer afirmação, seja ela qual for, deve ser empírica ou analítica, nunca podendo ser ambas ao mesmo tempo. Essa posição, como veremos, acaba por ser auto-destrutiva se fizermos uma análise mais minuciosa, assim como o empirismo em geral acaba por ser auto-destrutivo.[122] Se o emotivismo é uma posição válida, então, a sua proposição básica sobre as afirmações normativas deve, por si só, ser analítica ou empírica, ou então deve ser uma expressão das emoções. Se for tida como analítica, será, então, um mero subterfúgio verbal, sem nada a dizer sobre qualquer coisa real, apenas definindo um som por outro, e o emotivismo seria, dessa forma, uma doutrina vazia. Se, em vez disso, for tida como empírica, a doutrina não teria qualquer peso à medida que sua proposição central poderia muito bem estar errada. Em todo o caso, certa ou errada, seria apenas uma proposição demonstrando um fato histórico, ou seja, como certas expressões foram usadas no passado, o que por si só não fornece qualquer razão pela qual seria este também o caso no futuro e, portanto, por que se deveria ou não procurar afirmações normativas que são mais do que expressões de emoções que se pretendem justificáveis. E a doutrina emotivista também perderia todo o seu peso se a terceira alternativa fosse adotada e se uma afirmação do tipo "uau!" fosse declarada como seu princípio central. Pois, se este fosse o caso, não haveria então qualquer razão pela qual se deveria relacionar e interpretar de certa forma determinadas afirmações e, portanto, se os próprios instintos e sentimentos de uma pessoa não coincidissem com o "oba!" de outra, não haveria nada que pudesse impedi-la de seguir os seus próprios sentimentos. Assim como uma afirmação normativa não seria mais do que o ladrar de um cão, a posição emotivista não seria mais do que comentar latindo sobre o ato de ladrar.

Por outro lado, se a afirmação central do empirismo-emotivismo, ou

---

[120] Para essa posição, cf. A. J. Ayer, *Language, Truth and Logic*, New York, 1950.
[121] Sobre a posição emotivista, cf. C. L. Stevenson, *Facts and Values*, New Haven, 1963; e *Ethics and Language*, London, 1945; cf. também a instrutiva discussão estabelecida por G. Harman, *The Nature of Morality*, New York, 1977; a exposição clássica da ideia de que "a razão é, e não pode ser nada além do que, a escrava das paixões" pode ser encontrada em D. Hume, *Tratado da Natureza Humana* (ed. Calouste Gulbenkian), Lisboa, 2001.
[122] Cf. também o capítulo 6 deste livro.

seja, a de que as afirmações normativas não têm significado cognitivo, mas são simples expressões de sentimentos, for por si só considerada uma afirmação significativa para transmitir que se deveria pensar em todas as afirmações que não são analíticas ou empíricas como meros símbolos de expressão, a posição emotivista então se torna completamente contraditória. Assim, essa posição deve considerar, pelo menos implicitamente, que determinadas ideias, ou seja, as relativas às afirmações normativas, não podem ser simplesmente compreendidas e dotadas de significados, mas podem ser justificativas dadas enquanto afirmações com significados específicos. Consequentemente, deve-se concluir que o emotivismo titubeia, porque se fosse verdade, não se poderia, então, nem mesmo dizer e atribuir significado ao que se diz – simplesmente não existiria como uma posição que pudesse ser discutida e avaliada no que tange à sua validade. Mas se for uma posição significativa que possa ser discutida, este fato então desmente a sua própria premissa básica. Além disso, deve-se observar que o fato de que esta é realmente uma posição significativa não pode nem mesmo ser refutado, como não se pode comunicar e argumentar que não se pode comunicar e argumentar. No entanto, isto deve ser pressuposto de *qualquer* posição intelectual, que é dotada de significado e que pode ser debatida em relação ao seu valor cognitivo, simplesmente porque é apresentada numa linguagem e comunicada. Argumentar o contrário significaria admitir implicitamente a sua validade. Somos obrigados, então, a aceitar a abordagem racionalista em relação à ética pela mesma razão que se obrigou a adotar uma epistemologia racionalista em vez de uma epistemologia empírica.[123] No entanto, com o emotivismo sendo assim rejeitado, ainda estou muito longe, ou assim parece, do meu objetivo definido, que eu divido com os socialistas marxistas e conservadores, de demonstrar que pode ser formulado um argumento baseado em princípios a favor ou contra o socialismo ou o capitalismo. O que eu consegui até agora foi chegar à conclusão de que se as afirmações normativas são ou não cognitivas isto é, por si só, um problema cognitivo. No entanto, isto ainda parece ser muito diferente de provar que as propostas de normas efetivas podem ser realmente expostas como sendo válidas ou inválidas.

---

[123] Para as várias abordagens "cognitivas" em relação à ética, cf. K. Baier, *The Moral Point of View*, Ithaca, 1958; M. Singer, *Generalization in Ethics*, London, 1863; P. Lorenzen, *Normative Logic and Ethics*, Mannheim, 1969; S. Toulmin, *The Place of Reason in Ethics*, Cambridge, 1970; F. Kambartel (ed.), *Praktische Philosophie und konstruktive Wissenschaftstheorie*, Frankfurt/M., 1974; A. Gewirth, *Reason and Morality*, Chicago, 1978.
Outra tradição cognitiva é representada por vários teóricos dos "direitos naturais". Cf. J. Wild, *Plato's Modern Enemies and the Theory of Natural Law*, Chicago, 1953; H. Veatch, *Rational Man. A Modern Interpretation of Aristotelian Ethics*, Bloomington, 1962; *For An Ontology of Morals. A Critique of Contemporary Ethical Theory*, Evanston, 1968; *Human Rights. Fact or Fancy?*, Baton Rouge, 1985; L. Strauss, *Direito Natural e História*, Coimbra: Edições 70, 2009.

Felizmente, essa impressão está errada e já se conseguiu muito mais aqui do que se poderia imaginar. O argumento anterior nos mostra que qualquer afirmação da verdade – afirmação ligada a qualquer proposição que seja verdadeira, objetiva ou válida (todos termos usados aqui como sinônimos) – é e deve ser feita e resolvida no curso de uma argumentação. E uma vez que não se pode refutar que isto é assim (não se pode comunicar e argumentar que não se pode comunicar e argumentar) e se deve considerar que todo mundo sabe o que significa alegar que algo é verdadeiro (não se pode negar esta afirmação sem afirmar sua negação como sendo verdadeira), tal estrutura foi sagazmente chamada de o *"a priori* da comunicação e da argumentação".[124]

Agora, argumentar nunca se baseia apenas em proposições flutuando livremente que alegam ser verdadeiras. Antes, também a argumentação é sempre uma atividade. Mas considerando que as alegações de verdade são levantadas e decididas numa argumentação e que a argumentação, além de tudo o que é dito durante o seu desenvolvimento, é um assunto prático, deduz-se que as normas intersubjetivamente significativas que devem existir – especificamente aquelas que realizam alguma ação numa argumentação –tem um status cognitivo especial em que elas são pré-condições práticas de objetividade e verdade.

Portanto, chegamos à conclusão de que as normas devem realmente ser consideradas justificáveis enquanto válidas. É simplesmente impossível argumentar o contrário porque a capacidade para argumentar, de fato, pressupõe a validade daquelas normas que constituem a base de qualquer

---

[124] Cf. K. O. Apel, *Transformation der Philosophie*, Vol. 2, Frankfurt/M, 1973, em particular o ensaio "Das Apriori der Kommunikationsgemeinschaft und die Grundlagen der Ethik"; cf. também J. Habermas, "Wahrheitstheorien," in: H. Fahrenbach (ed.), *Wirklichkeit und Reflexion*, Pfullingen, 1974; *Theorie des kommunikativen Handelns*, Vol. 1, Frankfurt/M, 1981, p.44 et seq.; e *Moralbewusstsein und kommunikatives Handeln*, Frankfurt/M., 1983.
Observe a semelhança estrutural do *"a priori* da argumentação" para o *"a priori* da ação", ou seja, o fato de que, como explicado no capítulo 6, não há maneira de refutar a afirmação de que todo mundo sabe o que significa agir, uma vez que tentar refutar essa afirmação pressuporia o conhecimento de como realizar determinadas atividades. De fato, o caráter incontestável do conhecimento sobre o significado da validade das alegações e da ação estão intimamente ligadas. Por um lado, as ações são mais fundamentais do que a argumentação de cuja existência surge a ideia da validade, assim como a argumentação é claramente apenas uma subcategoria da ação. Por outro lado, dizer o que foi dito sobre ação e argumentação, e sobre a sua relação mútua, já exige uma argumentação e, portanto, nesse sentido (isto é, epistemológico), a argumentação deve ser considerada mais fundamental do que a ação não-argumentativa. Mas como também é a epistemologia que revela a ideia de que, apesar disto não poder ser conhecido previamente por qualquer argumentação, de fato, o desenvolvimento da argumentação pressupõe ação na qual as alegações de validade só podem ser explicitamente discutidas num argumento se as pessoas que o fazem já souberem o que significa ter conhecimento implícito nas ações; ambos, o significado da ação em geral e o da argumentação em particular, devem ser pensados como fios entrelaçados logicamente necessários de um conhecimento *a priori*.

argumentação.[125] Portanto, a resposta à questão de quais fins podem ou não ser justificados é deduzida do conceito de argumentação. E, com isso, o papel peculiar da razão em determinar o conteúdo da ética também recebe uma descrição precisa. Em contraste com o papel da razão em estabelecer leis empíricas da natureza, a razão pode alegar produzir resultados na determinação de leis morais, que podem ser mostradas como sendo válidas *a priori*. Isto só torna explícito o que já está implícito no conceito de argumentação; e ao analisar qualquer proposta de norma efetiva, sua tarefa está confinada a analisar se é ou não logicamente consistente com a própria ética que o proponente deve pressupor como válida na medida em que ele é capaz de fazer, sob qualquer condição, a sua proposta.[126]

---

[125] Metodologicamente, nossa abordagem exibe uma semelhança muito próxima daquilo que A. Gewirth descreveu como o "método dialeticamente necessário" (*Reason and Morality*, Chicago, 1978, p.42-47) — um método de raciocínio *a priori* moldado na ideia kantiana de deduções transcendentais. Mas, infelizmente, em seu importante estudo, Gewirth escolhe o ponto de partida equivocado para desenvolver a sua análise. Ele tenta deduzir um sistema ético não do conceito de argumentação, mas de um conceito de ação. Contudo, isto certamente não pode funcionar porque do fato corretamente demonstrado de que ao agir um agente deve, por necessidade, pressupor a existência de determinados valores ou bens, disso não deduz-se que tais bens são, portanto, universalizáveis e devem, por isso, ser respeitados por terceiros como sendo bens do agente por direito (sobre a exigência das afirmações normativas serem universalizáveis, conferir a discussão posterior). Em vez disso, a ideia da verdade, ou no que se refere à moral, dos direitos ou bens universalizáveis só surge com a argumentação enquanto uma subcategoria especial de ações, mas não da ação enquanto tal, como é claramente revelado pelo fato de que Gewirth também não está simplesmente envolvido na ação, mas mais especificamente na argumentação quando ele tenta nos convencer da verdade necessária do seu sistema ético. No entanto, reconhecida a argumentação como o único ponto de partida adequado para o método dialeticamente necessário, resulta daí, como veremos, uma ética capitalista (ou seja, não-Gewirthiana). Sobre as imperfeições da tentativa de Gewirth de tentar deduzir direitos universalizáveis da ideia de ação, cf. também as observações perspicazes de M. MacIntyre, *Depois da Virtude: Um Estudo em Teoria Moral*, Bauru: EDUSC, 2001; J. Habermas, *Moralbewusstsein und kommunikatives Handeln*, Frankfurt/M., 1983, p.110-111; e H. Veatch, *Human Rights*, Baton Rouge, 1985, p.159-160.

[126] A relação entre a nossa abordagem e a abordagem dos "direitos naturais" pode ser agora descrita detalhadamente. A lei natural ou a tradição dos direitos naturais do pensamento filosófico sustenta que as normas universalmente válidas podem ser percebidas por meio da razão enquanto fundamentadas na própria natureza do homem. Tem havido uma disputa notória em relação a essa posição, mesmo por parte dos leitores simpatizantes, de que o conceito de natureza humana é "muito difuso e variado para fornecer um determinado conjunto de conteúdos da lei natural" (A. Gewirth, "Law, Action, and Morality" in: *Georgetown Symposium on Ethics. Essays in Honor of H. Veatch* (ed. R. Porreco), New York, 1984, p.73). Além disso, sua descrição de racionalidade é igualmente ambígua na medida em que não parece distinguir entre o papel da razão para estabelecer, por um lado, leis empíricas da natureza, e, por outro lado, leis normativas de conduta humana (Cf., por exemplo, a discussão em H. Veatch, *Human Rights*, Baton Rouge, 1985, p.62-67.).
Ao reconhecer o conceito mais estrito de argumentação (em vez do mais amplo da natureza humana) como o ponto de partida necessário para se derivar uma ética e ao atribuir ao raciocínio moral o status de um raciocínio *a priori*, para ser claramente diferenciado do papel desempenhado pela razão na investigação empírica, nossa abordagem não só pretende evitar essas dificuldades desde o início, mas pretende, desse modo, ser mais uma vez honesta e rigorosa. E ainda para me dissociar da tradição dos direitos naturais, o que não quer dizer que eu não pudesse concordar com a avaliação crítica da maioria da teoria ética contemporânea; de fato, eu concordo com a refutação complementar de toda a ética do desejo (teológica, utilitária) formulada por H. Veatch tanto quanto toda a ética (consulte *Human Rights*, Baton Rouge, 1985, capítulo 1) do dever (deontológica). E nem eu afirmo que seja impossível interpretar a minha abordagem como dentro de uma tradição dos direitos naturais "corretamente

Mas o que é a ética implícita na argumentação cuja validade não pode ser refutada, pois refutá-la exigiria implicitamente pressupô-la?

De forma muito frequente tem sido observado que a argumentação significa uma proposição que reivindica uma aceitabilidade *universal*, ou, se uma norma for proposta, que seja "universalizável". Aplicada à propositura de normas, esta é a ideia, como formulada na Regra de Ouro da ética ou no Imperativo Categórico Kantiano, de que somente aquelas normas que podem ser justificadas é que podem ser formuladas como princípios gerais que são válidos para todos sem exceção.[127] De fato, como a argumentação implica que todos que possam entender um argumento devem, em princípio, ser capazes de serem convencidos por ele devido à sua força argumentativa, o princípio de universalização da ética pode agora ser entendido e explicado como fundamentado na mais ampla "comunicação e argumentação *a priori*". Porém, o princípio da universalização fornece apenas um critério puramente formal para a moralidade. Na verdade, comparadas com esse critério, pode se mostrar que todas as propostas de normas válidas que especificariam regras diferentes para diferentes classes de pessoas não podem legitimamente reivindicar serem universalmente aceitáveis como normas justas, a menos que a distinção entre as diferentes classes de pessoas fosse de tal forma que não implicasse em discriminação, mas que pudesse ser aceita novamente por todos como fundada na natureza das coisas. Mas enquanto algumas normas podem não passar pelo teste da universalização, se for dada atenção suficiente à sua formulação, as normas mais ridículas, e o que é logicamente ainda mais relevante, até mesmo as normas abertamente incompatíveis poderiam facilmente e igualmente passar no teste. Por exemplo, "todo mundo tem que ficar bêbado aos domingos ou serão multados" ou "qualquer um que beba álcool será punido" são ambas regras que não permitem discriminação entre grupos de pessoas e, portanto, poderiam ambas alegar que satisfazem a condição de universalização.

Claramente, portanto, o princípio da universalização por si só não forneceria qualquer conjunto positivo de normas que pudesse ser demonstrada como justificada. No entanto, há outras normas positivas contidas na argumentação, além do princípio da universalização. A fim de reconhecê-las, é necessário apenas chamar a atenção para três fatos relacionados. Primeiro que a argumentação não é somente uma ques-

---

concebida". Porém, o que eu afirmo é que a abordagem resultante está claramente em desacordo com o que veio a se transformar a abordagem dos direitos naturais e que esta nada possui dessa tradição tal como ela se posiciona.

[127] O princípio da universalização figura, de fato, com destaque entre todas as abordagens cognitivas sobre a moral. Para a exposição clássica desse princípio, cf. I. Kant, *Fundamentação da Metafísica dos Costumes*, Coimbra: Almedina, 2011, e *Crítica da Razão Prática*, São Paulo: Martins Fontes, 2003.

tão cognitiva, mas também prática. Segundo, que a argumentação, como uma forma de ação, inclui o uso do recurso escasso do corpo de alguém. E terceiro, que a argumentação é uma forma de interação livre de conflito. Não no sentido de que há sempre concordância sobre o que foi dito, mas no sentido de que uma vez que a argumentação está em desenvolvimento é sempre possível concordar pelo menos com o fato de que há uma discordância sobre a validade do que foi dito. E dizer isto não é nada mais do que um reconhecimento mútuo de que o controle exclusivo de cada pessoa sobre o seu próprio corpo deve estar pressuposto enquanto houver argumentação (observe novamente que é impossível negar este fato e afirmar que sua negação seja verdadeira sem ter que implicitamente admitir a sua verdade).

Consequentemente, teríamos que concluir que a norma contida na argumentação é que todo mundo tem o direito de controle exclusivo sobre o seu próprio corpo como seu instrumento de ação e cognição. Somente se houver pelo menos um reconhecimento implícito do direito de cada indivíduo sobre a propriedade de seu próprio corpo é que pode haver argumentação.[128] Apenas enquanto esse direito for reconhecido é possível para alguém concordar com aquilo que foi dito num argumento e, consequentemente, aquilo que foi dito pode ser validado, ou é possível dizer "não" e concordar apenas com o fato de que há discordância. Realmente, qualquer um que tentasse justificar qualquer norma já teria que pressupor o direito de propriedade de seu corpo como uma norma válida, simplesmente para dizer "isto é o que eu afirmei como sendo verdadeiro e objetivo". Qualquer pessoa que tentasse contestar o direito de propriedade sobre o seu próprio corpo ficaria preso numa contradição, à medida em que argumentar dessa forma e reivindicar seu próprio argumento como sendo verdadeiro já seria implicitamente aceitar essa norma como sendo válida.

Portanto, pode-se afirmar que toda vez que uma pessoa alega que alguma afirmação pode ser justificada ela considera, pelo menos implicita-

---

[128] Deve ser observado aqui que só porque existe a escassez há mesmo um problema de formulação de leis morais; à medida em que os bens são superabundantes (bens "livres") nenhum conflito sobre o uso dos bens é possível e nenhuma ação-coordenação é necessária. Consequentemente, deduz-se que qualquer ética corretamente concebida deve ser formulada como uma teoria da propriedade, ou seja, uma teoria de atribuição dos direitos de controle exclusivo dos meios escassos. Porque só assim se torna possível evitar o conflito que, de outra forma, seria inescapável e insolúvel. Infelizmente, os filósofos morais, em sua ignorância generalizada sobre economia, dificilmente veriam isso com clareza suficiente. Em vez disso, como, por exemplo, H. Veatch (*Human Rights*, Baton Rouge, 1985, p. 170), eles parecem achar que podem fazê-lo sem uma definição precisa de propriedade e dos direitos de propriedade só para depois necessariamente acabarem num mar de imprecisão e adhocismos (N.T.: derivação de *ad hoc*, que significa "para isso" ou "para esta finalidade"). Sobre os direitos humanos como direitos de propriedade, cf. também M. N. Rothbard, *A Ética da Liberdade*, Instituto Ludwig von Mises Brasil, 2010, capítulo 15.

mente, a norma seguinte para ser justificada: "Ninguém tem o direito de agredir o corpo de outra pessoa sem permissão e dessa forma delimitar ou restringir o controle de outrem sobre o seu próprio corpo". Esta regra está contida no conceito de justificação enquanto justificação argumentativa. Justificar *significa* justificar sem ter que depender de coerção. De fato, se é possível formular o contrário dessa regra, ou seja, que "todo mundo tem o direito de agredir outra pessoa sem permissão" (uma regra que, a propósito, passaria no teste formal do princípio da universalização!), então é fácil ver que essa regra não é, e nunca poderia ser, defendida numa argumentação. Fazê-lo exigiria pressupor exatamente a validade do oposto disso, ou seja, o supracitado princípio da não-agressão.

Com essa justificação da norma de propriedade em relação ao corpo de uma pessoa, pode parecer que não se obteve muita coisa, enquanto os conflitos sobre os corpos, para os quais o princípio da não-agressão formula uma solução universalmente justificável de forma a tentar impedi-los, representam apenas uma pequena parte de todos os conflitos possíveis. Porém, essa impressão não é correta. Certamente, as pessoas não vivem apenas de ar e de amor. Elas também precisam de um número maior ou menor de outras coisas, simplesmente para sobreviver – e, obviamente, só aquele que sobrevive pode manter uma argumentação, quiçá levar uma vida confortável. Com relação a todas as outras coisas, as normas também são necessárias, uma vez que poderiam surgir avaliações conflituosas acerca do seu uso. Mas, de fato, qualquer outra norma deve ser logicamente compatível com o princípio da não-agressão para ser ela própria justificada e, *mutatis mutandis*, toda norma que se mostrasse incompatível com esse princípio teria que ser considerada inválida. Além do mais, enquanto as coisas com relação às quais as normas têm que ser formuladas são bens escassos – assim como o corpo de alguém é um bem escasso, e assim como só é necessário formular normas porque os bens são *escassos* e não porque eles sejam *tipos específicos* de bens escassos –, as especificações do princípio da não-agressão, concebido como norma especial da propriedade que se refere a um tipo específico de bens, já devem conter aquelas de uma teoria *geral* da propriedade.

Considerarei primeiro essa teoria geral da propriedade como um conjunto de regras aplicáveis a *todos* os bens com o propósito de ajudar a evitar *todos* os conflitos possíveis por meio de princípios *uniformes*, e irei em seguida demonstrar como essa teoria geral está contida no princípio da não-agressão. Uma vez que segundo o princípio da não-agressão uma pessoa pode fazer com o seu corpo tudo aquilo que quiser na medida em que, desse modo, ela não agrida o corpo de outra pessoa, essa pessoa poderia usar outros meios escassos, assim como usar o seu próprio corpo, desde que essas outras coisas já não tenham sido apropriadas por alguém e continuem num estado natural sem dono. Enquanto os recursos escassos são visivelmente apropriados – tão logo alguém "mistura o seu trabalho", para usar a frase de John Locke,[129] com esses recursos e há traços objetivos dessa ação –, a propriedade, ou seja, o direito de controle exclusivo, só pode ser adquirida por uma transferência contratual de títulos de propriedade de um proprietário anterior para o atual, e qualquer tentativa de delimitar unilateralmente esse controle exclusivo de proprietários anteriores ou qualquer transformação não solicitada das características físicas dos meios escassos em questão é, numa analogia estrita com as agressões contra os corpos de terceiros, uma ação injustificável.[130]

A compatibilidade desse princípio com o da não-agressão pode ser demonstrada por meio de um *argumentum a contrario*. Em primeiro lugar, deveria ser observado que se ninguém tiver o direito de adquirir e controlar nada, exceto o seu próprio corpo (uma regra que passaria no teste formal do princípio da universalização), nós deixaríamos então de existir e o problema da justificação das afirmações normativas (ou, para essa questão, qualquer outro problema de interesse desta obra) simplesmente não existiria. A existência desse problema só é possível porque estamos vivos e a nossa existência deve-se ao fato de que não aceitamos, e realmente *não podemos* aceitar, uma norma que proíba a propriedade de outros bens escassos depois e além do corpo físico de alguém. Consequentemente, deve ser considerado como existente o direito de adquirir esses bens. Agora, se for assim, e se não se tem o direito de adquirir esses direitos de controle exclusivo sobre as coisas não usadas dadas pela natureza através de seu próprio trabalho, ou seja, ao fazer algo com as coisas com as quais ninguém jamais tinha feito nada antes, e se outras pessoas *tivessem* o direito de desconsiderar a reivindicação de propriedade de alguém no que se refere a essas coisas com as quais não tinha trabalhado ou que não as havia colocado anteriormente em algum uso específico, isso só seria possível, então, se fosse possível adquirir títulos de propriedade não mediante o trabalho, ou seja, pela definição de uma ligação objetiva intersubjetivamente controlada entre uma determinada pessoa e um recurso escasso específico, mas simplesmente por declaração verbal; por decreto.[131] No entanto, adquirir

---

[129] Cf. J. Locke, *Dois Tratados do Governo Civil*, Coimbra: Edições 70, 2006, esp. 2, 5.
[130] Sobre o princípio da não-agressão e o princípio da apropriação original, cf. também M. N. Rothbard, *For A New Liberty*, New York, 1978, capítulo 2; e *A Ética da Liberdade*, Instituto Ludwig von Mises Brasil, 2010, capítulos 6-8.
[131] Esta é, por exemplo, a posição adotada por J.J. Rousseau quando ele nos pede para resistirmos à tentativa de aquisição privada dos recursos dados pela natureza construindo uma cerca em volta deles. Em sua famosa máxima, ele diz: "evitai ouvir esse impostor; estareis perdidos se esquecerdes que os frutos são de todos e que a terra não pertence a ninguém" (*Discurso sobre a origem e os fundamentos da desigualdade entre os homens*, São Paulo: Abril Cultural, 1983, p.259). Porém, só é possível argumentar dessa forma se for possível considerar que a reivindicação da propriedade pode ser justificada por decreto. Porque, como poderia "todos" (ou seja, até aqueles que nunca fizeram nada com os recursos em

títulos de propriedade através de declaração é incompatível com o já justificado princípio da não-agressão em relação aos corpos. Por uma razão, se fosse realmente possível adquirir a propriedade por decreto, isso significaria que também seria possível para alguém simplesmente declarar o corpo de outra pessoa como sendo de sua propriedade. Contudo, isso claramente entraria em conflito com a regra do princípio da não-agressão que estabelece uma nítida distinção entre o corpo de alguém e o corpo de outrem. E essa distinção só pode ser feita de forma clara e sem ambiguidades porque para os corpos, como para nenhum outro, a separação entre "meu" e "seu" não é baseada em declarações verbais, mas na ação. (A propósito, uma decisão entre reivindicações declaratórias rivais não pode ser tomada, a menos que haja algum outro critério *objetivo* que não uma declaração). A separação é baseada na observação de que alguns recursos escassos específicos foram, de fato, feitos como uma expressão ou materialização da vontade de alguém ou, como pode ser o caso, da vontade de outrem. Além disso, e ainda mais importante, dizer que a propriedade é adquirida não através da ação, mas mediante uma declaração, envolve uma *contradição* prática, pois, desse modo, ninguém poderia dizer e declarar, a menos que apesar do que foi realmente dito, seu direito de controle exclusivo sobre o seu próprio corpo enquanto seu próprio instrumento de dizer *qualquer coisa* já tivesse, *de fato*, sido pressuposto.

Demonstramos agora que o direito de apropriação original através de ações é compatível com, e está incluído no, princípio da não-agressão como pressuposto logicamente necessário da argumentação. Indiretamente, é claro, foi também demonstrado que qualquer regra que especifique direitos diferentes, tal como uma teoria socialista da propriedade, não pode ser justificada. Porém, antes de iniciar uma análise mais detalhada do *por que* toda ética socialista ser indefensável – uma discussão que deveria lançar algumas luzes adicionais sobre a importância de algumas das condições da teoria capitalista da propriedade "natural" –, devem ser feitas algumas observações sobre o que está ou não implícito na classificação dessas últimas normas como justificáveis.

Ao fazer essa afirmação, não é necessário alegar ter deduzido um "dever" a partir de um "é". De fato, pode-se prontamente apoiar a visão geralmente aceita de que o abismo entre "dever" e "é" é logicamente intransponível.[132] No entanto, classificar dessa forma as regras da teoria natural

---

questão) ou "ninguém" (ou seja, nem mesmo aqueles que realmente os utilizaram) possuírem alguma coisa, a menos que as reivindicações de propriedade fossem feitas por decreto?!
[132] Sobre o problema da capacidade de dedução do "dever" das afirmações do "é", cf. W. D. Hudson (ed.), *The Is-Ought Question*, London, 1969; para a perspectiva de que a dicotomia valor-fato é uma ideia mal-concebida, cf. a literatura dos direitos naturais citada na nota 115.

da propriedade é uma questão puramente cognitiva. Não mais resulta da classificação do princípio fundamental do capitalismo como sendo "justo" ou "correto", de acordo com o qual se deve agir e deduz-se o conceito de validade ou verdade pelo qual se deve sempre lutar. Dizer que esse princípio é correto também não exclui a possibilidade das pessoas proporem ou até mesmo de imporem regras que são incompatíveis com ele. Na verdade, no que tange às normas, a situação é muito semelhante ao de outras disciplinas de investigação científica. O fato de que, por exemplo, determinadas afirmações empíricas são justificadas ou justificáveis e de que outras não são, não significa que todo mundo só defende afirmações válidas objetivas. Em vez disso, as pessoas podem estar erradas, até mesmo intencionalmente. Mas a distinção entre objetivo e subjetivo, entre verdadeiro e falso, não perde nada de seu significado por causa disso. Mais propriamente, as pessoas que estão erradas teriam que ser classificadas como desinformadas ou intencionalmente mentirosas. O argumento é semelhante no que se refere às normas. Obviamente, há muitas pessoas que não propagam ou impõem normas que podem ser classificadas como válidas de acordo com o significado de justificação que eu apresentei anteriormente. Mas a distinção entre normas justificáveis e não-justificáveis não se desfaz por causa disso, assim como aquela entre afirmações objetivas e subjetivas não se desintegram por causa da existência de pessoas desinformadas ou mentirosas. Em vez disso, e consequentemente, aquelas pessoas que iriam propagar e impor essas diferentes normas inválidas teriam de novo que ser classificadas como desinformadas ou desonestas na medida em que havia sido explicado a elas e realmente deixado claro que suas propostas de normas alternativas ou sanções não poderiam e nunca seriam justificáveis numa argumentação. E haveria mais justificativa por fazê-lo dessa forma no argumento moral do que no argumento empírico, uma vez que a validade do princípio de não-agressão e do princípio da apropriação original mediante ação, como seu corolário logicamente necessário, deve ser considerada por ser ainda mais básica do que quaisquer tipos de afirmações válidas ou verdadeiras. Pois o que é válido e verdadeiro tem que ser definido como aquilo em que todos agindo de acordo com esse princípio talvez possam concordar. Na realidade, como já foi mostrado, pelo menos a aceitação implícita dessas regras é o pré-requisito necessário para, de qualquer modo, ser capaz de viver e argumentar.[133]

---

[133] M. N. Rothbard escreveu o seguinte em *A Ética da Liberdade*, Instituto Ludwig von Mises Brasil, 2010, p.89: "Pois bem, qualquer pessoa que participa de qualquer tipo de discussão, incluindo uma sobre valores, está, em virtude desta participação, viva e afirmando a vida. Pois, se ela realmente fosse contrária à vida, ela não teria nenhum interesse em continuar vivo. Consequentemente, o suposto opositor da vida está realmente afirmando-a no próprio curso de sua argumentação e, por isso, a preservação e a proteção da vida de alguém assumem a categoria de um axioma incontestável". Cf. também D. Osterfeld, "The Natural Rights Debate", in: *Journal of Libertarian Studies*, VII, I, 1983, p.106 et seq.

Por qual razão, então, as teorias socialistas da propriedade de quaisquer tipos falham em serem justificáveis como válidas? Em primeiro lugar, deve-se observar que todas as versões realmente *praticadas* do socialismo e a maioria de seus modelos propostos teoricamente também não passariam pelo primeiro teste formal do princípio da universalização e, por este fato, fracassariam por si mesmas! Todas essas versões contêm normas dentro de seu enquadramento de regras legais que seguem a fórmula "algumas pessoas podem e algumas pessoas não podem". Porém, essas regras que especificam direitos ou obrigações diferentes para classes diferentes de pessoas não têm chance, por razões puramente formais, de serem aceitas como justas por cada participante potencial de uma argumentação. A não ser que a distinção feita entre classes diferentes de pessoas passe a ser aquela que é aceitável por ambos os lados como fundamentada na natureza das coisas, essas regras não seriam aceitáveis porque significariam que um grupo seria recompensado por privilégios legais às custas de discriminações complementares contra outro grupo. Por esse motivo, algumas pessoas, tanto aquelas que são autorizadas a fazer algo quanto aquelas que não são, poderiam não concordar que essas regras fossem justas.[134] Uma vez que a maioria dos tipos de socialismo, a exemplo dos praticados e defendidos, dependem da imposição de regras tais como "algumas pessoas têm a obrigação de pagar impostos e outras têm o direito de consumi-los", ou "algumas pessoas sabem o que é bom para você e estão autorizadas a ajudá-lo a conseguir essas supostas bênçãos, mesmo que você não as queira, mas você não está autorizado a saber o que é bom para elas e, consequentemente, ajudá-las", ou "algumas pessoas têm o direito de determinar quem tem muito de algo e quem tem pouco, e outros têm a obrigação de obedecer", ou, de forma ainda mais clara, "a indústria de computadores deve pagar para subsidiar os fazendeiros", "aqueles que têm filhos devem subsidiar os que não têm" etc., ou vice-versa, todas essas regras podem ser facilmente descartadas quanto a serem sérias candidatas à alegação de integrarem uma teoria de normas válidas na qualidade de normas de propriedade, porque todas elas indicam, pela sua própria formulação, que não são universalizáveis.

Mas o que está errado com as teorias socialistas da propriedade quando se trata de, e realmente existe, uma teoria formulada que contém normas exclusivamente universalizáveis do tipo "ninguém está autorizado a" ou "todo mundo pode"? Mesmo assim, e isso é o que, de forma mais ambiciosa, foi demonstrado indiretamente nos parágrafos anteriores e deve ser argumentado diretamente que o socialismo nunca poderia esperar provar a sua validade, não mais por razões formais, mas por causa de suas especificações materiais. De fato, enquanto as formas de socialismo, que podem

---

[134] Cf. também M. N. Rothbard, *A Ética da Liberdade*, Instituto Ludwig von Mises Brasil, 2010, p.103.

ser facilmente refutadas em relação à sua pretensão de validade moral sobre fundamentos formais simples, poderiam, pelo menos, ser praticadas, a aplicação daquelas versões mais sofisticadas que passassem no teste de universalização, por razões materiais, provariam ser fatais: mesmo se tentássemos, elas nunca poderiam ser colocadas em prática.

Das duas especificações relacionadas às normas da teoria natural da propriedade, há pelo menos uma que entraria em conflito com a teoria socialista da propriedade. A primeira especificação é a que, segundo a ética capitalista, define agressão como uma invasão da *integridade física* da propriedade de outra pessoa.[135] O socialismo, por sua vez, definiria agressão como uma invasão do *valor* ou da *integridade física* da propriedade de outrem. O socialismo conservador, devemos relembrar, visava preservar uma dada distribuição de riqueza e de valores, e tentou conduzir aquelas forças que poderiam modificar o *status quo* sob controle por meio do controle de preços, regulações e controles de comportamento. Claramente, a fim de fazê-lo desse modo, os direitos de propriedade em relação ao valor das coisas deve ser considerado como justificável e uma invasão de valores, *mutatis mutandis*, deve ser classificada como uma agressão injustificável. Mas não só o conservadorismo utiliza essa ideia da propriedade e da agressão. O socialismo social-democrata também o faz. Os direitos de propriedade em relação aos valores devem ser considerados como legítimos quando o socialismo social-democrata me permite, por exemplo, exigir uma compensação das pessoas cujas chances ou oportunidades afetam negativamente as minhas. E o mesmo é verdadeiro quando uma compensação por se cometer "violência estrutural" ou psicológica – um termo particularmente caro à literatura da ciência política esquerdista – é permitida.[136] Para estar habilitado a solicitar essas compensações, aquilo

---

[135] Sobre a importância da definição de agressão como agressão física, cf. também M. N. Rothbard, *A Ética da Liberdade*, Instituto Ludwig von Mises Brasil, 2010, capítulos 8- 9; do mesmo autor, "Law, Property Rights and Pollution," in: *Cato Journal*, Spring 1982, esp. p. 60-63.

[136] Sobre a ideia de violência estrutural como sendo diferente da violência física cf. D. Senghaas (ed.), *Imperialismus und strukturelle Gewalt*, Frankfurt/M., 1972.
A ideia de definir agressão como uma invasão dos valores da propriedade também fundamenta as teorias de justiça tanto de Rawls quanto de Nozick, no entanto, podem ter aparecido muitos comentadores diferentes desses dois autores. Pois como poderia pensar sobre o seu chamado princípio da diferença – "as desigualdades econômicas e sociais devem ser distribuídas de forma a (...) que sejam razoavelmente esperadas como sendo uma vantagem ou benefício para todo mundo, incluindo os menos favorecidos" (J. Rawls, *Uma Teoria da Justiça*, Lisboa: Editorial Presença, 2001, p. 68-71 e 78-84) – como sendo justificado, a não ser que Rawls acreditasse que bastava aumentar a riqueza relativa que uma pessoa afortunada cometesse uma agressão e que uma menos afortunada, portanto, teria uma reivindicação válida contra a pessoa mais afortunada só porque a sua posição relativa em termos de valor se deteriorou? E como Nozick poderia alegar como sendo justificável uma "agência de proteção dominante" banir seus concorrentes, independentemente de quais teriam sido as suas ações (R. Nozick, *Anarquia, Estado e Utopia*, Rio de Janeiro: Zahar, 1991, p.27 et seq.)? Ou como ele poderia acreditar que seria moralmente correto proibir as trocas improdutivas, ou seja, trocas onde uma parte estivesse numa melhor situação se a outra não existisse, ou pelo menos não tivessem nada a ver com

que foi feito – e que afetou as minhas oportunidades, minha integridade física, meus sentimentos em relação ao que possuo – teria que ser classificado como um ato agressivo.

Por que é injustificável essa ideia de proteger o valor da propriedade? Em primeiro lugar, enquanto cada pessoa pode, pelo menos em princípio, ter o controle total sobre as mudanças que suas ações provocam ou não nas características *físicas* de algo e, consequentemente, também pode ter o controle total sobre se aquelas ações são ou não justificáveis, o controle sobre se as ações de terceiros afetam o *valor* da propriedade de outrem não fica com a pessoa que age, mas com as outras pessoas e suas avaliações subjetivas. Assim, ninguém poderia determinar *ex ante* se as suas ações seriam classificadas como justificáveis ou injustificáveis. Teria que, primeiro, interrogar toda a população para ter certeza de que as ações planejadas por alguém não modificariam as avaliações de outrem em relação à sua própria propriedade. E mesmo assim ninguém poderia agir até que fosse obtida uma *concordância* universal sobre quem supostamente faria o que e com o que, e quando. Claramente, diante de todos os problemas práticos envolvidos, já se estaria morto há muito tempo e ninguém argumentaria mais nada antes que isso tudo estivesse resolvido.[137] Mas ainda mais decisivo do que isso, a posição socialista sobre a propriedade e a agressão não poderia nem mesmo ser efetivamente *argumentada*, pois argumentar a favor de qualquer norma, socialista ou não, significa que há um conflito sobre o uso de alguns meios escassos, caso contrário, simplesmente não haveria necessidade de discussão. Porém, a fim de argumentar que existe uma saída para esses conflitos, deve-se pressupor que as ações, para serem realizadas, devem ser autorizadas *antes* de qualquer acordo ou desacordo efetivo, pois se elas não forem permitidas, não se pode nem mesmo argumentar a respeito disso. Contudo, se alguém pode fazê-lo – e o socialismo também deve considerar que se pode fazer, na medida em que existe como uma posição intelectual debatida –, isto só é então possível por causa da existência de *fronteiras objetivas* da propriedade, ou seja, fronteiras que cada pessoa pode reconhecer *por conta própria* enquanto tais, sem ter que concordar antes com qualquer um no que se refere ao sistema de valores e de avaliações de terceiros. Portanto, o socialismo também, apesar daquilo que *afirma*, deve, de fato, pressupor a existência de fronteiras objetivas da

---

isso (como, por exemplo, no caso de um chantageado e de um chantageador), independentemente se uma troca envolvesse ou não a invasão física de qualquer espécie (Ibid., p. 79 et seq.), a menos que ele pensasse no direito existente de se preservar a integridade dos valores (em vez da integridade física) da propriedade de alguém?! Para uma crítica devastadora da teoria de Nozick cf. M. N. Rothbard, *A Ética da Liberdade*, Instituto Ludwig von Mises Brasil, 2010, capítulo 29; sobre o uso falacioso da análise das curvas de indiferença feito tanto por Rawls quanto por Nozick, cf. "Toward a Reconstruction of Utility and Welfare Economics", *Center for Libertarian Studies*, Occasional Paper No. 3, New York, 1977.
[137] Cf. também M. N. Rothbard, *A Ética da Liberdade*, Instituto Ludwig von Mises Brasil, 2010, p.104.

propriedade em vez de fronteiras determinadas por avaliações subjetivas, nem que seja para ter um socialista sobrevivente que possa formular suas propostas morais.

A ideia socialista de proteger o valor em vez da integridade física também falha por uma segunda razão relacionada. Evidentemente, o valor de uma pessoa, por exemplo, no mercado de trabalho ou de casamento pode ser, e realmente é, afetado pela integridade física de outra pessoa ou pelo grau de integridade física. Dessa forma, se quisermos que os *valores* da propriedade sejam protegidos, teríamos que permitir agressão física contra pessoas. Contudo, se for somente por causa do próprio fato de que as fronteiras de uma pessoa – ou seja, as fronteiras da propriedade de alguém no seu próprio corpo enquanto seu domínio de controle exclusivo no qual outra pessoa não é autorizada a intervir, a não ser que deseje se tornar um agressor – são fronteiras físicas (intersubjetivamente determinadas e não apenas fronteiras subjetivamente imaginadas) nas quais todo mundo pode concordar sobre qualquer coisa de forma independente (e, obviamente, acordo significa um acordo com as unidades independentes de tomada de decisão!). Portanto, somente porque as fronteiras protegidas da propriedade são objetivas, ou seja, estabelecidas e reconhecidas como previamente fixadas por qualquer acordo convencional, pode haver argumentação e, possivelmente, acordo entre as unidades independentes de tomada de decisão. Simplesmente ninguém poderia argumentar qualquer coisa, a não ser que antes sua existência como unidade física independente fosse reconhecida. Ninguém poderia argumentar a favor de um sistema de propriedade que define fronteiras de propriedade segundo uma avaliação subjetiva – como faz o socialismo – porque, simplesmente, ser capaz de formular esse argumento pressupõe que, ao contrário do que diz a teoria, deve-se, de fato, ser uma unidade fisicamente independente a fazê-lo.

A situação não é menos terrível para o socialismo quando nos voltamos para a segunda especificação essencial das regras da teoria natural da propriedade. As normas fundamentais do capitalismo foram caracterizadas não apenas pelo fato de que a propriedade e a agressão fossem definidas em termos físicos; não era menos importante que, além disso, a propriedade fosse definida como propriedade privada individualizada e que o significado da apropriação original – o que evidentemente significa fazer uma distinção entre o antes e o depois –, fosse especificada. É com essa especificação adicional que o socialismo também entra em conflito. Em vez de reconhecer a importância vital da distinção do antes-depois para decidir entre as reivindicações de propriedade conflitantes, o socialismo propõe normas que, na verdade, consideram que a prioridade é irrelevante para se tomar uma decisão e que os retardatários têm tanto direito à propriedade quanto os que chegam primeiro. Claramente, essa ideia está presente quando o socialismo social-democrata, por exemplo, faz com que os proprietários naturais da riqueza e/ou seus herdeiros paguem um imposto que os desafortunados retardatários devem ser capazes de consumir. Essa ideia também está presente, por exemplo, quando o proprietário de um recurso natural é obrigado a reduzir (ou aumentar) a sua exploração atual em benefício da posteridade. Em ambos os casos, só faz sentido fazê-lo quando se considera que a pessoa que acumula primeiro a riqueza ou que usa primeiro os recursos naturais, comete, desse modo, uma agressão contra alguns retardatários. Se não fizeram nada de errado, os retardatários não poderiam fazer essa reivindicação contra os proprietários naturais e os seus herdeiros.[138]

O que está errado com essa ideia de suprimir a distinção antes-depois como sendo moralmente irrelevante? Em primeiro lugar, se os retardatários, ou seja, aqueles que, de fato, nada fizeram com os bens escassos, tivessem realmente tanto direito aos bens quanto os que chegaram primeiro, ou seja, aqueles que fizeram algo com os bens escassos, então, literalmente, ninguém seria autorizado a fazer coisa alguma com o que quer que seja, como se fosse preciso ter todo o consentimento prévio dos retardatários para fazer seja lá o que se quisesse fazer. Realmente, como a posteridade incluiria o filho do filho de alguém – isto é, pessoas que chegaram tão tardiamente que, provavelmente, nunca se poderia perguntá-las – defendendo um sistema legal que não utiliza a distinção antes-depois como parte de sua teoria básica da propriedade é simplesmente absurdo pois implica em defender a morte, mas pressupor a vida para defender qualquer coisa.

Nem nós, nem nossos antepassados, nem nossos descendentes poderiam, sobreviver ou sobreviveriam, e dizer ou argumentar qualquer coisa se tivessem que seguir essa regra. Para que qualquer pessoa – do presente, do passado ou do futuro – pudesse argumentar qualquer coisa deveria ser possível sobreviver agora. Ninguém pode esperar e interromper a ação até que cada um de uma classe indeterminada de retardatários começassem a aparecer e concordar com aquilo que se quer fazer. Em vez disso, na medida em que uma pessoa encontra-se sozinha, ela deve ser capaz de agir, usar, produzir, consumir imediatamente os bens antes de qualquer acordo com pessoas que simplesmente ainda não estão ao redor (e talvez nunca estejam). E na medida em que uma pessoa encontra-se na companhia de outras e há um conflito sobre como usar um dado recurso escasso, ela deve ser capaz de resolver o problema em algum momento definido

---

[138] Para uma tentativa filosófica inepta de justificar uma ética dos retardatários cf. J. Rawls, *Uma Teoria da Justiça*, Lisboa: Editorial Presença, 2001, p.227 et seq.; J. Sterba, *The Demands of Justice*, Notre Dame, 1980, esp. p.58 et seq., p.137 et seq.; sobre o absurdo dessa ética, cf. M. N. Rothbard, *Man, Economy and State*, Los Angeles, 1972, p.427.

com um número específico de pessoas em vez de ter que esperar por períodos indeterminado de tempo e um número indeterminado de pessoas. Portanto, para sobreviver, que é pré-requisito para argumentar a favor ou contra qualquer coisa, os direitos de propriedade não podem ser concebidos como sendo atemporais e não-específicos considerando o número de pessoas envolvidas. Em vez disso, devem ser necessariamente pensados como sendo criados através da ação em pontos definidos no tempo por indivíduos específicos agindo.[139]

Além disso, a ideia de abandonar a distinção antes-depois, que o socialismo acha tão sedutora, seria simplesmente incompatível com o princípio da não-agressão como o fundamento prático da argumentação. Argumentar e possivelmente concordar com alguém (nem que seja sobre o fato de que há discordância) significa reconhecer um direito prévio mútuo do controle exclusivo sobre o seu próprio corpo. Caso contrário, seria impossível para qualquer um falar primeiro em algum momento definido no tempo e para outra pessoa ser capaz de responder, ou vice-versa, assim como nem o primeiro nem o segundo orador seriam mais, em qualquer momento unidades físicas independentes de tomada de decisão. Portanto, eliminar a distinção antes-depois, como o socialismo tenta fazer, é equivalente a eliminar a possibilidade de argumentar e obter um entendimento. Porém, como não se pode argumentar que não há possibilidade de discussão sem o controle prévio de cada pessoa sobre o seu próprio corpo como sendo reconhecido e aceitado como justo, uma ética do retardatário que não deseja fazer essa diferença nunca poderia ser acordada por ninguém. Bastaria *dizer* que isso poderia significar uma contradição, como se ser capaz de dizer isto pressuporia sua existência como uma unidade independente de tomada de decisão num momento definido no tempo.

Consequentemente, somos obrigados a concluir que a ética socialista é um fracasso completo. Em todas as suas versões práticas, não é melhor do que uma regra que defenda coisas como "eu posso bater em você, mas você não pode bater em mim", que, inclusive, não passa no teste da universalização. E se adotar regras universais, o que basicamente significaria dizer que "todo mundo pode bater em todo mundo", essas regras não poderiam ser afirmadas, de forma concebível, como universalmente aceitáveis por conta de suas próprias especificações materiais. Simples-

---

[139] Note-se também aqui que somente se os direitos de propriedade forem conceituados como direitos de propriedade privada que se originam no tempo torna-se possível estabelecer contratos. Claramente, os contratos são acordos entre inúmeras unidades fisicamente independentes baseados no reconhecimento mútuo das reivindicações de cada contratante da propriedade privada em relação às coisas adquiridas antes do acordo e que, portanto, dizem respeito à transferência dos títulos de propriedade das coisas definidas de um proprietário anterior para um proprietário posterior. Não há tal coisa como contratos que pudessem existir de forma concebível no âmbito de uma ética do retardatário!

mente afirmar e argumentar dessa forma deve pressupor os direitos de propriedade de alguém sobre o seu próprio corpo. Portanto, só a ética do capitalismo do primeiro-que-chega é o primeiro-que-possui pode ser efetivamente defendida como estando implícita na argumentação. E nenhuma outra ética poderia ser justificada dessa forma, enquanto que justificar algo no curso da argumentação significa pressupor a validade dessa ética da teoria natural da propriedade.

Capítulo 8
Os Fundamentos Sócio-Psicológicos do Socialismo ou a Teoria do Estado

Nos capítulos anteriores foi demonstrado que o socialismo enquanto sistema social que resulta em redistribuição de títulos de propriedade dos proprietários-usuários e contratantes para os proprietários não-usuários e não-contratantes, acarretam necessariamente uma redução na produção de riqueza uma vez que o uso e a contratação de recursos são atividades onerosas cujo desenvolvimento é ainda mais oneroso se comparado com as alternativas disponíveis para os agentes. Em segundo lugar, tal sistema não pode ser defendido como uma ordem social justa ou correta sob o ponto de vista moral porque para argumentar dessa forma, na verdade, para argumentar sob qualquer condição, a favor ou contra *qualquer coisa*, seja uma posição moral, amoral, empírica ou lógico-analítica, se pressupõe necessariamente a validade da regra do primeiro-que-usa é o primeiro-que--possui da teoria natural da propriedade e do capitalismo, pois de outra forma ninguém poderia sobreviver e depois dizer, ou possivelmente concordar com, qualquer coisa como sendo uma unidade física independente.

Se não pode ser formulado um argumento moral nem econômico para o socialismo, o socialismo é então reduzido a uma questão de significado meramente social-psicológico. Portanto, quais são os fundamentos sócio--psicológicos nos quais se assenta o socialismo? Ou, uma vez que o socialismo foi definido como uma política *institucionalizada* de redistribuição de títulos de propriedade à revelia dos proprietários-usuários e contratantes, como é possível uma instituição que implementa a expropriação mais ou menos total dos proprietários naturais?

Se uma instituição existente é autorizada a adquirir os títulos de propriedade de outra forma que não pela apropriação original ou por contrato, deve supostamente prejudicar outras pessoas que se consideram proprietárias naturais dessas mesmas coisas.

Ao assegurar e provavelmente aumentar sua renda monetária e/ou não--monetária, se reduz a de outras pessoas – algo categoricamente diferente de uma situação que existe quando há uma relação contratual entre pessoas na qual ninguém ganha às custas dos outros, mas todos lucram, se não, simplesmente não haveria qualquer troca. Neste caso, se pode esperar uma resistência ao exercício dessa política. Essa inclinação para resistir pode, é claro, ser mais ou menos intensa, e pode mudar ao longo do tempo e se tornar mais ou menos evidente, além de apresentar uma maior ou menor ameaça à instituição que implementar a política de redistribuição. Mas contanto que isso exista, a instituição deve avaliá-la. Particularmente, deve avaliar com isso se considera que as pessoas que representam essa instituição são pessoas comuns que, como todo mundo, tem interesse não apenas de estabelecer a sua renda atual, renda esta que são capazes de assegurar por si próprias em suas funções como representantes de sua instituição, mas também aumentar tanto quanto possível essa renda. Como, e este é precisamente o problema, elas podem estabelecer e possivelmente aumentar a sua renda a partir de trocas não-contratuais, embora isso necessariamente produza vítimas e, ao longo do tempo, aumente o número de vítimas, ou de vítimas que serão cada vez mais prejudicadas?

A resposta pode ser dividida em três partes que serão discutidas uma de cada vez: (1) pela violência agressiva; (2) corrompendo as pessoas ao deixá-las ou, melhor, uma parte delas, usufruir das receitas coercivamente expropriadas dos proprietários naturais das coisas; e (3) corrompendo as pessoas ao deixá-las, ou uma parte delas, participar de uma política específica de expropriação a ser adotada.

Para garantir a sua própria existência, qualquer instituição que impõe uma teoria socialista da propriedade deve depender da ameaça contínua de violência. Qualquer instituição que ameaça as pessoas que estão relutantes em aceitar as apropriações não-contratuais de sua propriedade natural com agressão física, prisão, escravidão ou até mesmo morte, deve cumprir, se necessário, essas ameaças, a fim de continuar "digno de confiança" como o tipo de instituição que é. Uma vez que se está lidando com uma instituição – isto é, uma organização que desenvolve tais ações em bases regulares –, é quase auto-explicativo que ela se recuse a chamar de "agressão" às suas próprias práticas e, em vez disso, adote um nome diferente para essas ações com conotações neutras ou, provavelmente, até mesmo positivas. De fato, seus representantes não devem nem mesmo pensar que eles mesmo sejam agressores quando agem em nome dessa organização. No entanto, não são os nomes ou termos que importam aqui ou em outra parte, mas o que eles realmente significam.[140] Sobre o conteúdo de suas ações, a violência é a pedra

---

[140] Sobre a diferença entre a agressão institucional cometida pelo estado como a própria incorporação do socialismo e a ação do criminoso comum cf. L. Spooner, *No Treason*, Colorado Springs, 1973, p. 19-20: "(...) o governo, assim como um ladrão de estrada, diz a um homem: 'seu dinheiro ou sua vida'. E muitos, se não a maioria, dos impostos são pagos sob coação desta ameaça. O governo, realmente, não arma ciladas para um homem num lugar ermo, salta sobre ele do acostamento, segura uma arma contra a sua cabeça e avança para roubar os seus pertences. Mas um roubo não é menos roubo por causa disso; e [o que o governo faz] é muito mais pusilânime e vergonhoso. O ladrão assume sozinho a responsabilidade, os riscos e o crime do seu próprio ato. Ele não finge ter qualquer reivindicação legal em relação ao seu dinheiro ou ter a intenção de usá-lo em benefício da própria vítima. Ele não finge ser nada além de um ladrão. Ele não adquiriu descaramento suficiente para declarar-se como um mero

angular da existência do socialismo enquanto instituição. E para não deixar margem à qualquer mal-entendido, a violência na qual se assenta o socialismo não é o tipo de violência que um proprietário natural das coisas usaria ou ameaçaria usar contra invasores agressivos de sua propriedade. Não se trata de uma ameaça defensiva em relação a um assassino em potencial para, digamos, sujeitá-lo à pena de morte caso ele, de fato, matasse alguém. Em vez disso, é uma violência agressiva dirigida contra vítimas inocentes. Uma instituição que implementa o socialismo se alicerça, literalmente, na ameaça representada por um assassino em potencial contra pessoas inocentes (ou seja, pessoas que não infligiram qualquer dano físico a ninguém) que irá matá-las caso não cumpram suas exigências ou apenas por "diversão".

De qualquer modo, não é nada difícil reconhecer a verdade do que foi apresentado. Para fazê-lo só é necessário pensar num boicote em qualquer relação de troca com os representantes do socialismo porque essa troca, independentemente dos motivos, não parece mais ser lucrativa. Deveria ser evidente que num sistema social baseado na teoria natural da propriedade – sob o capitalismo – qualquer um teria o direito de, a qualquer momento, realizar um boicote, desde que fosse, de fato, a pessoa que se apropriou das coisas em questão ao utilizá-las antes que alguém o fizesse ou que as adquiriu contratualmente de um proprietário anterior. Porém, por mais que as pessoas ou instituição pudessem ser afetadas por esse boicote teriam que tolerá-lo e sofrer silenciosamente ou então tentar persuadir aquele que boicota a desistir de sua posição oferecendo-lhe uma oferta mais lucrativa. Mas isso não acontece com uma instituição que coloca em prática as ideias socialistas em relação à propriedade. Tente, por exemplo, interromper o pagamento dos impostos ou tornar o pagamento futuro dos impostos dependente de certas mudanças ou melhorias nos serviços que a instituição fornece como retorno pelos tributos pagos – você seria multado, agredido, preso ou talvez sofresse coisas ainda piores. Ou, para usar um outro exemplo, tente ignorar as regulações das instituições ou controles impostos so-

---

"protetor" e dessa forma pegar o dinheiro das pessoas contra a sua vontade apenas para habilitar-se a 'proteger' aqueles viajantes ludibriados, que se consideram perfeitamente capazes de protegerem a si mesmos ou que não apreciam esse peculiar sistema de proteção. Ele é um homem sensato demais para fazer declarações como estas. Além disso, depois de ter pego seu dinheiro, ele abandona você, conforme você gostaria que ele fizesse. Ele não continua indo atrás de você na estrada contra a sua vontade; presumindo ser o seu "superior" legítimo por conta da "proteção" que ele fornece a você. Ele não continua "protegendo" você, ordenando que você se curve e o sirva; exigindo que você faça isso, e proibindo que você faça aquilo; roubando mais dinheiro de você sempre que ele considerar que é do interesse ou do agrado dele fazer isso; e estigmatizando você como um rebelde, um traidor, e um inimigo do seu país, e matando você sem misericórdia se você contestar a autoridade dele ou se resistir às suas exigências. Ele é muito cavalheiro para ser considerado culpado de tais imposturas, insultos e depravações como estas. Em resumo, ele, além de roubar você, não tenta fazer de você nem seu incauto nem seu escravo. Os métodos daqueles ladrões e assassinos, que chamam a si mesmos de 'o governo', são exatamente o oposto dos do 'solitário ladrão de estrada'."

bre a sua propriedade. Isto é, tente insistir na questão de que você não concorda com essas limitações sobre o uso de sua propriedade e que você não violaria a integridade física da propriedade de terceiros ao ignorar essas imposições e, portanto, que você tem o direito de secessão em relação àquela jurisdição, de "cancelar a sua adesão como membro", e a partir daí lidar com ela em pé de igualdade, como se fosse uma relação entre duas instituições privilegiadas. Mais uma vez, provavelmente sem ter agredido ninguém através de sua secessão, essa instituição viria e violaria você e a sua propriedade, e não hesitaria em acabar com a sua independência. Na verdade, se assim não o fizesse, deixaria de ser o que é. Seria renunciar àquilo que é e se tornar um proprietário de propriedade privada regular ou uma associação contratual desses proprietários. Só existe o socialismo porque não há renúncia sob qualquer condição. De fato, e é por isso que o título deste capítulo sugeriu que a questão sobre os fundamentos sócio-psicológicos do socialismo é idêntica àquelas dos fundamentos do estado, se não houvessem instituições impondo as ideias socialistas sobre a propriedade, não haveria espaço para um estado, pois um estado não é nada mais do que uma instituição erigida com impostos e uma não-solicitada interferência não-contratual no destino que os privados podem dar ao uso de sua propriedade natural. Não pode haver socialismo sem um estado, e na medida em que há um estado, há socialismo. Portanto, o estado é a própria instituição que coloca o socialismo para funcionar. E como o socialismo se assenta na violência agressiva dirigida contra vítimas inocentes, a violência agressiva é a natureza de qualquer estado.[141]

Mas o socialismo, ou o estado como a incorporação das ideias socialistas, não se assenta exclusivamente na agressão. Os representantes do estado não se envolvem unicamente em atos agressivos para estabelecer suas rendas, muito embora sem isso não haveria qualquer estado! Na medida em que a relação entre o estado e os proprietários da propriedade privada é exclusivamente parasítica, e as atividades dos representantes do estado consiste inteiramente em interferências não solicitadas nos direitos de propriedade de terceiros destinadas a aumentar a renda do estado às custas da correspondente redução da renda dos proprietários, e esses agentes

---

[141] Sobre a teoria do estado, cf. M. N. Rothbard, *A Anatomia do estado*, Instituto Ludwig von Mises Brasil, 2012; *For A New Liberty*, New York, 1978; e *A Ética da Liberdade*, Instituto Ludwig von Mises Brasil, 2010; H. H. Hoppe, *Eigentum, Anarchie und Staat*, Opladen, 1987; cf. também A. Herbert, *The Right and Wrong of Compulsion by the State* (ed. E. Mack), Indianapolis, 1978; H. Spencer, *Social Statics*, London, 1851; F. Oppenheimer, *The State*, New York, 1926; A. J. Nock, *Our Enemy, the State*, Delevan, 1983; cf. também as observações de J. Schumpeter dirigidas contra as visões predominantes tanto na época quanto agora, notadamente entre os economistas, de que "a teoria que explica os impostos baseada na analogia com as mensalidades de um clube ou a contratação de serviços, digamos, de um médico, mostra apenas como essa parte das Ciências Sociais é estranha aos hábitos científicos do pensamento". (J. Schumpeter, *Capitalismo, Socialismo e Democracia*, Rio de Janeiro: Editora Fundo de Cultura, 1961, p.242).

do socialismo não fazem nada além de consumir a sua renda em seus próprios objetivos privados, então, as chances de crescimento do estado e da disseminação do socialismo são, no mínimo, muito limitadas e restritas. Certamente, um homem ou um grupo de homens, dotados de energias agressivas suficientes podem despertar medo em alguém e, provavelmente, até mesmo em alguns outros, ou num grupo mais numeroso de homens que, por quaisquer motivos, não possui essa característica e pode estabelecer uma relação estável de exploração. Mas é impossível explicar o fato (característico de todos os estados e de todo sistema social socialista) de que o grupo de homens que representam o estado pode manter sob controle um número dez, cem ou até mesmo milhares de vezes maior do que a sua quantidade e expropriar-lhes grandes volumes de renda, o que de fato fazem, apenas por incutir-lhe medo.

Poderia se pensar que um aumento no nível de exploração explicaria o tamanho da renda. Mas, baseado no raciocínio econômico dos capítulos anteriores, nós sabemos que um grau mais elevado de exploração dos proprietários naturais reduz necessariamente seu incentivo para trabalhar e produzir e, portanto, há um limite estreito para o nível no qual uma pessoa (ou grupo de pessoas) pode levar uma vida confortável com a renda coercivamente expropriada de outra pessoa (ou um grupo aproximadamente igual de pessoas), que teria que sustentar o seu estilo de vida através de seu (ou do deles) trabalho. Portanto, para que os agentes do socialismo sejam capazes de levar uma vida confortável e prosperar, é fundamental que o número de sujeitos explorados seja consideravelmente maior e aumente proporcionalmente mais em comparação com a quantidade de representantes do próprio estado. Com isso, porém, voltamos à questão de como poucos podem governar muitos.

Também não haveria nenhuma forma convincente em torno dessa tarefa explicativa a partir da argumentação de que o estado poderia simplesmente resolver esse problema aperfeiçoando seu armamento; ameaçando com bombas atômicas em vez de com armas e roubos, aumentando assim o número de pessoas dominadas. Uma vez que se deve considerar realisticamente que o know-how tecnológico desse armamento aperfeiçoado dificilmente poderá ser mantido em segredo, especialmente se for aplicado de fato, então, os instrumentos aperfeiçoados pelo estado para incutir medo, *mutatis mutandis*, também melhoram as formas e os meios para as vítimas resistirem, e, portanto, esses avanços dificilmente podem ser pensados como explicações daquilo que deve ser explicado.[142] Deve-se con-

---

[142] Além do mais, o uso de pelo menos algum armamento (como bombas atômicas) contra os seus subjugados seria proibido, uma vez que os governantes dificilmente poderiam impedir que eles mesmos também fossem feridos ou mortos.

cluir, então, que o problema de explicar como os poucos podem governar os muitos é, de fato, real e que o socialismo e o estado como a incorporação do socialismo devem se assentar, não só na agressão, mas em algum tipo de apoio ativo entre a população.

David Hume é um dos expositores clássicos dessa ideia. Em seu ensaio sobre "Os primeiros princípios do governo" ele argumenta que:

> Nada parece mais surpreendente para aqueles que refletem sobre as relações humanas com uma perspectiva filosófica do que a facilidade com que os muitos são governados pelos poucos e a submissão implícita com que os homens renunciam aos seus próprios sentimentos e paixões pelos de seus governantes. Quando nos indagamos por quais meios se opera esse prodígio, verificamos que, assim como a Força está sempre do lado dos governados, os governantes não têm nada além da opinião para se apoiar. Por essa razão, o governo se fundamenta somente na opinião e essa máxima se aplica tanto aos governos mais despóticos quanto aos mais militarizados, dos mais livres aos mais populares. O sultão do Egito, ou o imperador de Roma, deve orientar seus súditos inofensivos, como animais irracionais, contra os seus sentimentos e inclinações. Mas ele deve, pelo menos, comandar seus mamelucos ou pretorianos, como homens, pelas suas opiniões.[143]

Como esse apoio realmente se tornou realidade? Um elemento importante no processo de criação desse apoio é a ideologia. O estado dedica muito tempo e esforços persuadindo a população de que não é aquilo que *realmente* é e que as consequências de suas ações são positivas em vez de negativas. Essas ideologias, difundidas para estabelecer a existência do estado e o aumento de sua renda, alegam que o socialismo oferece um sistema econômico superior ou uma ordem social que é mais justa do que o capitalismo, ou alega que não há justiça, sob qualquer condição, antes do estado simplesmente declarar determinadas normas como equitativas.[144]

---

[143] D. Hume, *Essays, Moral, Political and Literary*, Oxford, 1971, p.19; cf. também E. de La Boétie, *The Politics of Obedience: The Discourse of Voluntary Servitude*, New York, 1975, ou *O Discurso da Servidão Voluntária*, disponível em http://www.mises.org.br/EbookChapter.aspx?id=445.

[144] A exposição clássica da ideia de que no "estado da natureza" não pode ser estabelecida uma distinção entre "justo" e "injusto" e de que só o estado cria justiça pode ser encontrada em Thomas Hobbes, *Leviatã*, São Paulo: Martins Fontes, 2003. Como foi demonstrado implicitamente no capítulo 7, essa teoria "positivista" do direito é insustentável. Além disso, deve-se notar que essa teoria não é bem-sucedida em fazer aquilo que supostamente deveria fazer: justificar o estado. Devido à transição de um estado da natureza para um sistema estatista só poderia se considerar justificada (em oposição a arbitrário) se as normas naturais (pré-estatistas) existentes fossem a base de justificação para essa própria transição.

E também essas ideologias, agora menos sedutoras, mas uma vez extremamente poderosas, são aquelas que, por exemplo, fazem com que o estado seja santificado pela religião ou com que os governantes, não sendo pessoas comuns, mas super-humanos divinos, devam ser obedecidos devido à sua superioridade natural. Dediquei bastante espaço nos capítulos anteriores para demonstrar que essas ideias são falsas e injustificáveis e voltarei à tarefa de analisar e desmascarar outra ideologia da moda no capítulo final deste tratado. Mas independentemente da falsidade dessas ideologias devemos reconhecer que elas certamente produzem algum efeito sobre as pessoas e que contribuem – um pouco mais do que outras – para a submissão a uma política de invasão agressiva dos direitos de propriedade dos proprietários naturais.

No entanto, há outro elemento mais importante que contribui para o apoio público e não se trata de propaganda verbal, mas de ações com um impacto tangível nítido. Em vez de ser um mero consumidor parasítico dos bens produzidos por outras pessoas, o estado, para estabelecer-se e aumentar a sua renda tanto quanto possível, acrescenta à sua política alguns componentes positivos, projetados para serem usados por algumas pessoas de fora do círculo do seu próprio grupo. Ou ele está envolvido como um agente de transferência de renda, ou seja, como uma organização que distribui renda monetária e não-monetária para *B* que anteriormente tirou de *A* sem o seu consentimento – naturalmente, depois de subtrair uma taxa de execução para o ato nunca gratuito dessa transferência – ou se envolve na produção de bens e serviços utilizando os meios expropriados anteriormente dos proprietários naturais e assim contribui com algo de valor para os usuários/compradores/consumidores desses bens. De ambas as formas, o estado cria apoio para a sua função. Os beneficiários da transferência de rendas tanto quanto os usuários/consumidores dos bens e serviços estatais tornam-se dependentes em graus variados com a continuação de uma determinada política de estado relativa às rendas atuais e a inclinação para resistir ao socialismo incorporado na regra estatal é, consequentemente, reduzida. Mas isso é somente a metade do cenário. As conquistas positivas do estado não são realizadas simplesmente para fazer algo de bom para algumas pessoas como, por exemplo, quando alguém dá um presente a outra pessoa. Nem são realizadas apenas para obter pela troca uma renda tão alta quanto possível para a organização que as realiza, como quando uma instituição comum voltada para o lucro se envolve num negócio. Pelo contrário, são realizadas para garantir a existência e contribuir para o crescimento de uma instituição que é construída com base na violência

---

Para uma perspectiva dos positivistas modernos, cf. G. Jellinek, *Allgemeine Staatslehre*, Bad Homburg, 1966; H. Kelsen, *Teoria Pura do Direito*, São Paulo: Martins Fontes, 2009; para uma crítica ao positivismo legal, cf. F. A. Hayek, *Direito, Legislação e Liberdade*, 3 vols., São Paulo: Visão, 1985.

agressiva. Como tal, as contribuições positivas que emanam do estado devem servir a um *objetivo estratégico*. Elas devem ser projetadas para quebrar a resistência ou acrescentar apoio para a existência contínua do agressor como agressor. Obviamente, o estado pode errar nessa tarefa, assim como qualquer negócio comum, porque as suas decisões a respeito de quais medidas melhor se adequam aos seus objetivos estratégicos têm que ser tomadas de forma *antecipada* a determinados resultados esperados. E se errar quanto às respostas que acompanham as suas decisões políticas, em vez de aumentá-la, a sua renda pode cair, comprometendo a sua própria existência, assim como uma instituição com fins lucrativos pode incorrer em prejuízos ou até mesmo falir caso o público não queira deliberadamente comprar aquilo que se esperava comprar. Mas somente se for compreendido o objetivo estratégico peculiar das transferências estatais e da produção estatal quando comparado com as transferências ou produção privadas é que será possível explicar os típicos padrões estruturais recorrentes das ações do estado, e explicar por que, em geral e de maneira uniforme, os estados preferem entrar em certos ramos de atividades em vez de outras.

Quanto ao primeiro problema: não faz sentido para um estado explorar cada indivíduo na mesma medida, uma vez que isso faria com que todos se voltassem contra a instituição, reforçando a solidariedade entre as vítimas, e, em todo o caso, não seria uma política que encontraria muitos novos amigos. Também não faz sentido para um estado conceder seus benefícios a todos igualmente e indiscriminadamente. Pois se o fizesse, as vítimas continuariam sendo vítimas, embora talvez num grau menor. E haveria, então, menos renda disponível para ser distribuída às pessoas que realmente lucram com a ação do estado e cujo maior apoio poderia ajudar a compensar a falta de apoio das pessoas vitimizadas. Em vez disso, a política estatal deve ser, e realmente é, orientada pelo lema "divide et impera" (dividir e governar): tratar as pessoas de maneira diferente, jogá-las umas contra as outras, explorar um grupo provavelmente menor e favorecer outro grupo possivelmente maior às custas do primeiro, e assim contrabalançar o aumento do ressentimento ou a resistência de alguns pelo aumento do apoio a outros. A política, como a política de um estado, não é "a arte de fazer o possível", como o estadista prefere descrever seu negócio. É a arte, erigida sobre um equilíbrio de terror, de ajudar a estabelecer o rendimento estatal num nível tão alto quanto possível por meio da discriminação popular e de um esquema discriminatório popular de distribuição de favores. Na verdade, uma instituição com fins lucrativos também pode se envolver em políticas comerciais discriminatórias, mas é dispendioso agir dessa maneira e seguir uma política discriminatória de empregos, não vender de forma indiscriminada para qualquer um que esteja disposto a pagar o preço fixado para um determinado serviço ou produto; por isso, há um incentivo econômico para impedir essa ação. Por outro lado, existe para o estado todo o incentivo do mundo para se envolver nessas práticas discriminatórias.¹⁴⁵

Em relação aos tipos de serviços oferecidos preferencialmente pelo estado: claramente, o estado não pode produzir tudo, não pelo menos na mesma medida, pois se tentasse fazê-lo seu rendimento realmente cairia – como o estado só pode se apropriar daquilo que, de fato, foi produzido anteriormente pelos proprietários naturais, e o incentivo para produzir qualquer coisa no futuro desapareceria quase completamente num sistema de socialização de todos os aspectos. Portanto, ao tentar implementar o socialismo, é de suma importância que um estado se envolva e se concentre na produção e na oferta desses bens e serviços (e, *mutatis mutandis*, conduzir os concorrentes privados para fora da competição nesses ramos de atividades produtivas e, desse modo, monopolizar a sua oferta) que são estrategicamente relevantes para impedir ou suprimir qualquer revolta, rebelião ou revolução atual.¹⁴⁶

Assim, todos os estados – alguns de forma mais ampla do que outros, mas todo estado num grau considerável – sentiram a necessidade de, por um lado, ter em suas mãos o sistema de educação. E também administram diretamente as instituições educacionais ou controlam indiretamente essas instituições ao fazer com que essa atividade privada seja dependente de uma licença estatal, garantindo dessa forma que elas funcionem dentro de uma estrutura pré-definida de orientações estabelecidas pelo estado. Juntamente com um período continuamente prolongado de escolaridade obrigatória, isso dá ao estado uma vantagem tremenda na concorrência entre diferentes ideologias pelas mentes das pessoas. A concorrência ideológica que pode constituir uma séria ameaça à regra estatal pode, desse modo, ser eliminada ou ter seu impacto consideravelmente reduzido, especialmente se o estado enquanto incorporação do socialismo for bem sucedido em monopolizar o mercado de trabalho dos intelectuais ao tornar a licença estatal o pré-requisito para qualquer tipo de atividade sistemática de ensino.¹⁴⁷

O controle direto ou indireto do trânsito e da comunicação é uma estratégia de importância similar para um estado. De fato, todos os estados têm

---

[145] Para a exposição clássica dessa visão política cf. N. Maquiavel, *O Príncipe*, São Paulo: Martins Fontes, 2010; cf. também Q. Skinner, *As Fundações do Pensamento Político Moderno*, São Paulo: Companhia das Letras, 1996.
[146] Cf. sobre isso, M. N. Rothbard, *Governo e Mercado*, São Paulo: Instituto Ludwig von Mises Brasil, 2012, p. 212 et seq.
[147] Sobre o papel dos intelectuais e dos professores como defensores do socialismo e do estatismo cf. B. de Jouvenel, "The Treatment of Capitalism by Continental Intellectuals," in: F.A. Hayek, *Capitalism and the Historians*, Chicago, 1954; L. v. Mises, *A Mentalidade Anticapitalista*, São Paulo: Instituto Ludwig von Mises Brasil, 2010.

feito um grande esforço para controlar rios, o litoral e as rotas marítimas, as ruas e ferrovias, e, especialmente, o correio, o rádio, a televisão e os sistemas de telecomunicação. Cada dissidente em potencial é decisivamente reprimido em seus meios de movimentação e coordenação das ações dos indivíduos se esses elementos estiverem nas mãos ou sob a supervisão do estado. O fato, bastante conhecido da história militar, de que o trânsito e os sistemas de comunicação são os primeiros postos a serem ocupados por qualquer estado que ataca outro realça vivamente a sua importância estratégica central na imposição da regra do estado sobre uma sociedade.

A terceira preocupação central de relevância estratégica para qualquer estado é o controle e possível monopólio do dinheiro. Se o estado for bem sucedido nessa tarefa, como é o caso agora ao redor do mundo, e substituir um sistema bancário livre (livre atividade bancária) e de moeda alicerçada no metal – mais frequentemente no padrão ouro – por um sistema monetário caracterizado por um banco central gerido pelo estado e uma moeda-papel lastreada em nada menos do que papel e tinta, obteve realmente uma grande vitória. Em sua luta permanente por um rendimento mais elevado, o estado não mais depende de medidas igualmente impopulares como aumento de impostos ou a desvalorização da moeda (clipagem da moeda), que sempre foi rapidamente desmascarada como fraudulenta (N.T.: a clipagem da moeda é o método pelo qual os reis mandavam cortar as bordas das moedas metálicas e utilizar esses refugos para fundir novas moedas, o que resultava no aumento da oferta monetária). Em vez disso, pode agora aumentar a sua própria receita e reduzir a sua própria dívida quase à vontade pela impressão de mais dinheiro, uma vez que o dinheiro adicional é colocado em circulação antes das consequências inflacionárias dessa prática terem se manifestado ou terem sido antecipadas pelo mercado.[148]

Em quarto e último está o setor da provisão de segurança, polícia, defesa e justiça.

De todos os bens e serviços fornecidos ou controlados pelo estado, essa é provavelmente a área de maior importância estratégica. De fato, é de grande importância para qualquer estado obter o controle dessa área, proibir os concorrentes e monopolizar essas atividades, e é assim que o "estado" e o "provedor da lei e da ordem" têm sido regularmente considerados como sendo sinônimos. Equivocadamente, é claro, pois o estado deve ser corretamente descrito como uma instituição de agressão organizada que tenta somente *parecer* um produtor comum a fim de continuar agredindo

---

[148] Sobre um sistema monetário de livre mercado e os efeitos da intervenção do governo nesse sistema, cf. R. Paul e L. Lehrman, *The Case For Gold*, San Francisco, 1983, capítulos 2, 3; M. N. Rothbard, *What Has Government Done to Our Money?*, Novato, 1973.

os inocentes proprietários naturais. Mas o fato de que essa confusão existe e é amplamente compartilhada pode ser explicada pela referência à observação de que todos estados precisam monopolizar a provisão de segurança devido à sua importância estratégica central e, consequentemente, esses dois termos, tão diferentes no que se refere ao seu significado intencional, têm realmente o mesmo significado ampliado.

Não é difícil verificar porque a fim de estabelecer a sua existência, um estado não pode, sob quaisquer circunstâncias, deixar a provisão de segurança nas mãos de um mercado de proprietários privados.[149] Uma vez que o estado se assenta basicamente na coerção é necessário que haja forças armadas. Infelizmente (isto é, para qualquer estado), existem outros estados armados, o que significa que há um controle sobre o desejo do estado a exercer o seu domínio sobre a população e, desse modo, aumentar a receita da qual se apropriou mediante exploração. É desastroso para um dado estado que esse sistema de estados concorrentes também implique que cada estado em particular seja um tanto limitado em relação ao grau em que pode explorar as suas próprias vítimas, enquanto o seu apoio deveria definhar se o seu próprio governo fosse visto como mais opressor do que aqueles estados concorrentes. Pois assim pode aumentar a probabilidade dos subjugados de um estado de colaborarem com um concorrente em seu desejo de "tomar posse" ou de manifestarem a sua insatisfação deixando o país e imigrando para outro.[150]

Portanto, é ainda mais importante para cada estado específico evitar qualquer tipo de concorrência desagradável com outras organizações armadas potencialmente perigosas, pelo menos *dentro* do próprio território que passa a controlar. A mera existência de uma agência de proteção privada, armada para realizar o seu trabalho de proteger as pessoas da agressão e contratando pessoas treinadas no uso dessas armas, constituiriam uma ameaça potencial para a política estatal contínua de violação dos direitos de propriedade das pessoas. Portanto, essas organizações, que certamente surgiriam no mercado com o desejo genuíno de ser protegido contra agressores, são zelosamente proibidas e o estado usurpa para si essa função e a coloca sob seu controle monopolístico. Na verdade, em todos os lugares os estados são altamente intencionados para proibir ou pelo menos controlar até a simples posse de armas por cidadãos privados – e a maioria dos estados tem sido bem-sucedida nessa tarefa –, pois um homem armado é claramente mais do que uma ameaça a qualquer agressor do que um homem desarmado. Isso oferece muito menos risco para o estado manter tudo pacificamente enquanto continua com seus atos de agressão, pois

---

[149] Sobre o problema de um livre mercado de produção de leis e da ordem, cf. o capítulo 10 deste livro.
[150] Sobre isso, cf. também o capítulo 5, n. 4.

as armas que poderiam ser usadas para alvejar o tributador estão fora de alcance de todos, menos do próprio tributador!

Com relação ao sistema judicial, as questões são muito semelhantes. Se o estado não monopoliza a provisão dos serviços judiciais, seria inevitável que, mais cedo ou mais tarde (provavelmente mais cedo), o estado viria a ser considerado uma instituição injusta, o que de fato é. No entanto, nenhuma organização injusta tem qualquer interesse em ser reconhecida como tal. Em primeiro lugar, se o estado não compreendesse que só os juízes nomeados e contratados pelo próprio estado seriam responsáveis pela aplicação da lei é evidente que o direito público (aquelas normas que regulam a relação entre o estado e os indivíduos privados ou associações desses indivíduos) não teria chance de ser aceito pela população, mas, pelo contrário, seria imediatamente exposto como um sistema de agressão legalizada fundado na violação do senso de justiça de quase todo mundo. Em segundo lugar, se o estado também não monopolizasse a administração do direito privado (aquelas normas que regulam a relação entre cidadãos privados), mas deixasse essa tarefa para tribunais e juízes concorrentes e dependentes de um apoio financeiro intencional por parte da população, seria duvidoso que as normas que resultassem em distribuição assimétrica dos direitos ou obrigações entre diferentes pessoas ou classes de pessoas tivessem a menor chance de serem amplamente aceitas como leis válidas. Tribunais e juízes que estabelecessem essas regras iriam imediatamente falir devido à falta de assistência financeira contínua.[151] Porém, uma vez que o estado é dependente de uma política de *divide et impera* para manter o seu poder, deve interromper a todo custo o surgimento de um sistema competitivo de tribunais de leis privadas.

Sem dúvidas, todos esses serviços fornecidos pelo estado – educação, trânsito e comunicação, moeda e sistema bancário e, ainda mais importante, segurança e administração da justiça – são de vital importância para qualquer sociedade. Todos eles, certamente, seriam fornecidos e, de fato, seriam produzidos pelo mercado se o estado não os controlassem. Mas isso não significa que o estado é simplesmente um substituto do mercado. O estado se envolve nessas atividades por uma razão completamente diferente da dos negócios privados – não apenas porque há uma demanda por eles, mas porque essas áreas de atividades são de importância estratégica fundamental para assegurar a existência prolongada do estado como uma instituição privilegiada e construída com base na violência agressiva.

E esse diferente plano estratégico é responsável por um tipo peculiar de produto. Uma vez que educadores, funcionários dos sistemas de trânsito e comunicação, dos bancos centrais, da polícia e da justiça são todos pagos

---

[151] Sobre esse tópico, cf. também o capítulo 10 deste livro.

por recursos oriundos dos impostos, os tipos de produtos ou serviços fornecidos pelo estado, embora certamente tenham algum valor positivo para determinadas pessoas, nunca poderão ser de uma qualidade tal que *todos* concordariam de forma deliberada a gastar com eles o próprio dinheiro. Pelo contrário, todos esses serviços compartilham as características que contribuem para deixar o estado aumentar a sua própria renda coercivamente expropriada ao beneficiar alguns e prejudicar outros.[152]

Mas há ainda mais dos fundamentos sócio-psicológicos do estado como instituição de agressão contínua contra os proprietários naturais do que a redistribuição popular dos bens e serviços estrategicamente importantes. Igualmente importante para a estabilidade e crescimento do estado é a estrutura de tomada de decisão que este adota para si: a sua constituição. Um negócio com fins lucrativos tentaria adotar uma estrutura de tomada de decisão mais adequada ao seu objetivo de maximizar o rendimento através da percepção e implementação de oportunidades empresariais, ou seja, pelas diferenças entre os custos de produção e a oferta antecipada do produto. O estado, em comparação, enfrenta a tarefa inteiramente diferente de adotar uma estrutura de tomada de decisão que o permite aumentar ao máximo o seu rendimento coercivamente expropriado – dado o seu poder para ameaçar e subornar as pessoas de forma a garantir apoio mediante a concessão de favores especiais.

Acredito que a melhor estrutura de *tomada de decisão* para fazê-lo é uma constituição democrática, ou seja, a adoção da regra da maioria. Para constatar a validade dessa tese é apenas necessário formular a hipótese seguinte. Não apenas as pessoas que realmente representam o estado têm o desejo (que, a propósito, *eles* estão autorizados a satisfazer) de aumentar

---

[152] F. Oppenheimer, System der Soziologie, Vol. II, *Der Staat*, Stuttgart, 1964. Oppenheimer resume da seguinte forma o caráter discriminatório peculiar dos bens fornecidos pelo estado, em particular o da produção do direito e da ordem (p. 322-323): "a norma fundamental do estado é o poder. Ou seja, visto a partir de sua origem, é a violência transformada em força. A violência é uma das mais poderosas forças modeladoras da sociedade, mas não é em si mesma uma forma de interação social. Deve se transformar em direito no sentido positivo do termo, ou seja, sociologicamente falando, deve permitir o desenvolvimento de um sistema de 'reciprocidade subjetiva': e isso só é possível através de um sistema de restrições autoimpostas sobre o uso da violência e da aceitação de certas obrigações em troca de seus direitos usurpados. Dessa forma, a violência é convertida em força e surge uma relação de dominação que é aceita não apenas pelos governantes, mas também pelos subjugados sob circunstâncias não muito severamente opressivas, como expressão de uma 'justa reciprocidade'. Dessa norma fundamental surgem agora normas secundárias e normas terciárias como implícitas naquela: normas de direito privado, das sucessões, das obrigações e constitucional, todas carregando a marca da norma fundamental do poder e da dominação, e todas planejadas para influenciar a estrutura do estado de tal forma que aumente a exploração econômica ao nível máximo e que seja compatível com a continuidade da dominação legalmente regulada". A ideia fundamental é a de que "o direito nasceu de duas raízes essencialmente diferentes (...): por um lado, do direito de associação dos iguais, que pode ser chamado de direito 'natural', mesmo que não seja 'direito natural'; por outro lado, da lei de violência convertida em força regulamentada, a lei dos desiguais".

a sua própria renda às custas de uma redução correspondente na renda dos proprietários, produtores e contratantes naturais; esse desejo pelo poder e o desejo de governar também existem entre as pessoas governadas. Nem todo mundo tem esse desejo na mesma proporção; na verdade, algumas pessoas podem jamais tê-lo. Mas a maioria das pessoas normalmente o tem de forma recorrente. Se é assim (e a experiência nos mostra que *isso* realmente acontece), o estado deve então contar com a resistência de duas fontes analiticamente distintas. Por um lado, há resistência das vítimas criadas por qualquer política estatal. O estado pode tentar dissolver essa resistência fazendo amizades que o apoiem; e, de fato, será bem sucedido ao fazê-lo na medida em que as pessoas podem ser corrompidas mediante suborno. Por outro lado, se existe esse desejo pelo poder entre as vítimas e/ou pessoas beneficiadas por uma determinada política estatal, então, também deve haver resistência ou, pelo menos, um descontentamento oriundo do fato de que qualquer política de expropriação e de distribuição discriminatória exclui automaticamente qualquer outra política com seus defensores num estado governado pela população e, portanto, deve frustrar seu plano específico de como o poder deve ser usado. Por definição, nenhuma mudança na política estatal de expropriação-redistribuição pode eliminar esse tipo de descontentamento, assim como qualquer mudança excluiria necessariamente uma política diferente. Portanto, se o estado quer fazer algo para reduzir a resistência (decorrente da frustração de seu desejo de poder) que resulta de qualquer política, só pode fazê-lo adotando uma estrutura de tomada de decisão que minimize a decepção de potenciais detentores do poder: ao tornar acessível um esquema popular de participação na tomada de decisão para que todo mundo que deseje a sua política específica de poder possa esperar ter uma chance no futuro.

Essa é precisamente a função de uma democracia. Uma vez que é baseada no respeito pela maioria, é por definição uma constituição popular para tomada de decisão. E na medida em que realmente torna acessível para todo mundo a chance de fazer lobby para seu próprio plano de controle de poder em intervalos regulares, reduz ao máximo o atual desejo frustrado de poder através da perspectiva de um futuro melhor. Ao contrário do mito popular, a adoção de uma constituição democrática não tem nada a ver com liberdade ou justiça.[153] Certamente, como o estado limita

---

[153] Apenas o fato de a democracia ter se tornado uma vaca sagrada da política moderna pode explicar a razão pela qual geralmente se ignora a dimensão das contradições internas da regra da maioria: em primeiro lugar, e isso já é decisivo, se é possível aceitar a democracia como justificada, então também se deveria aceitar uma abolição democrática da democracia e a substituição da democracia por uma autocracia ou por um capitalismo libertário – e isso demonstraria que a democracia como tal não pode ser considerada como um valor moral. Da mesma forma se deveria aceitar como justificada a decisão das maiorias de eliminar as minorias até o ponto em que houvesse apenas duas pessoas, a derradeira maioria, sobre quem a regra da maioria não mais poderia ser aplicada por razões lógico-aritméticas.

a si mesmo no uso da violência agressiva quando se envolve na oferta de alguns bens e serviços positivamente avaliados, desse modo, aceita restrições adicionais quando os governantes de turno submetem-se ao controle da maioria daqueles que estão sendo governados. Porém, apesar do fato de que essa restrição cumpre a função positiva de satisfazer determinados desejos de certas pessoas pela redução da intensidade do desejo frustrado de poder, em hipótese alguma significa que o estado renuncia à sua posição privilegiada como uma instituição de agressão legalizada. Pelo contrário, democratizar o estado é uma medida de organização tomada para o objetivo estratégico de racionalizar o exercício do poder, aumentando assim a quantidade de rendimentos a ser agressivamente expropriada dos proprietários naturais. A forma do poder é alterada, mas a regra da maioria também é uma agressão. Num sistema baseado na teoria natural da propriedade – sob o capitalismo –, a regra da maioria não desempenha, e não pode desempenhar, qualquer função (obviamente, à exceção do fato de que se for aceita, ninguém poderia aderir a uma associação, como um clube desportivo ou uma associação de defensores dos animais, adotando a regra da maioria cuja jurisdição é aceita deliberadamente pelos membros como obrigatória pela duração de sua associação). Nesse sistema, só são válidas as regras de apropriação original de bens através do uso ou da apropriação contratual de proprietários anteriores. Apropriação por decreto ou sem o consentimento do proprietário-usuário anterior independentemente se foi executada por um autocrata, uma minoria, contra uma maioria, ou por uma maioria contra uma minoria, é, sem exceção, um ato de violência agressiva. O que distingue uma democracia de uma autocracia, monarquia

---

Esse exemplo provaria mais uma vez que a democracia não pode por si só ser considerada como justificável. Ou, se não se quisesse aceitar essas consequências e, em vez disso, se quisesse adotar a ideia de uma democracia liberal constitucionalmente limitada, seria preciso admitir que os princípios a partir dos quais essas limitações são deduzidas devem, portanto, ser logicamente mais fundamentais do que a regra da maioria – e isso novamente apontaria para o fato de que não há nenhum valor moral específico na democracia. Em segundo lugar, ao aceitar a regra da maioria não fica automaticamente claro qual é a população em que essa regra seria aplicada. (A maioria de qual população é que deve decidir?). Há aqui exatamente três possibilidades. Qualquer uma se aplica, mais uma vez, ao princípio democrático no que se refere a essa questão ao optar pela ideia de que as grandes maiorias deveriam sempre prevalecer sobre as minorias – mas depois, obviamente, não haveria forma de salvar a ideia de democracia nacional ou regional, na medida em que se teria que escolher uma população total como seu grupo de referência. Ou, então, se decide que determinada população é uma questão arbitrária – mas, neste caso, seria preciso aceitar a possibilidade do aumento da secessão de minorias maiores para minorias cada vez menores, com cada indivíduo sendo a sua própria maioria autodeterminada e este desenvolvimento representando o ponto final lógico do processo de secessão – e mais uma vez ficaria demonstrado o caráter injustificável da democracia. Em terceiro lugar, pode-se adotar a ideia de que a seleção da população na qual o princípio da maioria for aplicado não seja uma decisão democrática nem arbitrária, mas uma decisão que fosse de alguma forma diferente – mas depois, novamente, seria preciso admitir que qualquer que fosse o princípio diferente que justificasse como poderia ser a decisão, tal princípio deveria ser mais fundamental do que a regra da maioria em si, que deve ser qualificada como completamente arbitrária. Cf. sobre o tema M. N. Rothbard, *Governo e Mercado*, São Paulo: Instituto Ludwig von Mises Brasil, 2012, p. 206 et seq.; H. H. Hoppe, *Eigentum, Anarchie und Staat*, Opladen, 1987, capítulo 5.

ou oligarquia não é que a democracia signifique liberdade enquanto os outros significam agressão. A diferença entre eles reside unicamente nas técnicas utilizadas para administrar, transformar e canalizar a resistência popular alimentada pelo desejo frustrado de poder. O autocrata não permite que a população influencie a política por qualquer meio regular formalizado, muito embora ele também deva prestar atenção à opinião pública a fim de firmar a sua existência. Portanto, um autocrata é caracterizado pela ausência de um mercado institucionalizado para potenciais detentores do poder. Por outro lado, uma democracia tem exatamente esse tipo de instituição. Ela permite que as maiorias, formadas de acordo com certas regras formalizadas, influenciem mudanças regulares na política. Consequentemente, se o frustrado desejo de poder se tornar mais tolerável quando houver um mercado para ele, haverá então menos resistência ao governo democrático do que em relação ao poder autocrático. Esta importante diferença sócio-psicológica entre os regimes autocráticos e democráticos foi magistralmente descrita por Bertrand de Jouvenel:

> Do século XII ao século XVIII, o poder público não cessou de aumentar. O fenômeno era reconhecido por todas as testemunhas, evocava protestos sempre renovados e reações violentas.
>
> Desde então, ele continuou a crescer num ritmo acelerado, estendendo a guerra à medida em que ele próprio se estendia. Então, não reconhecemos mais, não protestamos mais, não reagimos mais.
>
> Essa passividade inteiramente nova é devida à bruma que envolve o Poder.
>
> Antigamente, ele era visível, manifestado na pessoa do Rei, que se declarava um senhor e cujas paixões eram conhecidas.
>
> Hoje, mascarado por seu anonimato, ele pretende não ter existência própria, ser apenas um instrumento impessoal e sem paixão da vontade geral. "Por uma ficção, que uns chamam uma abstração, afirma-se na vontade geral, e na realidade emana dos indivíduos investidos de poder público, emana de um ser coletivo, a Nação, da qual os governantes seriam apenas os órgãos. Aliás, estes sempre se empenharam em fazer penetrar essa ideia no espíritos dos povos. Eles compreenderam que era um meio eficaz de fazer aceitar o seu poder ou a sua tirania". (L. Duguit. *L'État, le Droit objectif et la Loi positivie*. Paris, 1901, t. I, p. 320.)

Hoje, como sempre, o Poder é exercido por um conjunto de homens que dispõem da "casa de máquinas". Esse conjunto constitui o que chamam o Poder, e sua relação com os homens é uma relação de comando.

O que mudou é que ao povo foram dados meios cômodos de mudar os principais participantes do Poder. Em certo sentido, o Poder acha-se enfraquecido, pois, entre as vontades que pretendem dirigir a vida social, o eleitorado pode, em certas épocas, fazer a sua escolha.

Mas, ao abrir a todas as ambições a perspectiva do Poder, esse regime facilita muito sua extensão. Sob o Antigo Regime, os espíritos capazes de exercer uma influência, sabendo que nunca fariam parte do Poder, estavam prontos a denunciar seu menor abuso. Enquanto agora, sendo todos pretendentes, não há nenhum interesse em diminuir uma posição que se espera um dia alcançar, em paralisar uma máquina que se pensa usar chegada a sua vez.

Daí que haja nos círculos políticos da Sociedade moderna uma vasta cumplicidade em favor da extensão do Poder.[154]

Considerando uma população idêntica e uma política estatal idêntica de fornecimento discriminatório de bens e serviços, um estado democrático tem mais oportunidades de aumentar o seu próprio rendimento agressivamente expropriado. E, *mutatis mutandis*, uma autocracia deve se contentar com uma renda relativamente mais baixa. Em termos dos clássicos do pensamento político, deve-se governar de forma mais sensata, ou seja, governar menos. Uma vez que não se permite qualquer outra vontade que não a do autocrata, talvez a dos seus conselheiros imediatos, para conquistar poder ou influenciar a política em bases regulares, o seu exercício de poder parece menos tolerável para aqueles que são governados. Portanto, a sua estabilidade só pode ser assegurada se o grau geral de exploração adotado pelo estado for relativamente reduzido.

---

[154] B. de Jouvenel, *O Poder: História Natural do seu Crescimento*, Tradução Paulo Neves, 1ª ed., São Paulo: Peixoto Neto, 2010, p. 32-33 (N.T.: corrigi o texto da tradução brasileira que indicava o período como sendo "do século XII ao século XVII", pois na edição original consultada – *Du Pouvoir: Histoire Naturelle de Sa Croissance*, Paris: Hachette, 1972, p. 33 –, o período indicado é "do século XII ao século XVIII"); sobre a psicologia social da democracia, cf. do mesmo autor, *On Sovereignty*, Cambridge, 1957; G. Mosca, *The Ruling Class*, New York, 1939; H. A. Mencken, *Notes on Democracy*, New York, 1926; sobre a tendência do governo democrático "degenerar" para um governo oligárquico cf. R. Michels, *Zur Soziologie des Parteiwesens in der modernen Demokratie*, Stuttgart, 1957.

A situação ao longo dos últimos dois séculos ilustra vividamente a validade dessa tese. Durante esse tempo, experimentamos uma quase universal substituição de regimes relativamente democráticos para sistemas relativamente autocrático-monárquicos.[155] (até a Rússia Soviética é notavelmente mais democrática do que a Rússia czarista jamais foi). De mãos dadas com essa mudança, começou um processo nunca antes experimentado considerando a sua rapidez e dimensão: um permanente e aparentemente incontrolável crescimento do estado. Na competição entre diferentes estados por populações a serem exploradas e na tentativa desses estados de enfrentar a resistência interna, o estado democrático dirigia-se para uma vitória absoluta sobre o regime autocrático enquanto uma variação de poder superior. *Ceteris paribus*, é o estado democrático – e o socialismo democrático nele incorporado – que comanda o mais alto rendimento e assim prova ser superior nas guerras contra outros estados. E *ceteris paribus*, é também esse estado que é mais bem sucedido na administração da resistência interna: é mais fácil proteger o poder de um estado ao democratizá-lo, e a história nos mostrou isso repetidas vezes, do que fazer o oposto e tornar autocrática a sua estrutura de tomada de decisão.

Aqui, portanto, temos os fundamentos sócio-psicológicos do estado como a própria instituição que adota o socialismo. Qualquer estado se assenta na monopolização ou no controle monopolístico dos bens e serviços estrategicamente importantes que ele fornece de maneira discriminada para grupos de pessoas beneficiadas, quebrando dessa forma a resistência a uma política de agressão contra os proprietários naturais. Além disso, qualquer estado se funda numa política de redução do desejo frustrado de poder ao criar mercados para participação pública a partir das mudanças futuras na política de exploração. Naturalmente, cada descrição histórica de um estado, de sua política socialista específica e de suas mudanças políticas, terá que fornecer uma explicação mais detalhada daquilo que tornou possível para o socialismo se estabelecer e crescer. Mas se qualquer descrição desse tipo estiver supostamente concluída e não for vítima de fraude ideológica, então, todas as medidas tomadas pelo estado devem ser definidas como estando incorporadas em sua própria estrutura institucional de violência, *divide et impera*, e de democratização.

O que quer que seja que o estado faça para a sociedade em termos de contribuições positivamente avaliadas, e por maiores ou menores que possam ser a dimensão dessas contribuições (se o estado oferece ajuda para mães trabalhadoras com crianças dependentes ou dá assis-

---

[155] Cf. sobre esse processo de substituição de regimes, R. Bendix, *Kings or People*, Berkeley, 1978.

tência médica e se envolve na construção de estradas e de aeroportos; se concede benefícios para fazendeiros ou estudantes e se dedica a fornecer serviços educacionais, infraestrutura social, moeda, aço ou paz; ou até mesmo se faz tudo isso e mais), seria completamente falacioso enumerá-las e deixar por isso mesmo. O que deve ser dito além disso é que o estado *nada* pode fazer sem antes realizar a expropriação não--contratual dos proprietários naturais. Suas contribuições para o estado de bem-estar social nunca são um presente comum, mesmo se dado gratuitamente, porque aquilo que é distribuído, em primeiro lugar, não pertence legitimamente ao estado. Se o estado vender os seus serviços a preço de custo, ou mesmo com algum lucro, ainda assim os meios de produção empregados no seu fornecimento foram apropriados pela força. E se vendê-los a preço subsidiado, deve continuar com a agressão a fim de manter o atual nível de produção.

A situação é semelhante no que se refere à estrutura de tomada de decisão do estado. Se um estado é organizado autocraticamente ou democraticamente tem uma estrutura de tomada de decisão centralizada ou descentralizada, uma estrutura de representação única ou com várias etapas; se é organizado como um sistema de partidos ou um modelo corporativo de estado, seria ilusório descrevê-lo nesses termos e deixar por isso mesmo. A fim de esgotar o assunto, o que deve ser acrescentado é que, em primeiro lugar e mais importante, a constituição de um estado é um instrumento organizacional de promoção de sua existência como uma instituição de agressão. E na medida em que a sua estabilidade se assenta nos direitos constitucionalmente garantidos de participação na inauguração das mudanças políticas, deve ser enfatizado que o estado se fundamenta no apelo institucionalizado por energias motivacionais que em suas vidas privadas as pessoas considerariam como criminosas e, consequentemente, fariam de tudo para eliminar. Uma empresa comercial tem uma estrutura de tomada de decisão que deve adaptar-se ao objetivo de permitir-lhe assegurar, tanto quanto possível, o mais alto lucro das vendas como resultado da compra deliberada pelos consumidores. Uma constituição de estado nada tem em comum com esse tipo de ação, e somente os superficiais e sociológicos "estudos das organizações" se dedicariam a investigações das semelhanças ou diferenças estruturais entre os dois.[156]

Somente se o que foi explicado for inteiramente compreendido é que será possível entender plenamente a natureza do estado e do socialismo. E só então poderá haver uma compreensão plena do outro lado do mesmo problema: o que é preciso para superar o socialismo. O estado não

---

[156] Sobre a diferença fundamental entre as organizações comerciais privadas e o estado, cf. L. v. Mises, *Bureaucracy*, New Haven, 1944.

pode ser combatido apenas com boicote, como seria possível com uma empresa privada, porque um agressor não respeita o julgamento negativo exposto pelos boicotes. Mas o estado também não pode ser combatido apenas com um contragolpe de violência defensiva contra a sua agressão, pois a agressão estatal é apoiada pela opinião pública.[157] Portanto, tudo depende de uma mudança na opinião pública. Mais especificamente, tudo depende de duas hipóteses e da mudança que pode ser alcançada considerando a sua posição realista ou irrealista. Uma hipótese estava implícita no argumento apresentado anteriormente segundo o qual o estado pode conseguir apoio para a sua função ao fornecer determinados bens e serviços a grupos privilegiados da população. Ali, evidentemente, a hipótese era a de que as pessoas poderiam ser corrompidas ao apoiar um agressor se recebessem uma parte, mesmo pequena, dos benefícios. E uma vez que os estados existem em toda parte, essa hipótese, felizmente para o estado, deve atualmente realmente ser considerada como sendo realista em todos os lugares. Mas não há uma lei da natureza afirmando que deve ser assim para sempre. Para que o estado fracasse em atingir o seu objetivo, deve ocorrer nem mais nem menos do que uma mudança na opinião pública em geral: agir em apoio ao estado deve ser considerado e estigmatizado como imoral porque esse apoio é dado a uma organização de crime institucionalizado. O socialismo somente seria destruído se as pessoas não mais se deixassem corromper pelos subornos do estado, mas, digamos, pegassem a sua parte da riqueza, se lhes fosse oferecida, para reduzir o poder do suborno estatal, enquanto continuassem a considerá-lo e a tratá-lo como um agressor a ser repelido, ignorado e ridicularizado, em qualquer momento e em qualquer lugar.

A segunda hipótese era a de que as pessoas realmente desejam o poder e, portanto, poderiam ser corrompidas a partir de um ato de apoio ao estado se lhes fossem dada uma chance de satisfazer esse desejo. Analisando os fatos, dificilmente haveria qualquer dúvida de que hoje essa hipótese também seria realista. Mas, novamente, não é realista por causa das leis naturais, pois pelo menos em princípio, pode ser intencionalmente convertida em irrealista.[158] Para provocar o fim do estatismo e do socialismo, deve

---

[157] L. Spooner divide os defensores do estado em duas categorias: "1. Patifes: uma classe numerosa e atuante, que vê o governo como instrumento que pode ser usado por eles para engrandecê-los e obter riqueza. 2. Simplórios: uma classe numerosa, sem dúvidas, cada um dos quais sendo estúpido o suficiente para achar que é um 'homem livre', 'soberano', e que esse é um 'governo livre', 'o melhor governo na face da terra', e outros absurdos do tipo, porque lhe é permitido ser uma voz ativa dentre milhões a decidir o que pode fazer consigo próprio e com a sua propriedade, e porque lhe é permitido ter a mesma voz ativa para roubar, escravizar e matar outras pessoas que os outros têm para roubar, escravizar e se matarem. (L. Spooner, *No Treason. The Constitution of No Authority*, Colorado Springs, 1973, p.18).

[158] Assim escreveu E. de la Boétie: "Aquele que vos domina tanto só tem (...) senão a vantagem que lhe dais para destruir-vos. (...) Decidi não mais servir e sereis livres; não pretendo que o empurreis

ser promovida nem mais nem menos do que uma mudança da opinião pública que levasse as pessoas a não utilizarem as saídas institucionais de participação política para satisfazer o desejo pelo poder, mas em vez disso, fazê-las eliminar qualquer desejo de poder, transformar a própria arma organizacional do estado contra ele próprio e pressionar de forma intransigente pelo fim da tributação e da regulação dos proprietários naturais onde quer que e toda vez que houver uma chance de influenciar a política.[159]

---

ou sacudais, somente não mais o sustentai, e o vereis como um grande colosso, de quem subtraiu-se a base, desmanchar-se com seu próprio peso e rebentar-se". (E. de la Boétie, *O Discurso da Servidão Voluntária*, disponível em http://www.mises.org.br/EbookChapter.aspx?id=445):

[159] A respeito de uma estratégia para a liberdade e, especificamente, sobre a importância do movimento libertário para atingir esses objetivos, cf. M. N. Rothbard, *For A New Liberty*, New York, 1978, capítulo 15; e *A Ética da Liberdade*, Instituto Ludwig von Mises Brasil, 2010, parte V.

Capítulo 9
Produção Capitalista e o Problema do Monopólio

Os capítulos anteriores demonstraram que não pode ser formulado um argumento econômico nem um argumento moral a favor do socialismo. O socialismo é economicamente e moralmente inferior ao capitalismo. O capítulo 8 investigou a razão pela qual o socialismo, contudo, é um sistema social viável e analisou as características sócio-psicológicas do estado – a instituição que corporifica o socialismo. Sua existência, estabilidade e crescimento se assentam na agressão e no apoio público de sua agressão, que o estado administra com eficiência. Por um lado, isso é feito através de uma política de discriminação popular; isto é, uma política que suborna algumas pessoas dentro de uma tolerada e apoiada exploração contínua de terceiros pela concessão de benefícios; em segundo lugar, mediante uma política de participação popular na formulação da política, ou seja, corrompendo e persuadindo a população a entrar no jogo da agressão pela concessão aos potenciais detentores do poder a oportunidade consoladora de adotar seus esquemas específicos de exploração em uma das mudanças políticas subsequentes.

Devemos voltar agora à economia e analisar o funcionamento de um sistema de produção capitalista – uma economia de mercado – como alternativa ao socialismo, trazendo desse modo e de maneira construtiva o meu argumento contra o socialismo e assim fechar o círculo. Enquanto o capítulo final será dedicado à questão de como o capitalismo resolve o problema da produção dos chamados "bens públicos", este capítulo irá explicar o que poderia ser denominado de funcionamento normal da produção capitalista e diferenciá-lo do funcionamento normal de um sistema de produção estatal ou social. Nós, portanto, voltaremos aquilo que é geralmente considerado como um problema supostamente especial que mostra uma deficiência econômica peculiar num sistema puro de produção capitalista: o suposto problema da produção monopolística.

Ignorando por enquanto os problemas especiais do monopólio e da produção de bens públicos, iremos demonstrar por que o capitalismo é economicamente superior quando comparado à sua alternativa por três razões estruturais. A primeira é que só o capitalismo pode alocar racionalmente, ou seja, de acordo com as avaliações dos consumidores, os meios de produção; a segunda é que só o capitalismo pode assegurar que, com a qualidade das pessoas e a alocação dos recursos que estão sendo dadas, a qualidade da produção realizada atinja seu nível ótimo na medida em que é novamente julgado segundo as avaliações dos consumidores; e a terceira é que, considerando uma determinada alocação dos fatores de produção e a qualidade da produção, e mais uma vez julgado de acordo com as avaliações dos consumidores, só o sistema de mercado pode garantir que o valor dos fatores de produção seja conservado de forma eficiente ao longo do tempo.[160]

Na medida em que produza para um mercado, ou seja, para troca com outras pessoas ou empresas e esteja sujeita à regra da não-agressão contra a propriedade dos proprietários naturais, cada empresa utilizará seus recursos para a produção desses bens na quantidade que promete antecipadamente um lucro com as vendas que superarem, tanto quanto possível, os custos envolvidos no uso desses recursos. Se não fosse assim, uma empresa utilizaria seus recursos para a produção de diferentes quantidades desses bens ou de bens completamente diferentes. E cada empresa tem que decidir repetidamente se uma determinada alocação ou uso de seus meios de produção devem ser mantidos e reproduzidos ou se, devido a uma mudança na demanda ou na antecipação dessa mudança, está definida uma realocação para diferentes usos. A questão de se os recursos foram ou não utilizados da maneira a se obter o maior valor produtivo (a forma mais lucrativa), ou se uma determinada realocação era a mais econômica, poderia, obviamente, só ser decidida num futuro mais ou menos distante sob qualquer sistema social ou econômico concebível, porque o tempo invariavelmente é necessário para produzir um produto e colocá-lo no mercado. Porém, e isso é decisivo, para cada empresa há um critério objetivo para decidir em que medida as suas decisões alocacionais anteriores estavam certas ou erradas. A contabilidade nos informa (e, em princípio, ninguém que quisesse fazê-lo poderia verificar e analisar essa informação) se, e em que medida, uma determinada alocação dos fatores de produção era ou não economicamente racional, não apenas para as empresas em geral, mas para cada uma de suas subunidades, na medida em que os preços de mercado existem para os fatores de produção nele utilizados. Uma vez que o critério lucro-prejuízo é um critério *ex post* (depois do evento), e tem que ser necessariamente assim sob qualquer sistema de produção devido ao fator tempo envolvido na produção, pode não ser de qualquer ajuda na decisão sobre as alocações futuras *ex ante* (antes do evento). Todavia, do ponto de vista dos consumidores, é possível conceber o processo de alocação de recursos e da realocação como racional porque cada decisão alocacional é constantemente testada à luz do critério lucro-prejuízo. Toda empresa que fracassa em cumprir esse critério no curto ou no longo prazo está condenada a encolher ou ser completamente tirada do mercado,

---

[160] Cf. sobre o tema os capítulos 3 e 10 deste livro.

e somente aquelas empresas que administram de forma bem-sucedida o cumprimento do critério lucro-prejuízo poderão continuar funcionando ou, possivelmente, crescer e prosperar. Portanto, na verdade, a institucionalização desse critério não assegura (e nenhum critério jamais poderia) que todas as decisões individuais das empresas serão sempre racionais de acordo com as avaliações dos consumidores. Contudo, eliminando as previsões ruins e reforçando de forma consistente a posição bem-sucedida é possível assegurar que as mudanças estruturais do sistema de produção como um todo realizadas ao longo do tempo possam ser descritas como movimentos constantes em direção a um uso mais racional dos recursos e enquanto um processo infindável de direcionar e redirecionar os fatores de produção de ramos de produção de menor valor produtivo para outros ramos muito mais valorizados pelos consumidores.[161]

A situação é completamente diferente e a arbitrariedade, do ponto de vista do consumidor (para quem, deve-se recordar, a produção é destinada), substitui a racionalidade assim que o estado entra em cena. Pelo fato de ser diferente das empresas comuns na medida em que é autorizado a adquirir renda por meios não-contratuais, o estado não é obrigado a evitar prejuízos se quiser permanecer no negócio como todos os demais produtores. Pelo contrário, desde que foi autorizado a impor regulações e impostos sobre as pessoas, o estado está na posição de determinar unilateralmente se subsidia ou não, em qual medida e durante qual período, as suas próprias operações produtivas. Pode também escolher unilateralmente que potencial concorrente será autorizado a competir com o estado ou, provavelmente, perder a competição. Isso significa essencialmente que o estado está livre das considerações sobre custo-lucro. Mas se não for mais obrigado a testar continuamente qualquer de seus vários usos de recursos à luz desse critério, ou seja, se não mais precisar adequar com sucesso as suas alocações de recursos para as mudanças na demanda dos consumidores a fim de sobreviver como um produtor, então a sequência das decisões alocacionais como um todo tem que ser considerada como um processo arbitrário e irracional de tomada de decisão. Simplesmente, não mais existe um mecanismo de seleção forçando essas "mutações" alocacionais que sistematicamente ignoram ou expõem um desajuste na inoperante demanda do consumidor.[162] Afirmar que o processo de alocação de recursos se torna arbitrário na ausência do funcionamento efetivo do critério de lucro--prejuízo não significa que as decisões que alguma vez foram tomadas não

---

[161] Sobre a função do lucro e do prejuízo, cf. L. v. Mises, *Ação Humana*, São Paulo: Instituto Ludwig von Mises Brasil, 2010, capítulo 15; e "Profit and Loss", do mesmo autor, em *Planning for Freedom*, South Holland, 1974; M. N. Rothbard, *Man, Economy and State*, Los Angeles, 1970, capítulo 8.
[162] Sobre a economia de governo, cf., esp. M. N. Rothbard, *Governo e Mercado*, São Paulo: Instituto Ludwig von Mises Brasil, 2012, capítulo V.

estivessem sujeitas a qualquer tipo de restrição e que são, portanto, puro capricho. Não são, e qualquer decisão enfrenta determinadas restrições impostas ao tomador de decisão. Se, por exemplo, a alocação dos fatores de produção for decidida democraticamente, então, evidentemente, tem que se apelar à maioria. Mas se uma decisão é restringida dessa forma ou se é feita de maneira autocrática, considerando o estado da opinião pública da forma como é vista pelo autocrata, continua arbitrária do ponto de vista dos consumidores enquanto compradores voluntários ou não-compradores.[163] Portanto, a alocação de recursos, seja qual for e por mais que mude ao longo do tempo, inclui um desperdício dos meios escassos. Livre da necessidade de obter lucro para sobreviver como instituição servidora do consumidor, o estado substitui necessariamente a racionalidade pelo caos alocacional. M. Rothbard resume muito bem o problema:

> Como ele (i.e., o governo) poderá saber se deve construir a estrada *A* ou *B*, se deve "investir" numa estrada ou numa escola – na verdade, quanto gastar em todas essas atividades? Não há modo racional que ele possa alocar os fundos ou mesmo decidir quanto deve ser obtido. Quando há falta de professores, de salas de aula, de policiais ou ruas, o governo e os que o apoiam só apresentam uma única solução: precisamos de mais dinheiro. As pessoas devem entregar mais do próprio dinheiro ao governo. Por que essa mesma solução nunca é oferecida no livre-mercado? O motivo é que o dinheiro deve ser *retirado* de um outro uso do consumo ou do investimento – e tal retirada

---

[163] Sobre as alocações democraticamente controladas, várias deficiências se tornam muito evidentes. Por exemplo, em *The Consequences of Mr. Keynes* (London, 1978, p. 19), J. Buchanan e R. Wagner escreveram que: "A competição no mercado é contínua; a cada compra, um comprador é capaz de selecionar entre vendedores concorrentes. A competição política é intermitente; uma decisão é geralmente obrigatória durante um período determinado. A competição no mercado permite que muitos competidores sobrevivam simultaneamente (...). A competição política leva a um resultado de tudo-ou-nada (...). Numa competição no mercado, o comprador pode estar razoavelmente certo quanto ao que ele receberá com sua compra. Numa competição política, o comprador está, na verdade, adquirindo os serviços de um agente que ele não pode constranger (...). Além disso, como um político precisa assegurar a cooperação de uma maioria de políticos, o significado de um voto para ele é menos claro do que o de um 'voto' para uma empresa privada". (Cf. também J. Buchanan, "Individual Choice in Voting and the Market," in *Fiscal Theory and Political Economy*, Chapel Hill, 1962; para um tratamento mais amplo sobre o problema, cf. J. Buchanan e G. Tullock, *The Calculus of Consent*, Ann Arbor, 1962.) Porém, o que tem sido frequentemente ignorado – especialmente por aqueles que tentam transformar em virtude o fato de que uma democracia concede igual poder de voto a todos ao passo que a soberania do consumidor permite "votos" desiguais – é a mais importante deficiência dentre todas: que sob um sistema de soberania do consumidor as pessoas podem votar de forma desigual além de exercerem o controle exclusivamente sobre as coisas que adquiriram através de apropriação original ou por contrato e, consequentemente, são forçadas a agir moralmente. Sob uma democracia de produção, se considera que todo mundo tem algo a dizer sobre as coisas que não adquiriram e, portanto, se é permanentemente convidado não apenas a criar instabilidade legal, com todos os seus efeitos negativos no processo de formação de capital, mas também a agir de forma imoral. Cf. também sobre o tema L. v. Mises, *Socialism*, Indianapolis, 1981, capítulo 31; e cf. o capítulo 8 deste livro.

deve ser justificada. Esta justificação deve ser fornecida pelo teste dos lucros e prejuízos: a indicação de que os mais urgentes anseios do consumidor estão sendo satisfeitos. Se um empreendimento ou produto estiverem gerando lucros altos para os proprietários, e se for esperado que tais lucros continuem, mais dinheiro irá surgir; caso contrário, se houver prejuízos, o dinheiro sairá da indústria. O teste dos lucros e prejuízos serve como guia crítico no direcionamento do fluxo de recursos produtivos. Não existe tal guia para o governo, que não tem como racionalmente decidir quanto dinheiro deve gastar, seja no total ou em cada ramo específico. Quanto mais dinheiro gasta, mais serviços pode oferecer – mas, onde isso vai parar?[164]

Além da má alocação dos fatores de produção como resultado da decisão de conceder ao estado o direito especial de se apropriar da receita de forma não-contratual, a produção estatal culmina numa queda da qualidade da produção do que quer que se decida produzir. Novamente, uma empresa comum com fins lucrativos só pode manter um determinado tamanho ou possivelmente crescer se puder vender os seus produtos por um preço e na quantidade que permita pelo menos recuperar os custos da produção ou, com sorte, ter uma receita maior. Uma vez que a demanda pelos bens e serviços produzidos depende tanto de sua quantidade relativa quanto do seu preço – sendo este um dos muitos critérios de qualidade – segundo a percepção dos potenciais compradores, os produtores tem que estar constantemente preocupados com a "qualidade percebida do produto" ou com o "barateamento do produto". Para garantir sua continuidade, uma empresa é exclusivamente dependente das compras voluntárias dos consumidores, assim não há um padrão de qualidade arbitrariamente definido para um empreendimento capitalista (incluindo os chamados padrões científicos e tecnológicos de qualidade) e estabelecido por um suposto especialista ou por um comitê de especialistas. Para isso há apenas a qualidade segundo a percepção e julgamento dos consumidores. Mais uma vez, esse critério não impede que haja produtos de baixa qualidade ou produtos e serviços muito caros, pois a produção leva tempo e o teste de vendas só ocorre depois que os produtos são lançados no mercado. E tem que ser assim sob qualquer sistema de bens de produção. Contudo, o fato de que todo empreendimento capitalista deve se submeter e passar no teste de vendas para evitar ser eliminado do mercado garante uma posição de soberania para os consumidores e para suas avaliações. Só se a qualidade do produto for constantemente aprovada e adequada aos gostos dos consumidores é que uma empresa pode continuar atuando no mercado e prosperando.

---

[164] M. N. Rothbard, *Governo e Mercado*, São Paulo: Instituto Ludwig von Mises Brasil, 2012, p. 194.

A história é muito diferente quando a produção de bens é realizada pelo estado. Uma vez que a receita se torna independente do custo de cobertura das vendas – como é tipicamente o caso quando o estado produz um bem – não há mais razão para que o produtor fique preocupado com a qualidade do produto da mesma forma que ficaria uma instituição que depende das vendas. Se o rendimento futuro do produtor puder ser assegurado, independentemente se estiver de acordo com as avaliações dos consumidores de que os produtos e serviços produzidos merecem o seu dinheiro, por qual razão empreender esforços especiais para melhorar alguma coisa? Mais especificamente, mesmo que se considere que os servidores do estado como uma empresa produtiva com o direito de impor o pagamento de impostos e de regular unilateralmente a competitividade de seus potenciais rivais, sejam, na média, tão interessados ou desinteressados no trabalho quanto aqueles que trabalham numa empresa que depende do lucro,[165] e se, além disso, se considerar que ambos os grupos de funcionários públicos e trabalhadores privados estão, na média, igualmente interessados ou desinteressados no aumento ou na redução de seus rendimentos, então, a qualidade dos produtos, medida de acordo com a demanda dos consumidores e revelada pelas compras reais, tem que ser inferior naqueles produzidos numa empresa estatal do que os fabricados numa empresa privada, pois a renda dos funcionários públicos estariam menos dependentes da qualidade do produto. Consequentemente, eles tenderiam a dedicar relativamente menos esforços para produzir produtos de qualidade e a dedicar mais tempo e esforços para fazer o que eles querem, mas não necessariamente o que deseja o consumidor.[166] Só se as pessoas que trabalham para o estado fossem sobre-humanas ou geniais, enquanto todo mundo seria simplesmente comum, um ser humano inferior, o resultado poderia ser diferente. No entanto, haveria de novo o mesmo resultado, ou seja, a inferioridade da qualidade do produto de quaisquer bens produzidos pelo estado, mesmo que a raça humana como um todo melhorasse de alguma forma: se trabalhassem para uma empresa estatal, até mesmo os anjos produziriam um resultado de qualidade inferior ao de seus colegas anjos da iniciativa privada, se o trabalho significou para eles uma desutilidade mínima.

Finalmente, além do fato de que só o sistema de mercado pode assegurar uma alocação racional dos recursos escassos, e que somente as empresas capitalistas podem garantir a fabricação de produtos que pode ser

---

[165] É uma suposição muito generosa assim como é quase certo que o setor público de produção atrai desde o início um tipo diferente de pessoa e ostenta uma quantidade surpreendentemente grande de pessoas ineficientes, preguiçosas e incompetentes.

[166] Cf. L. v. Mises, Bureaucracy, New Haven, 1944; Rothbard, Governo e Mercado, São Paulo: Instituto Mises Brasil, 2012, p. 174 et seq.; e For A New Liberty, New York, 1978, capítulo 10; e também M. e R. Friedman, Tirania do Status Quo, Rio de Janeiro: Record, 1984,.

considerado de ótima qualidade, há uma terceira razão estrutural para a realmente insuperável superioridade econômica de um sistema capitalista de produção. Somente através do funcionamento das forças de mercado é possível utilizar ao longo do tempo os recursos de forma eficiente numa determinada alocação, ou seja, evitar a superutilização tanto quanto a subutilização. Esse problema já foi tratado no capítulo 3 em relação ao socialismo de estilo russo. Quais são as restrições institucionais de uma empresa comum com fins lucrativos em suas decisões sobre o grau de exploração ou conservação de seus recursos num ramo de produção específico no qual elas passam a ser utilizadas? Evidentemente, o proprietário de uma empresa possuiria os fatores de produção ou os recursos tanto quanto os produtos produzidos com ambos. Assim, a sua renda (usada aqui no sentido mais amplo do termo) consiste de duas partes: a renda que é recebida das vendas dos produtos produzidos após diversos custos de operação terem sido subtraídos; e o valor incorporado nos fatores de produção que poderia ser traduzida em renda atual caso o proprietário decidisse vendê-los. Institucionalizar um sistema capitalista – uma ordem social baseada na propriedade privada – significa, portanto, estabelecer uma estrutura de incentivos sob a qual as pessoas tentariam maximizar seus rendimentos em ambas as dimensões. O que isso significa exatamente?[167] Todo ato de produção afeta evidentemente as duas dimensões de rendimentos mencionadas. Por um lado, a produção é destinada a obter uma renda proveniente das vendas. Por outro lado, na medida em que os fatores de produção são esgotáveis, ou seja, enquanto eles são escassos e não são livres, todo ato produtivo significa uma deterioração do valor dos fatores de produção. Considerando que a propriedade privada existe, isso produz uma situação na qual toda empresa tenta constantemente não deixar que os custos marginais da produção (ou seja, a queda no valor dos recursos resultantes do seu uso) se tornem maiores do que a receita marginal do produto, e onde, com a ajuda da contabilidade, existe um instrumento para verificar o sucesso ou o fracasso dessas tentativas. Se um produtor não for bem-sucedido nessa tarefa e a queda no valor do capital for maior do que o aumento da renda proveniente das vendas, o rendimento total do proprietário (no mais amplo sentido do termo) seria reduzido. Portanto, a propriedade privada é um dispositivo institucional para salvaguardar um estoque existente de capital de ser excessivamente explorado ou para punir um proprietário por deixar isso acontecer através de perdas no rendimento. Isto ajuda a permitir que os valores produzidos sejam maiores do que os valores destruídos durante a produção. Em particular, a propriedade privada

---

[167] Sobre o tema, cf. L. v. Mises, *Ação Humana*, São Paulo: Instituto Ludwig von Mises Brasil, 2010, capítulo 23.6; M.N. Rothbard, *Man Economy and State*, Los Angeles, 1970, capítulo 7, esp. 7.4-6; "Conservation in the Free Market", in: Egalitarianism As A Revolt Against Nature, Washington, 1974; e For A New Liberty, New York, 1978, capítulo 13.

é uma instituição na qual um incentivo é estabelecido para adequar de forma eficiente o grau de conservação ou de consumo de um determinado estoque de capital num ramo de produção específico para as mudanças antecipadas de preço. Se, por exemplo, a expectativa fosse de aumento no preço futuro do petróleo acima do seu nível atual, então, o valor do capital ligado à produção de petróleo subiria imediatamente assim como o custo marginal envolvido na produção do produto marginal. Portanto, o empreendimento seria imediatamente forçado a reduzir a produção e, de forma equivalente, a aumentar a conservação, pois a receita marginal do produto no mercado vigente ainda estava num nível inferior inalterado. Por outro lado, se a expectativa fosse de queda nos preços futuros de petróleo abaixo do seu nível atual, isso resultaria numa queda imediata nos respectivos valores e nos custos marginais, e, consequentemente, a empresa começaria imediatamente a utilizar o seu estoque de capital de forma mais intensiva uma vez que os preços no mercado atual seriam relativamente mais altos. E, na verdade, essas duas reações são exatamente as desejáveis do ponto de vista dos consumidores.

Se o modo de funcionamento do sistema de produção capitalista é comparado com a circunstância que se institucionaliza sempre que o estado cuida dos meios de produção, surgem diferenças impressionantes. Isso é especialmente verdadeiro quando o estado é uma moderna democracia parlamentar. Neste caso, os gestores de uma empresa podem ter o direito de receber as receitas provenientes das vendas (após subtrair os custos de operação), mas, e isso é decisivo, eles não têm o direito de se apropriar de forma privada das receitas de uma possível venda dos fatores de produção. Num ambiente como este, o incentivo para usar economicamente e ao longo do tempo um determinado estoque de capital é drasticamente reduzido. Por quê? Porque se houver o direito de apropriação privada dos rendimentos provenientes das vendas, mas não se tem o direito de se apropriar dos ganhos ou prejuízos no valor do capital que resultam de um determinado nível de utilização desse capital, há então uma estrutura de incentivo institucionalizada, não para maximizar a renda total – ou seja, a riqueza social total de acordo com as avaliações dos consumidores –, mas para maximizar os rendimentos provenientes das vendas às custas das perdas no valor do capital. Por que, por exemplo, o governo deve reduzir oficialmente o grau de exploração de um determinado estoque de capital e recorrer a uma política de conservação quando a expectativa é a de que os preços dos bens produzidos aumentem no futuro? Evidentemente, a vantagem dessa política conservacionista (o mais alto valor do capital decorrente dela) não poderia ser aproveitada de maneira privada. Por outro lado, ao recorrer a essa política os rendimentos provenientes das vendas seriam reduzidos, ao passo que não seriam reduzidos se a conservação fosse esquecida. Em resumo, conservar significa não ter qualquer vantagem e todas as desvantagens. Portanto, se os gestores do estado não são super-humanos, mas pessoas comuns preocupadas com os seus próprios benefícios, deve-se concluir que se trata de uma consequência absolutamente necessária de qualquer produção estatal que um determinado estoque de capital seja superutilizado e que prejudique o padrão de vida dos consumidores quando comparado à mesma situação sob o capitalismo.

Agora é bastante certo que alguém argumente que, na medida em que não se pudesse duvidar do que foi demonstrado até agora, as coisas seriam, de fato, diferentes e a deficiência de um sistema de puro mercado viria à tona assim que fosse dada uma atenção especial ao caso da produção monopolista. E, por necessidade, a produção monopolista teria que surgir sob o capitalismo, pelo menos no longo prazo. Não apenas os críticos marxistas, mas também os teóricos econômicos ortodoxos formularam esse suposto contra-argumento.[168] Em resposta a essas críticas, serão apresentados quatro pontos. Em primeiro lugar, as evidências históricas disponíveis mostram que, ao contrário da tese dos críticos, não há uma tendência em direção a um aumento do monopólio sob um sistema de mercado sem entraves. Além do mais, há razões teóricas que colocam em dúvida se essa tendência poderia prevalecer num livre mercado. Em terceiro lugar, mesmo que esse processo de aumento da monopolização fosse conduzido, seria inócuo do ponto de vista dos consumidores contanto que a livre entrada no mercado fosse realmente garantida. O quarto ponto é que o conceito de preços de monopólio como diferenciados dos, e em contraste aos, preços competitivos é, numa economia capitalista, algo ilusório.

No que diz respeito à evidência histórica, se a tese dos críticos do capitalismo fosse verdadeira, seria preciso então esperar uma tendência mais nítida rumo a uma monopolização sob um capitalismo laissez-faire mais livre, sem entraves e desregulado do que sob um sistema relativamente e mais pesadamente regulado de capitalismo de "bem estar" ou de capitalismo "social". No entanto, a história fornece evidência de resultados precisamente opostos. Há um consenso em relação à avaliação do período entre 1867 e a Primeira Guerra Mundial como sendo o período relativamente mais capitalista na história dos Estados Unidos e o período seguinte como sendo, comparativamente, o de aumento da regulação do mercado e da legislação do estado de bem-estar social. Porém, analisando a questão, se verifica que não houve somente menos desenvolvimento rumo à monopolização e a concentração de empresas no primeiro período em relação ao segundo, mas também que durante o primeiro período era possível observar uma tendência constante para uma concorrência mais séria com os

---

[168] Sobre o tema, cf. L. v. Mises, *Socialism*, Indianapolis, 1981, part 3.2.

preços de quase todos os bens caindo continuamente.[169] E essa tendência só foi interrompida e revertida quando no decorrer do tempo o sistema de mercado foi muito mais obstruído e destruído pela intervenção do estado. O crescimento da monopolização só se estabeleceu quando os principais empresários conseguiram persuadir o governo a interferir no sistema de concorrência feroz e aprovar uma legislação reguladora, impondo um sistema de concorrência "ordeira" para proteger as grandes empresas da chamada concorrência cruel que nascia continuamente em torno delas.[170] G. Kolko, um esquerdista e, certamente, uma testemunha confiável pelo menos para os críticos da esquerda, resumiu sua pesquisa sobre essa questão da seguinte forma:

> Houve durante esse período (o primeiro) uma tendência dominante para o crescimento da concorrência. A concorrência era inaceitável para muitos dos principais líderes empresariais e financeiros, e o movimento de fusão foi em larga medida uma repercussão dos efeitos de negócios voluntários mal-sucedidos de colocar sob controle tendências irresistíveis. (...) Como surgiram novos concorrentes e como o poder econômico foi difundido por toda uma nação em expansão, tornou-se evidente para muitos empresários importantes que só o governo nacional poderia (controlar e estabilizar) a economia (...). Ironicamente, ao contrário do consenso entre os historiadores, não foi a existência do monopólio que provocou o governo a intervir na economia, mas a sua ausência.[171]

Além do mais, essas descobertas, que estão em clara contradição com a maior parte do conhecimento vulgar sobre a questão, estão apoiadas em considerações teóricas.[172] Monopolização significa que algum fator espe-

---

[169] Assim afirma J. W. McGuire em *Business and Society*, New York, 1963, p. 38-39: "de 1865 a 1897, a queda de preços ano após ano dificultou para o empresário fazer planos para o futuro. Em muitas áreas as novas ligações ferroviárias resultaram em nacionalização do mercado ao leste do Mississipi e mesmo pequenos negócios em pequenas cidades foram forçadas a competir com outras empresas geralmente maiores e localizadas longe dali. Ao mesmo tempo, houve avanços notáveis em tecnologia e produtividade. Em resumo, foi uma época maravilhosa para o consumidor, mas um período assustador para os produtores, especialmente porque a concorrência ficou ainda mais acirrada."
[170] Cf. G. Kolko, *The Triumph of Conservatism*, Chicago, 1967; e *Railroads and Regulation*, Princeton, 1965; J. Weinstein, *The Corporate Ideal in the Liberal State*, Boston, 1968; M. N. Rothbard e R. Radosh (eds.), *A New History of Leviathan*, New York, 1972.
[171] G. Kolko, *The Triumph of Conservatism*, Chicago, 1967, p.4-5; cf. também as investigações de M. Olson, *The Logic of Collective Action*, Cambridge, 1965, sobre o efeito das organizações de massa (particularmente, os sindicatos dos trabalhadores), que também não são um fenômeno de mercado, mas devem sua existência à ação legislativa.
[172] Sobre o tema, cf. L. v. Mises, *Socialism*, Indianapolis, 1981, part 3.2; e *Ação Humana*, São Paulo: Instituto Ludwig von Mises Brasil, 2010, Capítulos 25-26; M. N. Rothbard, *Man, Economy and State*, Los Angeles, 1970, p.544 et seq.; p.585 et seq.; e "Ludwig von Mises and Economic Calculation under Socialism," in: L. Moss (ed.), *The Economics of Ludwig von Mises*, Kansas City, 1976, p. 75-76.

cífico de produção é retirado da esfera do mercado. Não há comércio de fator, mas somente o proprietário desse fator se dedicando à restrição do comércio. Agora, se é assim, então não existe preço de mercado para esse fator de produção monopolizado. Mas se não há preço de mercado para esse fator, o proprietário do fator também não pode mais aferir os custos monetários envolvidos ao retê-lo fora do mercado e utilizá-lo como costuma fazer. Em outras palavras, ele não pode mais calcular seus lucros e se certificar que, mesmo que somente *ex post facto*, está realmente obtendo dos seus investimentos os mais altos lucros possíveis. Assim, desde que o empreendedor estivesse realmente interessado em produzir o mais alto lucro possível (algo que, na verdade, sempre é levado em consideração pelos seus críticos), teria que oferecer continuamente no mercado os fatores de produção monopolizados para ter certeza de que estava realmente utilizando-os da maneira mais lucrativa e que não havia outra maneira mais lucrativa de utilizá-los, de modo a fazer com que fosse mais lucrativo para o empreendedor vendê-los do que mantê-los. Portanto, ao que parece, seria obtido o seguinte resultado paradoxal: para maximizar seus lucros, o monopolista teria que ter um interesse permanente de desistir de sua posição como proprietário de um fator de produção retirado do mercado e desejar incluí-lo na esfera do mercado.

Além disso, a cada ato adicional de monopolização, o problema se torna ainda mais crítico para os proprietários dos fatores de produção monopolizados – ou seja, que devido à impossibilidade do cálculo econômico, ele não pode mais ter certeza de que aqueles fatores serão realmente utilizados da forma mais lucrativa. Particularmente, isso ocorre dessa forma porque, realisticamente, deve-se considerar que o monopolista não só não é onisciente, mas que seu conhecimento em relação aos bens e serviços que vão competir futuramente pelos consumidores dos mercados futuros se torna ainda mais limitado assim como o processo de desenvolvimento da monopolização. Como os fatores de produção são retirados do mercado e como o círculo de consumidores atendidos pelos bens produzidos com esses fatores é ampliado, será menos provável que o monopolista, incapaz de utilizar o cálculo econômico, possa continuar controlando todas as informações relevantes e necessárias para identificar os usos mais lucrativos para seus fatores de produção. Pelo contrário, se torna mais provável no decorrer desse processo de monopolização que outras pessoas ou grupos de pessoas, considerando o seu desejo comum para produzir lucros ao se dedicarem à produção, observem formas mais lucrativas de empregar os fatores de produção monopolizados.[173] Não necessariamente por serem os melhores empreendedores, mas apenas porque *ocupam* diferentes posições

---

[173] Cf. F. A. Hayek, *Individualism and Economic Order*, Chicago, 1948, esp. capítulo 9; I. Kirzner, *Competição e Atividade Empresarial*, São Paulo: Instituto Ludwig von Mises Brasil, 2012.

no espaço e no tempo, e assim se tornam cada vez mais alertas a respeito das oportunidades empresariais, o que, por sua vez, torna mais difícil e oneroso para o monopolista identificar a cada novo passo em direção à monopolização. Consequentemente, a probabilidade de que o monopolista seja persuadido a vender seus fatores de produção monopolizados a outros produtores – *nota bene*: com o propósito de aumentar seus lucros – aumenta a cada novo passo adicional rumo à monopolização.[174]

Agora, suponhamos que o que a evidência histórica assim como a teoria demonstram ser improvável acontece de qualquer maneira, por qualquer motivo. E suponhamos imediatamente o caso mais extremo já concebido: há somente uma única empresa, digamos, um supermonopolista, que fornece todos os bens e serviços disponíveis no mercado e que é o único empregador. O que significa esse estado de coisas no que se refere à satisfação do consumidor considerando, obviamente, que o supermonopolista conquistou a sua posição e a manteve sem recorrer à agressão? Por um lado, significa evidentemente que ninguém tem qualquer reivindicação válida contra o proprietário dessa empresa, que, de fato, pertence a ele. E, por outro lado, significa que não há violação do direito de qualquer pessoa de boicotar qualquer eventual troca. Ninguém é obrigado a trabalhar para o monopolista ou comprar qualquer coisa dele, e todo mundo pode fazer o que quiser com seus ganhos provenientes dos trabalhos que realizou. Pode gastá-los ou poupá-los, usá-los com objetivos produtivos ou não-produtivos, ou se associar com outras pessoas e juntar os recursos financeiros para qualquer tipo de empreendimento conjunto (*joint venture*). Mas, se fosse assim, a existência de um monopólio só nos permitira dizer que, claramente, o monopolista não poderia ver qualquer chance de melhorar a sua renda com a venda de todos ou de parte de seus meios de produção, caso contrário, ele o faria. E ninguém mais poderia ver qualquer chance de melhorar a sua renda por meio de uma oferta maior pelos fatores de produção do monopolista ou ao se transformar num produtor capitalista, seja através de poupanças originais, através da transformação da riqueza privada

---

[174] Sobre a propriedade em grande escala, em particular a da terra, Mises observou que ela normalmente só ocorre e é mantida pelas forças de não-mercado: pela violência coercitiva e pelo sistema legal estatal compulsório que proíbe ou dificulta a venda da terra. "Em nenhum lugar e em nenhum momento, a propriedade em grande escala veio a existir por obra das forças econômicas no mercado. Fundada na violência, tem sido mantida tão-somente pela violência. Tão logo os latifúndios são atraídos para a esfera das transações do mercado, começam a desmoronar até que desapareçam completamente (...). Que numa economia de mercado é difícil agora manter um latifúndio, tal dificuldade é mostrada pelos esforços para se criar legislação voltada a instituições como 'Fideicomisso' e instituições legais relacionadas à "herança inalienável" inglesa (...). A propriedade dos meios de produção nunca foi tão concentrada quanto na época de Plínio, quando metade da província da África pertencia a seis pessoas, ou no tempo dos Merovíngios, quando a igreja possuía a maior parte de todo o solo francês. E em nenhuma parte do mundo há menos propriedade da terra em grande escala do que na capitalista América do norte". *Socialism*, Indianapolis, 1981, p.325–326.

existente utilizada de forma improdutiva em capital produtivo e através da combinação de recursos financeiros com terceiros, pois, caso contrário, isso também seria feito. Mas, depois, se ninguém visse qualquer chance de melhorar a sua renda sem recorrer à agressão, seria evidentemente absurdo ver qualquer coisa errada com esse tipo de supermonopólio. Caso isso nunca viesse realmente a acontecer no âmbito de uma economia de mercado, só provaria que esse mesmo supermonopolista estava realmente atendendo da forma mais eficiente os consumidores nas suas necessidades mais urgentes de bens e serviços.

No entanto, permanece a questão dos preços monopolísticos.[175] Um preço monopolístico não significa uma oferta subótima de bens para consumidores e não há uma exceção importante do funcionamento econômico geralmente superior do capitalismo encontrado aqui? De certa forma, essa questão já foi respondida pela explicação feita anteriormente de que mesmo um supermonopolista que se estabelece no mercado não pode ser considerado prejudicial para os consumidores. Mas, de qualquer forma, a teoria de que os preços monopolísticos são (supostamente) categoricamente diferentes dos preços competitivos foi apresentada numa linguagem técnica diferente e, portanto, merece um tratamento especial. O resultado dessa análise, que agora dificilmente causará surpresa, só reforça o que já foi descoberto: o monopólio não constitui um problema especial que obriga qualquer um a fazer alterações qualificadoras à regra geral de uma economia de mercado, sendo necessariamente mais eficiente do que qualquer sistema socialista ou estatista. Qual é a definição de "preço monopolístico" e, em contraste, de "preço competitivo", de acordo com a ortodoxia econômica (que, na questão sob investigação, inclui a Escola Austríaca de economia representada por Ludwig von Mises)? A seguinte definição é típica:

> O monopólio é um pré-requisito para o aparecimento de preços monopolísticos, mas não é o único pré-requisito. É necessário atender a uma condição adicional, qual seja, certa conformação da curva da demanda. A mera existência de monopólio não significa que essa condição esteja atendida. O editor de um livro do qual detenha os direitos de publicação é um monopolista. Mas pode ser que não consiga vender uma única cópia, por menor que seja o preço solicitado. O preço pelo qual o monopolista vende sua mercadoria nem sempre é um preço monopolístico. Preços monopolísticos são apenas

---

[175] Cf. sobre o assunto M. N. Rothbard, *Man, Economy and State*, Los Angeles, 1970, capítulo 10, esp. p.586 et seq.; e também W. Block, "Austrian Monopoly Theory. A Critique", in: *Journal of Libertarian Studies*, 1977.

os preços pelos quais é mais vantajoso para o monopolista restringir a quantidade a ser vendida do que expandir suas vendas até o limite que o mercado competitivo permitiria.[176]

Por mais plausível que essa distinção possa parecer, será argumentado que nem o próprio produtor nem qualquer observador imparcial externo poderiam decidir se os preços efetivamente obtidos no mercado eram monopolísticos ou competitivos baseado no critério "oferta restrita versus oferta irrestrita" especificado na definição anterior. Para compreender isso, suponha que exista um produtor monopolista como sendo "um único produtor de um determinado bem". A questão de haver ou não um determinado bem diferente ou homogêneo dos outros bens produzidos por outras empresas não é a que pode ser decidida com base numa análise comparativa desses bens em termos físicos ou químicos *ex ante*, mas terá sempre que ser decidida *ex post facto* nos mercados futuros com tratamento igual ou diferente e com as avaliações que esses bens recebem do público comprador. Assim, cada produtor, não importa qual seja o seu produto, pode ser considerado um monopolista potencial nesse sentido do termo no ponto da tomada de decisão. Qual é, então, a decisão com que ele e cada produtor se depara? Ele tem que decidir quantos bens em questão deve produzir para maximizar a sua renda monetária (supondo que sejam dadas outras compensações de renda não-monetária). Para ser capaz de fazê-lo, ele tem que decidir como a curva da demanda para o produto em causa será conformada quando os produtos chegarem ao mercado, e deve levar em consideração os vários custos de produção para produzir diferentes quantidades dos bens a serem produzidos. Com isso feito, ele irá determinar a quantidade a ser produzida até aquele ponto em que os lucros das vendas, ou seja, a quantidade de bens vendidos vezes o preço, menos os custos de produção envolvidos na produção daquele volume, atingirá um valor máximo. Suponhamos que isso aconteça e que o monopolista também passe a acertar em sua avaliação da curva de demanda futura na qual o preço que ele busca para seus produtos, de fato, ganhem o mercado. Agora a questão é: esse preço de mercado é um preço monopolístico ou um preço competitivo? Como M. Rothbard percebeu em sua pioneira, mas bastante ignorada análise sobre o problema do monopólio, não há nenhuma maneira de saber. O volume de bens "restritos" foi produzido para tirar vantagem da demanda inelástica e dessa forma se obteve um preço monopolístico, ou o preço obtido foi um preço competitivo estabelecido para vender um volume de bens que foi expandido "até o limite que o mercado competitivo permitiria"? Não há maneira de decidir a questão.[177]

---

[176] L.v. Mises, *Ação Humana*, São Paulo: Instituto Ludwig von Mises Brasil, 2010, p.421; cf. também qualquer livro-texto, como o de P. Samuelson, *Economics*, New York, 1976, p.500.
[177] Cf. M. N. Rothbard, *Man, Economy and State*, Los Angeles, 1970, capítulo 10, esp. p.604-614.

Claramente, cada produtor sempre tentará definir o volume produzido num nível acima do qual a demanda se torne elástica e, consequentemente, produza retornos totais mais baixos devido aos preços pagos serem reduzidos. Desse modo, ele se envolve em práticas restritivas. Ao mesmo tempo, baseado em sua estimativa de conformar as curvas da demanda futura, cada produtor tentará sempre expandir a sua produção de qualquer bem até o ponto em que o custo marginal de produção (ou seja, o custo de oportunidade de não produzir uma unidade de um bem alternativo com a ajuda dos escassos fatores de produção agora estreitamente ligados ao processo de produção de uma outra unidade de x) iguala o preço por unidade de x que se espera ser capaz de cobrar a um nível de oferta correspondente. Tanto a restrição quanto a expansão são partes da maximização do lucro e da formação do preço de mercado, e nenhum desses dois aspectos podem ser separados um do outro para se fazer uma distinção válida entre a ação monopolista e a ação competitiva.

Agora, suponha que no próximo ponto da tomada de decisão o monopolista decida reduzir a fabricação do bem produzido de um nível anteriormente mais alto para um nível mais baixo, e considere que ele realmente consegue garantir neste momento lucros totais mais altos do que num ponto anterior no tempo. Não seria um exemplo claro de um preço monopolístico? Novamente, a resposta tem que ser negativa. E dessa vez, a razão seria o aspecto indistinguível dessa "restrição" realocacional de uma realocação "normal" que leva em consideração as mudanças na demanda. Todo evento que pode ser interpretado de uma determinada forma também pode sê-lo de outra maneira, e não há meios de decidir a questão, pois, mais uma vez, ambos são essencialmente dois aspectos da mesma coisa: da ação de escolher. O mesmo resultado, ou seja, uma restrição da oferta associada não apenas aos preços mais altos, mas aos preços altos o suficiente para aumentar a receita total das vendas, ocorreria se o monopolista que, por exemplo, produz um tipo único de maçãs se depara com um aumento na demanda por maçãs (um deslocamento para cima na curva de demanda) e, simultaneamente, um aumento ainda maior na demanda por laranjas (e um deslocamento para cima ainda mais drástico na curva de demanda). Nessa situação, ele também conseguiria lucros mais altos a partir de uma produção reduzida de maçãs, pois o seu preço anterior de mercado teria se tornado subcompetitivo no mesmo período. E se quisesse realmente maximizar seus lucros, em vez de simplesmente expandir a produção de maçãs de acordo com a demanda crescente, ele teria que usar alguns fatores anteriormente utilizados na produção de maçãs para produzir laranjas, pois nesse ínterim teriam ocorrido mudanças no sistema de preços relativos. Porém, e se o monopolista que limita a produção de maçãs não se envolve na produção de laranjas com os fatores agora disponíveis e, em contrapartida, nada faz com eles? De novo, tudo isso indicaria que junto com o aumento da demanda por maçãs ocorreria nesse período um aumento ainda maior na demanda por outro bem – por lazer, por exemplo (mais precisamente, a demanda do monopolista, que também é um consumidor, por lazer). A explicação para a oferta limitada de maçãs está nas alterações no preço relativo do lazer (em vez das laranjas) na comparação com outros bens.

Nem da perspectiva do próprio monopolista nem da de qualquer observador externo a ação restritiva poderia ser conceitualmente diferenciada das realocações normais que apenas acompanham as mudanças antecipadas na demanda. Toda vez que o monopolista se envolve em atividades restritivas que são acompanhadas por preços mais altos, ele deve, por definição, utilizar os fatores liberados para outros fins muito mais valorizados, o que significa que ele se adequa às mudanças na demanda relativa. Segundo M. Rothbard,

> Não podemos usar a "restrição da produção" como o teste do preço monopolístico vs. preço competitivo. Um movimento de um preço subcompetitivo para um preço competitivo também envolve uma restrição da produção desse bem associado, é claro, a uma expansão da produção em outros ramos de atividades pelos fatores que foram liberados. Não há nenhuma maneira de distinguir essa restrição da expansão, que é a consequência natural da suposta situação de "preço monopolístico". Se a restrição é acompanhada por um aumento de lazer para o proprietário do fator trabalho em vez do aumento da produção de algum outro bem no mercado, ainda se trata da expansão do rendimento de um bem de consumo – o lazer. Ainda não há uma forma de determinar se a "restrição" resultou num preço "monopolístico" ou num preço "competitivo", ou em que medida a causa estava envolvida no aumento do lazer. Definir um preço monopolístico como um preço alcançado pela venda de uma quantidade menor de um produto por um preço mais alto, por essa razão, não tem qualquer sentido, uma vez que a mesma definição se aplica ao preço "competitivo" quando comparado ao preço subcompetitivo.[178]

A análise da questão do monopólio não fornece qualquer razão para modificar a descrição feita anteriormente sobre a forma como a economia de puro mercado normalmente funciona e a sua superioridade sobre qualquer tipo de sistema de produção socialista ou estatista. Não é apenas altamente improvável, tanto empiricamente quanto teoricamente, ocorrer um processo de monopolização mas, mesmo que ocorresse, seria inofensivo do ponto de vista dos consumidores. No âmbito de um sistema de

---

[178] M. N. Rothbard, *Man, Economy and State*, Los Angeles, 1970, p.607.

mercado, um preço monopolístico restritivo não poderia ser distinguido do aumento do preço normal decorrente de uma demanda mais elevada e de alterações nos preços relativos. E como toda ação restritiva é simultaneamente expansionista é simplesmente absurdo afirmar que a redução da produção em um ramo de produção associado a um aumento na receita total significa uma má-distribuição dos fatores de produção e uma exploração dos consumidores. O equívoco presente nesse raciocínio foi corretamente demonstrado no seguinte trecho de um dos trabalhos tardios de L. v. Mises no qual ele refuta implicitamente a sua própria posição ortodoxa já mencionada em relação ao problema monopólio-preço. Mises afirma:

> Um empreendedor que tem 100 unidades de capital à sua disposição emprega, por exemplo, 50 unidades para a produção de p e 50 unidades para a produção de q. Se ambas são lucrativas, é estranho culpá-lo por não ter empregado mais, por exemplo, 75 unidades para a produção de p. Ele poderia aumentar a produção de p apenas pela redução correspondente da produção de q. Mas, no que se refere à q, a mesma falha poderia ser encontrada entre os descontentes. Se o empreendedor é responsabilizado por não ter produzido mais p, deve-se responsabilizá-lo também por não ter produzido mais q. Isso significa que se responsabiliza o empreendedor pelo fato de que há uma escassez dos fatores de produção e que a Terra não é a de Cockaigne.[179]

Não existe o problema do monopólio como um problema especial dos mercados que exige uma ação estatal para ser resolvido.[180] De fato, só quando o estado entra em cena é que surge um problema real, não ilusório, do monopólio e dos preços monopolísticos. O estado é a única empresa cujos preços e práticas empresariais podem ser conceitualmente diferenciadas de todos os outros preços e práticas, e cujos preços e práticas podem ser classificados como "muito altos" ou "exploração" de uma maneira completamente objetiva e não arbitrária. São preços e práticas que os consumidores não desejam voluntariamente aceitar e pagar, mas que são forçados a fazê-los mediante ameaças de violência. E só de uma instituição tão privilegiada quanto o estado também é normal esperar e constatar um processo permanente de aumento da monopolização e da concentração. Na compa-

---

[179] L.v. Mises, "Profit and Loss," in: *Planning for Freedom*, South Holland, 1974, p.116.
[180] De fato, historicamente, a política governamental antitruste tem sido quase exclusivamente a prática de municiar concorrentes não tão bem-sucedidos com instrumentos legais necessários para dificultar o trabalho dos seus rivais mais bem-sucedidos. Uma impressionante coletânea de estudos de casos sobre os resultados dessa prática pode ser cf. em D. Armentano, *Antitrust and Monopoly*, New York, 1982; e também Y. Brozen, *Is Government the Source of Monopoly? And Other Essays*, San Francisco, 1980.

ração com outras empresas, que estão sujeitas ao controle dos consumidores compradores ou não-compradores voluntários, a empresa "estado" é uma organização que pode tributar as pessoas e não precisa aguardar que elas aceitem o imposto, e pode impor regulações sobre o uso que as pessoas fazem de sua propriedade sem que seja preciso obter o seu consentimento. Isso, evidentemente, dá ao estado uma enorme vantagem na competição pelos recursos escassos na comparação com outras instituições. Se apenas se considera que os representantes do estado são igualmente impulsionados pelo lucro como qualquer outra pessoa, deduz-se dessa posição privilegiada que a organização "estado" deva ter uma tendência relativamente mais evidente para o crescimento do que qualquer outra organização. E, realmente, enquanto não havia evidência para a tese de que o sistema de mercado provocaria uma tendência para o crescimento do monopólio, a tese de que um sistema estatista a produziria é amplamente apoiada pela experiência histórica.

Capítulo 10
Produção Capitalista e o Problema dos Bens Públicos

Tentamos demolir o socialismo tanto no campo econômico quanto na esfera moral. Tendo reduzido-o a um fenômeno de significado exclusivamente sócio-psicológico, ou seja, um fenômeno cuja existência exclui tanto a boa economia quanto a boa moral, suas raízes foram explicadas em termos de agressão e da influência corruptora que uma política de *divide et impera* exerce na opinião pública. O último capítulo retorna à economia para desferir os golpes finais no socialismo ocupando-se da tarefa construtiva de explicar o funcionamento de uma ordem social capitalista como a rival economicamente superior do socialismo e pronta para ser adotada a qualquer momento. Em termos de avaliações dos consumidores, o capitalismo foi indicado como sendo superior no que tange à alocação dos fatores de produção, à qualidade da fabricação dos bens produzidos e à preservação dos valores incorporados ao capital ao longo do tempo. Foi, de fato, demonstrado que não constitui, de modo algum, qualquer problema especial o problema do monopólio supostamente associado ao sistema de puro mercado. Em vez disso, tudo o que foi dito sobre o funcionamento normalmente mais eficiente do capitalismo também é verdade no que se refere aos produtores monopolistas, na medida em que eles estão realmente sujeitos ao controle das aquisições voluntárias ou das abstenções voluntárias ocorridas nas compras realizadas pelos consumidores.

Este último capítulo analisará um argumento especial cada vez mais citado e que supostamente exige algumas alterações na tese da superioridade econômica do capitalismo: o argumento da produção dos chamados bens públicos, particularmente, a provisão de segurança. Se o que foi dito no capítulo anterior sobre o funcionamento de uma economia de mercado é verdade, e se os monopólios são completamente inofensivos para os consumidores, uma vez que os consumidores têm o direito de boicotá-los e entrar livremente no mercado de produtores que competem entre si, se deve então chegar à conclusão de que tanto por razões morais quanto por razões econômicas a produção de todos os bens e serviços deveria ser deixada nas mãos da iniciativa privada. E, particularmente, deduz-se que mesmo a produção da lei e da ordem, da justiça e da paz – aquelas coisas que se pensa como sendo os candidatos mais prováveis de bens fornecidos pelo estado pelas razões explicadas no capítulo 8 –, deveriam ser fornecidas privadamente por um mercado competitivo. Essa é, de fato, a conclusão formulada por G. de Molinari, um renomado economista belga, no início de 1849 – numa época em que o liberalismo clássico ainda era a força ideológica dominante e "economista" e "socialista" eram geralmente considerados (e legitimamente) como sendo antônimos:

> Se existe uma verdade bem estabelecida na economia política, é esta:
>
> Que em todos os casos, para todas as mercadorias que servem à provisão das necessidades tangíveis ou intangíveis do consumidor, é do maior interesse dele que o trabalho e o comércio permaneçam livres, porque a liberdade do trabalho e do comércio tem, como resultado necessário e permanente, a redução máxima do preço.
>
> E esta:
>
> Que os interesses do consumidor de qualquer mercadoria devem sempre prevalecer sobre os interesses do produtor.
>
> Assim, ao seguirmos esses princípios, chegamos a esta rigorosa conclusão:
>
> Que a produção de segurança deveria, nos interesses dos consumidores desta mercadoria intangível, permanecer sujeita à lei da livre competição.
>
> De onde se segue:
>
> Que nenhum governo deveria ter o direito de impedir que outro governo entrasse em competição com ele ou que requeresse que os consumidores adquirissem exclusivamente seus serviços.[181]

E Molinari comenta esse argumento dizendo o seguinte: "Ou isso é tão lógico quanto verdadeiro ou então os princípios em que se baseia a ciência econômica são inválidos".[182]

---

[181] G. de Molinari, *Da Produção de Segurança*, São Paulo: Instituto Ludwig von Mises Brasil, Capítulo II. Disponível em http://www.mises.org.br/EbookChapter.aspx?id=331.
[182] Ibid., p.4.

Aparentemente, só há uma saída para essa conclusão desagradável (ou seja, para todos os socialistas): argumentar que há bens particulares sobre os quais não se aplica o raciocínio econômico anterior devido a algumas razões especiais. É isso o que os chamados teóricos dos bens públicos estão determinados a provar.[183] Porém, demonstraremos que, na verdade, não existem bens especiais nem razões especiais e que, em particular, a produção de segurança não apresenta qualquer problema diferente do da produção de qualquer outro bem ou serviço, seja casa, queijo ou seguro. Apesar de seus muitos seguidores, toda a teoria dos bens públicos é construída sob um raciocínio defeituoso e superficial, é dominada por inconsistências internas e por falácias lógicas nas quais a conclusão do argumento desrespeita a premissa inicial (*non sequitur*), além de apelar ao, e jogar com, os preconceitos e as crenças populares, e sem qualquer mérito científico.[184] Com o que se parece, então, a "rota de fuga" que os economistas socialistas encontraram para evitar a conclusão de Molinari? Desde a época de Molinari, tornou-se cada vez mais comum responder a questão sobre se há bens nos quais se aplicam diferentes tipos de análise econômica de maneira afirmativa. Na verdade, hoje em dia é quase impossível encontrar um único livro-texto de economia que não estabeleça ou enfatize a importância vital da distinção entre bens privados, pelos quais a verdade da superioridade econômica de uma ordem capitalista de produção é geralmente reconhecida, e os bens públicos, pelos quais essa superioridade é geralmente negada.[185] Diz-se que determinados bens e serviços, e entre eles a segurança, têm uma característica especial, ou seja, o acesso para usufruí-los não pode estar restrito às pessoas que realmente financiaram a sua produção. Pelo contrário, as pessoas que não os financiaram também podem aproveitar os seus benefícios. Esses bens são chamados de bens ou serviços públicos (em oposição aos bens ou serviços privados, que beneficiam exclusivamente as pessoas que realmente pagaram por elas). Argumenta-se que é devido a essa característica especial que os bens públicos não podem ser produzidos pelos mercados ou, pelo menos, não em quantidade ou qualidade suficientes, e, portanto, exige-se uma ação estatal compensatória.[186]

---

[183] Para conhecer as várias abordagens dos teóricos dos bens públicos, cf. J. Buchanan e G. Tullock, *The Calculus of Consent*, Ann Arbor, 1962; J. Buchanan, *The Public Finances*, Homewood, 1970; e *The Limits of Liberty*, Chicago, 1975; G. Tullock, *Private Wants, Public Means*, New York, 1970; M. Olson, *The Logic of Collective Action*, New York, 1965; W. Baumol, *Welfare Economics and the Theory of the State*, Cambridge,1952.
[184] Sobre o assunto, cf. M. N. Rothbard, *Man, Economy and State*, Los Angeles, 1970, p. 883 et seq.; e "The Myth of Neutral Taxation," in: *Cato Journal*, 1981; W. Block, "Free Market Transportation: Denationalizing the Roads," in: *Journal of Libertarian Studies*, 1979; e "Public Goods and Externalities: The Case of Roads," in: *Journal of Libertarian Studies*, 1983.
[185] Cf., por exemplo, W. Baumol e A. Blinder, *Economics, Principles and Policy*, New York, 1979, capítulo 31.
[186] Outro critério regularmente utilizado para os bens públicos é o de "consumo não-rival". Geral-

Os exemplos apresentados por diferentes autores para os supostos bens públicos variam de forma ampla. Eles muitas vezes classificam os mesmos bens e serviços de forma diferente, não deixando de discutir quase nenhuma classificação de um bem específico.[187] Isso prenuncia claramente o caráter ilusório de toda a distinção. Contudo, alguns exemplos de bens públicos que desfrutam particularmente de um status popular são os bombeiros que impedem o incêndio na casa do vizinho, o que permite que ele lucre com a ação do meu corpo de bombeiros mesmo que não contribua com nada para financiá-lo; ou a polícia, que ao fazer a ronda nos arredores da minha propriedade também assusta os ladrões em potencial da propriedade do meu vizinho, mesmo que ele não ajude a financiá-la; ou o farol, um exemplo particularmente caro aos economistas[188], que ajuda as embarcações a encontrar a sua rota, mesmo que seus proprietários não contribuam com um centavo para a sua construção ou manutenção.

Antes de continuar com a apresentação e o exame crítico da teoria dos bens públicos, permita-nos investigar o quanto é útil a distinção entre bens públicos e privados para ajudar a decidir o que deve ser produzido privadamente e o que deve ser produzido pelo estado ou com a sua colaboração. Até a análise mais superficial não poderia deixar de mostrar que o uso desse suposto critério, em vez de apresentar uma solução sensata, resultaria num problema profundo. Embora, pelo menos, à primeira vista pareça que alguns bens e serviços fornecidos pelo estado devam realmente ser qualificados como bens públicos, certamente não é óbvio quantos bens e serviços atualmente produzidos pelos estados poderiam receber o título

---

mente, ambos os critérios parecem coincidir: quando os aproveitadores não podem ser excluídos, torna-se possível o consumo não-rival; e quando eles podem ser excluídos, o consumo se torna competitivo, ou assim parece. Porém, como argumentam os teóricos dos bens públicos, essa coincidência não é perfeita. É, como eles dizem, concebível que, na medida em que a exclusão dos aproveitadores seja possível, essa inclusão não pode estar conectada com qualquer custo adicional (ou seja, o custo marginal de admitir os aproveitadores é zero), e que o consumo dos bens em questão pela admissão adicional do aproveitador não conduzirá necessariamente a uma redução no consumo dos bens disponíveis para outros. Esse bem também seria um bem público. E uma vez que a exclusão seria praticada no livre mercado e o bem não estaria disponível para o consumo não-rival de todos, isto poderia, de outra maneira (apesar de não exigir custos adicionais), segundo a lógica estatista-socialista, provar uma falha de mercado, ou seja, um nível subótimo de consumo. Portanto, o estado teria que assumir o fornecimento desses bens. (Uma sala de cinema, por exemplo, só tem que estar parcialmente cheia, assim, pode ser "sem custo" admitir espectadores adicionais gratuitamente, e eles assistirem o filme também não pode afetar o público pagante; consequentemente, o filme seria qualificado como bem público. Porém, desde que o proprietário do cinema estivesse envolvido na exclusão, em vez de deixar os aproveitadores aproveitarem a exibição "gratuita", os cinemas estariam prontos para a nacionalização). A respeito das inúmeras falácias envolvendo a definição de bens públicos em termos de consumo não-rival, cf. as notas 12 e 16 deste livro.

[187] Cf. sobre o tema, W. Block, "Public Goods and Externalities," in: *Journal of Libertarian Studies*, 1983.
[188] Cf., por exemplo, J. Buchanan, *The Public Finances*, Homewood, 1970, p.23; P. Samuelson, *Economics*, New York, 1976, p.160.

de bens públicos. Ferrovias, correios, telefonia, ruas e similares parecem ser bens cujo uso pode estar restrito às pessoas que realmente os financiaram e, portanto, parecerem ser bens privados. E também parece ser em muitos aspectos o caso da "segurança", esse bem multidimensional: tudo o que pudesse ser obtido do seguro teria que ser qualificado como um bem privado. No entanto, isso não é o suficiente. Na medida em que os bens fornecidos pelo estado parecem ser bens privados, muitos bens produzidos privadamente parecem se encaixar na categoria de bens públicos. Claramente, meus vizinhos lucrariam com meu bem cuidado jardim de rosas – eles poderiam desfrutar a vista sem jamais me ajudar com o jardim. O mesmo acontece com todos os tipos de melhorias que eu pudesse realizar na minha propriedade e que também valorizaria o valor da propriedade da vizinhança. Mesmo aquelas pessoas que não quisessem depositar o dinheiro no chapéu poderiam lucrar com a apresentação de uma música de rua. E os colegas viajando num ônibus iriam lucrar com o fato de eu usar desodorante, mesmo que não quisessem me ajudar a comprá-lo. E todo mundo que jamais teve contato comigo lucraria com meus esforços, realizados sem seu apoio financeiro, para me tornar uma pessoa mais amável. Agora, todos esses bens (jardins de rosa, melhorias na propriedade, música de rua, desodorantes, aperfeiçoamento da personalidade), uma vez que claramente parecem possuir as características de bens públicos, têm que ser fornecidos pelo estado ou ter a sua colaboração?

Como indicaram esses últimos exemplos de bens públicos produzidos de forma privada, há algo de muito errado com a tese dos teóricos dos bens públicos de que esses bens não podem ser produzidos pelo setor privado e exigem uma intervenção estatal.

Claramente, eles podem ser fornecidos pelos mercados. Além do mais, a evidência histórica nos mostra que todos os supostos bens públicos que o estado agora provê, na verdade, foram em algum momento do passado fornecidos por empreendedores privados, ou mesmo hoje ainda o são em um ou outro país. Por exemplo, os correios já foram privados em quase todos os lugares; as ruas eram financiadas privadamente e em alguns casos ainda são; mesmo os amados faróis foram originalmente criados por empresas privadas;[189] forças policiais privadas, investigadores e árbitros ainda existem; e a ajuda aos doentes, aos pobres, aos idosos, aos órfãos e às viúvas tem sido tradicionalmente uma área de atuação das organizações privadas de caridade. Afirmar que essas coisas não podem ser produzidas por um sistema de puro mercado é falsificar exponencialmente a experiência.

Além dessa, surgem outras dificuldades quando a distinção entre bens

---

[189] Cf. R. Coase, "The Lighthouse in Economics," in: *Journal of Law and Economics*, 1974.

públicos e privados é utilizada para decidir o que deixar ou não para ser realizado pelo mercado. E se, por exemplo, a produção dos supostos bens públicos teve consequências negativas para terceiros, ou se as consequências foram positivas para alguns e negativas para outros? E se o vizinho cuja casa foi salva do incêndio pelo meu corpo de bombeiros desejasse que ela tivesse sido incendiada (talvez porque o imóvel tivesse seguro); e se meus vizinhos detestassem rosas; e se meus colegas viajantes achassem o aroma do meu desodorante insuportável? Além disso, mudanças na tecnologia podem alterar o caráter de um determinado bem. Por exemplo, com o desenvolvimento da TV por assinatura, um bem que antigamente era (aparentemente) público se tornou privado. E as modificações nas leis de propriedade – da aquisição da propriedade – podem ter o mesmo efeito das alterações do caráter público-privado de um bem. O farol, por exemplo, só é um bem público na medida em que o mar é de domínio público (não privado). Mas se fosse permitido adquirir pedaços do oceano como propriedade privada, como seria numa ordem social puramente capitalista, como o farol só brilha sobre um território limitado, se tornaria claramente possível excluir os não pagadores de desfrutar dos seus serviços.

Deixando esse nível de discussão pouco delineado e olhando mais a fundo para a distinção entre bens públicos e privados, esta acaba sendo uma diferenciação inteiramente ilusória. Não existe uma dicotomia clara entre bens públicos e privados e isso é essencialmente a razão pela qual pode haver tantas discordâncias sobre como classificar determinados bens. Todos os bens são mais ou menos privados ou públicos e podem – e constantemente o fazem – mudar no que tange ao seu grau de privacidade/publicidade a partir da mudança dos valores e das avaliações das pessoas, e com as alterações na formação da população. Eles nunca se enquadram, de uma vez por todas, dentro de uma ou de outra categoria. Para reconhecer esse aspecto, devemos recordar o que é que faz de algo um bem. Para que algo seja um bem tem que ser pensado e tratado como sendo escasso. Isto é, algo não é um bem por si mesmo, mas é um bem aos olhos do observador. Nada é um bem sem, pelo menos, uma pessoa avaliá-lo subjetivamente como tal. Mas uma vez que bens nunca são bens (por si só) e nenhuma análise físico-química pode identificar algo como sendo um bem econômico, não há um critério objetivo estabelecido para classificar os bens como privados ou públicos. Eles nunca podem ser privados ou públicos por si mesmos. Seu caráter público ou privado depende das poucas ou das muitas pessoas que os consideram como sendo bens, com o grau em que eles são privados ou públicos se modificando de acordo com a mudanças nas avaliações e que varia de um até o infinito. Mesmo coisas aparentemente completamente privadas, como o interior do meu apartamento ou a cor da minha cueca, podem se tornar bens públicos tão logo alguém comece a se preocupar com elas.[190] E aquelas coisas que são aparentemente bens públicos, como a parte externa da minha casa ou a cor do meu macacão, podem se tornar bens extremamente privados tão logo as demais pessoas parem de se preocupar com elas. Além disso, todo bem pode modificar as suas características cada vez mais; e pode até mesmo se transformar de um bem público ou privado para um mal público ou privado e vice-versa, dependendo unicamente das mudanças na preocupação ou na indiferença. Porém, se for assim, qualquer que seja a decisão, não pode se basear na classificação de bens como privados ou públicos.[191] Na verdade, para fazê-lo se tornaria necessário não só efetivamente perguntar a cada indivíduo se ele passou ou não a se preocupar positiva ou negativamente com cada bem individual e também, talvez, em que medida, a fim de determinar quem deve lucrar e quem deve, portanto, participar de seu financiamento. (E como se poderia saber se eles estavam dizendo a verdade?) Também seria necessário monitorar continuamente todas as mudanças nessas avaliações, com o resultado de que nenhuma decisão definitiva poderia ser tomada em relação à produção de qualquer coisa. E em decorrência de uma teoria absurda, estaríamos todos mortos há muito tempo.[192]

Mas mesmo que fosse para ignorar todas essas dificuldades e caso se

---

[190] Cf. por exemplo, o argumento irônico que W. Block formulou tratando as meias como bens públicos em "Public Goods and Externalities," in: *Journal of Libertarian Studies*, 1983.

[191] Para evitar qualquer equívoco, cada produtor individual e cada associação de produtores tomando decisões conjuntas podem, a qualquer tempo, decidir se produzem ou não um bem baseado numa avaliação do caráter privado ou público do bem. Na verdade, as decisões sobre produzir ou não bens públicos de forma privada são tomadas constantemente dentro da estrutura de uma economia de mercado. O que é impossível é decidir ignorar ou não o resultado da operação de um livre mercado baseado na avaliação do grau do caráter privado ou público de um bem.

[192] Então, na verdade, a introdução da distinção entre bens públicos e privados é uma recaída dentro da era pré-subjetiva da economia. Do ponto de vista da economia subjetiva, não existem bens que possam ser objetivamente qualificados como privados ou públicos. Esta é, essencialmente, a razão pela qual o segundo critério proposto para os bens públicos, ou seja, permitir o consumo não-rival (cf. a nota 6 deste livro), também entra em colapso. Pois como poderia qualquer observador externo determinar se a admissão ou não de um aproveitador adicional sem cobrá-lo por isso, de fato, não levaria a uma redução no aproveitamento de um bem pelos demais?! Claramente, não haveria maneira de que ele pudesse objetivamente fazê-lo. Na verdade, pode muito bem ser que o prazer de desfrutar um filme ou de dirigir numa estrada fosse consideravelmente reduzido se mais pessoas fossem autorizadas a entrar no cinema ou utilizar a estrada. Novamente, para descobrir se este é ou não o caso teria que se perguntar a cada um individualmente – e nem todo mundo pode concordar (E então?). Além disso, uma vez que mesmo um bem que permite o consumo não-rival não é um bem gratuito, e eventualmente se formaria uma "multidão" em decorrência da admissão de aproveitadores adicionais, e, portanto, todo mundo teria que ser consultado sobre a "margem" adequada. Além do mais, o meu consumo pode ou não ser afetado, dependendo de quem é admitido gratuitamente, por isso, eu também teria que ser consultado sobre o assunto. E, finalmente, todos podem mudar de opinião ao longo do tempo sobre todas essas questões. É, portanto, da mesma forma impossível decidir se um bem deve ser ou não produzido pelo estado (em vez de sê-lo pela iniciativa privada) baseando-se no critério de consumo não-rival assim como o da não-exclusão (cf. também a n. 16).

estivesse disposto a admitir em prol do argumento que a distinção entre bens públicos e privados fosse adequada, mesmo assim o argumento não provaria o que deveria provar. Nem fornece razões conclusivas pelas quais os bens públicos – considerando que eles existem como uma categoria separada de bens – deveriam, de todo modo, ser produzidos, nem por que o estado, e não as empresas privadas, é quem deveria produzi-los. É o que a teoria dos bens públicos afirma essencialmente, considerando a distinção conceitual já mencionada: os efeitos positivos dos bens públicos para as pessoas que não contribuem em nada para a sua produção ou financiamento prova que esses bens são desejados. Mas, evidentemente, eles não seriam produzidos, ou, pelo menos, não na quantidade e qualidade suficientes, num livre mercado competitivo, uma vez que nem todos aqueles que lucrariam com a sua produção contribuiriam financeiramente para viabilizá-la. Portanto, para produzir esses bens (que são, evidentemente, desejados, mas que não seriam produzidos de outra maneira), o estado deve intervir e ajudar na produção. Esse tipo de raciocínio, que pode ser encontrado em quase todo livro-texto de economia (sem excluir os ganhadores do Nobel[193]), é completamente falacioso por duas razões.

Por um lado, para chegar à conclusão de que o estado tem que prover os bens públicos que de outra maneira não seriam providos, é preciso inserir uma norma clandestinamente dentro da cadeia de raciocínio. Caso contrário, a partir da afirmação de que devido algumas de suas características especiais, determinados bens não seriam produzidos, nunca se poderia chegar à conclusão de que esses bens *deveriam* ser produzidos. Mas com a exigência de uma norma para justificar a sua conclusão, os teóricos dos bens públicos abandonaram claramente os limites da economia como uma ciência positiva isenta de juízos de valor (*wertfrei*). Pelo contrário, eles transgrediram a moral e a ética e, portanto, seria de se esperar que apresentassem uma teoria da ética como uma disciplina cognitiva para que pudessem fazer o que fazem de forma legítima, e para que dela extraíssem, de fato, conclusões justificadas. Mas dificilmente se pode enfatizar o suficiente que em nenhum lugar da literatura teórica dos bens públicos é possível encontrar qualquer coisa que se assemelhe vagamente a uma teoria cognitiva da ética.[194] Assim, deve se demonstrar desde o começo que

---

[193] Cf. P. Samuelson, "The Pure Theory of Public Expenditure," in: *Review of Economics and Statistics*, 1954; e em *Economics*, New York, 1976, capítulo 8; M. Friedman, *Capitalismo e Liberdade*, São Paulo: Abril Cultural, 1984, capítulo 2; F. A. Hayek, *Direito, Legislação e Liberdade*, vol. 3, São Paulo: Visão, 1985, capítulo 14.

[194] Nos últimos anos, os economistas, em particular os da Escola de Chicago, têm se preocupado cada vez mais com a análise dos direitos de propriedade (cf. H. Demsetz, "The Exchange and Enforcement of Property Rights," in: *Journal of Law and Economics*, 1964; e 'Toward a Theory of Property Rights," in: *American Economic Review*, 1967; R. Coase, 'The Problem of Social Cost," in: *Journal of Law and Economics*, 1960; A. Alchian, *Economic Forces at Work*, Indianapolis, 1977, 2ª parte; R. Posner, *Economic Analysis of Law*, Boston, 1977). Porém, essas análises não tem nada a ver com a ética.

os teóricos dos bens públicos estão fazendo mau uso de qualquer que seja o prestígio que eles tenham como economistas positivos ao se pronunciarem a respeito de assuntos sobre os quais, como indicam seus trabalhos escritos, eles não têm autoridade alguma. Mas, talvez, será que eles tropeçaram por acidente em algo correto sem alicerçá-lo numa teoria moral elaborada? Torna-se evidente que nada poderia estar mais longe da verdade tão logo se formule explicitamente a norma que seria necessária para se chegar à conclusão mencionada anteriormente sobre o estado ter que ajudar no fornecimento dos bens públicos. A regra exigida para se chegar à essa conclusão é a seguinte: toda vez que for possível, de alguma forma, provar que a produção de um determinado bem ou serviço teve como resultado um efeito positivo sobre alguém, mas que de modo algum seria produzido, ou que não seria produzido em quantidade e qualidade específicas, a menos que outros participassem de seu financiamento, então, o uso da violência agressiva é autorizado contra essas pessoas, tanto direta quanto indiretamente com o auxílio do estado, e essas pessoas podem ser obrigadas a entrar na divisão do pagamento dos encargos financeiros necessários. Não é preciso dizer muito para mostrar o caos resultante da

---

Pelo contrário, elas representam tentativas de substituir considerações sobre eficiência econômica ao estabelecer princípios éticos justificáveis (para a crítica dessas tentativas, cf. M. N. Rothbard, *A Ética da Liberdade*, Instituto Ludwig von Mises Brasil, 2010, capítulo 26; W. Block, "Coase and Demsetz on Private Property Rights", in: *Journal of Libertarian Studies*, 1977; R. Dworkin, "Is Wealth a Value", in: *Journal of Legal Studies*, 1980; M. N. Rothbard, "The Myth of Efficiency", in: M. Rizzo (ed.), *Time, Uncertainty, and Disequilibrium*, Lexington, 1979). Em última análise, todos os argumentos sobre eficiência são irrelevantes porque simplesmente não existe forma não-arbitrária de medir, pesar e agregar utilidades ou desutilidades individuais que resultem de uma determinada alocação dos direitos de propriedade. Portanto, qualquer tentativa de recomendar algum sistema específico de atribuição de direitos de propriedade em termos de sua suposta maximização de "bem-estar social" é uma fraude pseudo-científica (cf. M. N. Rothbard, 'Toward a Reconstruction of Utility and Welfare Economics", Center for Libertarian Studies, *Occasional Paper No. 3*, New York, 1977; também L. Robbins, "Economics and Political Economy", in: *American Economic Review*, 1981).
O "Princípio da Unanimidade" que J. Buchanan e G. Tullock, seguindo K. Wicksell (*Finanztheoretische Untersuchungen*, Jena, 1896), propõem repetidamente como um guia para a política econômica também não pode ser confundido com um princípio ético próprio. De acordo com esse princípio, só devem ser adotadas aquelas mudanças políticas que possam chegar a uma aceitação unânime – e que certamente soa mais atrativo; mas, *mutatis mutandis*, também determina que o *status quo* seja preservado se não houver um acordo unânime sobre qualquer proposta de mudança – e que soa menos atrativo porque significa que qualquer determinado estado de coisas vigente em relação à alocação dos direitos de propriedade deve ser legitimado ou como um ponto de partida ou como um estado que continua a existir. No entanto, os teóricos da escolha pública não oferecem, como seria de se esperar por essa audaciosa pretensão, justificativa em relação à teoria normativa dos direitos de propriedade. Consequentemente, o princípio da unanimidade, em última análise, não possui um fundamento ético. De fato, porque isso legitimaria qualquer *status quo* concebível, o princípio favorito dos seguidores de Buchanan é nada menos do que completamente absurdo como critério moral (cf. também sobre o tema, M. N. Rothbard, *A Ética da Liberdade*, Instituto Ludwig von Mises Brasil, 2010, capítulo 26; e "The Myth of Neutral Taxation," in: *Cato Journal*, 1981, p.549 et seq.).
O que quer que ainda possa ser deixado para o princípio da unanimidade, Buchanan e Tullock, seguindo novamente Wicksell, então cedem reduzindo-o, na verdade, a uma unanimidade "relativa" ou a uma "quase" unanimidade.

implementação dessa regra, o que equivale a dizer que todo mundo pode agredir todo mundo sempre que sentir vontade. Além disso, já deveria estar suficientemente claro desde a discussão do problema da justificação das afirmações normativas (capítulo 7) que essa regra jamais poderia ser justificada como uma regra justa. Para argumentar dessa forma e buscar um acordo para esse argumento é preciso pressupor que, ao contrário do que diz a regra, a integridade de todos como unidade de tomada de decisão fisicamente independente está assegurada.

Mas a teoria dos bens públicos falha não só por causa do raciocínio moral equivocado contido nela. Até mesmo o raciocínio econômico utilitarista contido no argumento acima é descaradamente equivocado. Como afirma a teoria dos bens públicos, é bem melhor ter os bens públicos do que não tê-los, embora não se deva esquecer que não existe nenhuma razão *a priori* para que isso seja inevitavelmente assim (o que acabaria agora mesmo com o raciocínio dos teóricos dos bens públicos). Pois é claramente possível, e realmente reconhecido como um fato, que os anarquistas que abominam enormemente a ação do estado preferiam não ter os bens públicos a tê-los fornecidos pelo estado![195] Em todo caso, mesmo que o argumento tenha sido admitido até agora, pular da afirmação de que os bens públicos são desejados para a afirmação de que eles deveriam, por essa razão, ser fornecidos pelo estado não é nada conclusivo, pois esta não é, em hipótese alguma, a escolha com a qual se é confrontado. Uma vez que o dinheiro ou outros recursos devem ser retirados dos usos alternativos possíveis para financiar os bens públicos supostamente desejáveis, a única questão relevante e adequada é se os usos alternativos em que esse dinheiro poderia ser aplicado (ou seja, os bens privados que poderiam ter sido adquiridos, mas que agora não podem ser comprados porque o dinheiro está sendo gastos nos bens públicos) são ou não são mais valiosos (mais urgentes) do que os bens públicos. E a resposta a essa questão é perfeitamente clara. Em termos de avaliações dos consumidores, por mais alto que possa ser o seu nível absoluto, o valor dos bens públicos é relativamente mais baixo do que o dos bens privados concorrentes, porque se fosse possível deixar a escolha para os consumidores (e se não se tivesse forçado uma alternativa sobre outra), eles evidentemente teriam preferido gastar o seu dinheiro de maneira diferente (caso contrário, não seria necessário o uso da força). Isso prova que, sem sombra de dúvidas, os recursos utilizados para o fornecimento de bens públicos são desperdiçados na medida em que fornecem aos consumidores bens e serviços que, na melhor das hipóteses, são de importância secundária. Em resumo, mesmo

---

[195] Sobre esse argumento, cf. M. N. Rothbard, "The Myth of Neutral Taxation," in: *Cato Journal*, 1981, p. 533. A propósito, a existência de um único anarquista também invalida todas as referências ao ótimo de Pareto como critério economicamente legítimo da ação estatal.

que se admita que existam bens públicos que possam ser claramente diferenciados dos bens privados, e mesmo que se admita que um determinado bem público tem que ser útil, os bens públicos continuariam a competir com os bens privados. E há somente um método para descobrir se eles são ou não desejados de forma mais urgente e em que medida, ou, *mutatis mutandis*, se, e em que medida, a sua produção seria desenvolvida às custas da não-produção ou da redução da produção dos bens privados que são mais necessários e urgentes: *tudo* sendo fornecido pela livre concorrência entre empresas privadas. Portanto, ao contrário da conclusão a que chegaram os teóricos dos bens públicos, a lógica nos obriga a aceitar o resultado de que somente um sistema de puro mercado pode salvaguardar a racionalidade, do ponto de vista dos consumidores, da decisão de produzir um bem público. E apenas sob uma ordem capitalista pura se poderia garantir que a decisão sobre a quantidade de bem público a ser produzida (desde que tivesse que ser produzida) também fosse racional.[196]

---

[196] Essencialmente, o mesmo raciocínio que leva alguém a rejeitar a teoria socialista-estatista, construída sobre o caráter supostamente único dos bens públicos como definido pelo critério da não-exclusão, também se aplica quando, em contrapartida, esses bens são definidos por meio do critério do consumo não-rival (cf. notas 6 e 12 deste livro). Em primeiro lugar, para deduzir da afirmação normativa que eles devem ser oferecidos a partir da afirmação de que os bens que permitem o consumo não-rival não estariam disponíveis num livre mercado a tantos consumidores quanto fosse possível, essa teoria enfrentaria exatamente o mesmo problema de exigir uma justificativa ética. Além disso, o raciocínio utilitário também está descaradamente equivocado. Racionar, como os teóricos dos bens públicos fazem, que a prática do livre-mercado de excluir os aproveitadores de desfrutar os bens que permitiriam o consumo não-rival ao custo marginal zero e indicaria um nível subótimo de bem-estar social, e que, portanto, exigiria uma ação estatal compensatória, é equivocado por duas razões relacionadas. A primeira é que o custo é uma categoria subjetiva e nunca pode ser medida objetivamente por qualquer observador externo. Consequentemente, afirmar que os aproveitadores adicionais poderiam ser admitidos sem custo é totalmente inadmissível. Na verdade, se os custos subjetivos de admitir mais consumidores sem qualquer cobrança fossem realmente iguais a zero, o proprietário-produtor privado do bem em questão assim o faria. Se ele não o faz, isso mostra que, pelo contrário, os custos não são iguais a zero. A razão para isso pode ser a sua crença de que agir dessa forma reduziria a satisfação disponível para outros consumidores e haveria uma tendência para reduzir o preço do seu produto; ou poderia ser simplesmente seu desgosto por aproveitadores intrusos como, por exemplo, quando eu me oponho à proposta de colocar a minha sala de estar subutilizada (menos do que a capacidade) à disposição de várias pessoas que se autoconvidaram para consumo não-rival. Em todo caso, desde que, independentemente das razões, o custo não pode ser considerado como sendo zero, é então falacioso falar de uma falha de mercado quando determinados bens não são inevitavelmente dados se aceitamos a recomendação dos teóricos dos bens públicos de deixar que os bens, que supostamente permitem o consumo não-rival, sejam fornecidos sem cobrança pelo estado. Além da tarefa insuperável de determinar o que preenche esse critério, o estado, independente que é das aquisições voluntárias dos consumidores, enfrentaria primeiro o problema igualmente insolúvel de determinar racionalmente a quantidade de bens públicos a fornecer. Claramente, uma vez que os bens públicos não são bens gratuitos, mas estão sujeitos à "multidão" em algum nível de uso, não há ponto de parada para o estado, porque em qualquer nível de oferta ainda haveria usuários que teriam que ser excluídos e que, com uma oferta mais ampla, poderiam desfrutar gratuitamente.
Mas até se esse problema pudesse ser resolvido milagrosamente, em todo caso o custo (necessariamente inflado) de produção e de operação dos bens públicos distribuídos sem ônus para o consumo não-rival teriam que ser pagos pelos impostos. Então, isso (ou seja, o fato de os consumidores terem sido coagidos a desfrutar dos bens sem pagar) provaria novamente, sem sombra de dúvidas, que do ponto de vista dos consumidores esses bens públicos também são inferiores no valor em relação aos bens privados concorrentes que eles agora não podem mais adquirir.

Seria necessário nada mais nada menos do que uma revolução semântica de dimensões verdadeiramente Orwellianas para se chegar a um resultado diferente. Só se quisesse interpretar um "não" como sendo realmente um "sim"; o "não comprar de alguém" como sendo "preferível que o não-comprador comprasse em vez de não comprar"; a "força" como se realmente significasse "liberdade"; o "não contratar" como sendo "firmar um contrato" e assim por diante, para que os teóricos dos bens públicos pudessem provar as suas afirmações.[197] Mas, então, como poderíamos ter certeza de que tais afirmações realmente significam o que parecem significar quando os teóricos dizem o que dizem, e não significam exatamente o oposto, ou nada significam em relação a um conteúdo específico, mas são simplesmente bravatas? Não podemos! M. Rothbard está completamente certo quando comenta a respeito das tentativas dos ideólogos dos bens públicos de provar a existência das chamadas falhas de mercado devido à não-produção ou a uma produção quantitativa ou qualitativamente "deficiente" dos bens públicos. Segundo escreveu Rothbard, "(...) essa perspectiva deturpa completamente a forma pela qual a ciência econômica assegura que a ação no livre mercado é *sempre* ótima. É ótima, não do ponto de vista das visões de ética individual de um economista, mas a partir das ações voluntárias livres de todos os participantes e atendendo às necessidades manifestadas livremente pelos consumidores. Por essa razão, a intervenção do governo afastará sempre e necessariamente os indivíduos desse ponto ótimo".[198]

---

[197] Os mais importantes e modernos defensores da dupla fala Orwelliana são J. Buchanan e G. Tullock (cf. seus trabalhos citados na nota 175). Eles alegam que o governo é fundado por um "contrato constitucional" no qual todos "concordam conceitualmente" a se submeter aos poderes coercitivos do governo com o entendimento de que todos também estão sujeitos a estes. Portanto, o governo só é apenas aparentemente coercivo, além de ser realmente voluntário. Há muitas objeções evidentes a esse curioso argumento. Primeiro, não há qualquer evidência empírica para o argumento de que qualquer constituição tenha sido alguma vez voluntariamente aceita por todos os envolvidos. Pior, a própria ideia de todas as pessoas coagindo a si próprias é simplesmente inconcebível, da mesma forma que é inconcebível negar a lei da contradição. Pois se a coerção aceita voluntariamente é voluntária, então teria que ser possível revogar a sujeição à constituição e o estado não seria mais do que um clube de associação voluntária. Se, no entanto, alguém não tem o "direito de ignorar o estado" – e que ninguém tenha esse direito é, obviamente, a marca característica de um estado quando comparado a um clube –, então seria logicamente inadmissível alegar que a aceitação da coerção estatal é voluntária. Além disso, mesmo se tudo isso fosse possível, o contrato constitucional não poderia ainda pretender obrigar ninguém, à exceção dos signatários originais da constituição.
Como é possível que Buchanan e Tullock venham com essas ideias absurdas? Com um truque semântico. O que era "inconcebível" e "sem acordo" na fala pré-Orwelliana é, para eles, "conceitualmente possível" e um "acordo conceitual". Para um breve e instrutivo exercício desse tipo de raciocínio feito aos trancos e barrancos, cf. J. Buchanan, "A Contractarian Perspective on Anarchy," in: *Freedom in Constitutional Contract*, College Station, 1977. Aqui nós aprendemos (p. 17) que esse raciocínio se aplica até mesmo em aceitar o limite de velocidade em 55 m.p.h (cerca de 88,51 km/h) como possivelmente voluntário (Buchanan não está muito certo quanto a isso), desde que basicamente isso implique em concordarmos conceitualmente com a constituição e que Buchanan não seja realmente um estatista, mas seja, na verdade, um anarquista (p. 11).
[198] M. N. Rothbard, *Man, Economy and State*, Los Angeles, 1970, p.887.

De fato, os argumentos que supostamente provam as falhas de mercado não são nada mais do que absurdos. Despidos de seu disfarce em forma de jargão técnico, todos demonstram o seguinte: o mercado não é perfeito, pois se caracteriza pelo princípio da não-agressão imposto sobre condições marcadas pela escassez e, dessa forma, determinados bens ou serviços que só poderiam ser produzidos e fornecidos se a agressão fosse permitida, não mais seriam produzidos. Pura verdade. Mas nenhum teórico do mercado jamais se atreveria a negar essa afirmação. No entanto, e isso é decisivo, essa "imperfeição" do mercado pode ser defendida tanto moralmente quanto economicamente ao passo que as supostas "perfeições" dos mercados propagadas pelos teóricos dos bens públicos não poderiam.[199] Também é verdade que a extinção da prática atual do estado em fornecer bens públicos implicaria numa mudança na estrutura social e na distribuição de riqueza atuais. E essa reorganização estrutural certamente resultaria num sofrimento severo para algumas pessoas. Na realidade, isso é precisamente a razão pela qual há uma resistência pública a uma política de privatização das funções estatais, apesar de que no longo prazo a riqueza social total seria aumentada. Seguramente, porém, esse fato não pode ser aceito como um argumento válido para demonstrar as falhas de mercado. Se um indivíduo que havia sido autorizado a bater na cabeça das demais pessoas fosse agora proibido de continuar com essa prática, ele certamente seria prejudicado. Mas dificilmente se aceitaria *esta* como uma desculpa válida para manter a regra antiga (de bater). Ele foi prejudicado em relação a um sistema no qual alguns consumidores tinham o direito de determinar e não permitir o que os outros consumidores poderiam comprar de acordo com suas preferências e com os meios adquiridos por eles de forma justa e que estão à sua disposição, mas prejudicá-lo significou substituir uma ordem social existente na qual todo consumidor passou a ter o direito igual de determinar o que e quanto de algo será produzido. E, certamente, essa substituição da estrutura social seria preferível do ponto de vista de todos os consumidores enquanto consumidores voluntários.

Assim, pela força do raciocínio lógico, deve-se aceitar a conclusão já citada de Molinari segundo a qual, para o bem dos consumidores, todos os bens e serviços sejam fornecidos pelos mercados.[200]

---

[199] Antes de tudo, se deveria ter em mente toda vez que alguém analisa a validade dos argumentos estatistas-intervencionistas o que foi escrito por J. M. Keynes ("The End of Laissez Faire," in: J. M. Keynes, *Collected Writings*, London 1972, vol. 9, p. 291): "O plano mais importante do estado não está relacionado àquelas atividades que os indivíduos privados já estão executando, mas por aquelas funções que estão fora do âmbito do indivíduo, aquelas decisões que não são tomadas se não forem pelo estado. O que é importante para o governo não é fazer aquilo que os indivíduos já estão fazendo e fazê-las um pouco melhor ou um pouco pior, mas fazer aquelas coisas que não são feitas de modo algum". Esse raciocínio não apenas parece ser falso, ele verdadeiramente é.

[200] Alguns libertários minarquistas alegam que a existência de um mercado pressupõe o reconhecimento e o cumprimento de um corpo comum de leis e, portanto, de um governo como um juiz

Não é apenas falso que existam categorias claramente diferenciadas de bens que forneceriam acréscimos especiais à tese geral da necessária superioridade econômica do capitalismo; mesmo que existissem, não se poderia encontrar uma razão especial pela qual esses bens públicos supostamente especiais também não devessem ser produzidos por empresas privadas, uma vez que invariavelmente competem com os bens privados. Na verdade, apesar de toda a propaganda por parte dos teóricos dos bens públicos, a maior eficiência dos mercados quando comparada com a do estado tem sido constatada em relação a um número cada vez maior de supostos bens públicos. Confrontado diariamente com a experiência, dificilmente qualquer um que estude seriamente essas questões seria capaz de negar que atualmente os mercados poderiam fornecer de forma mais efetiva os serviços de correios e as ferrovias, eletricidade, telefonia, educação, moeda, rodovias e assim por diante, ou seja, satisfazer mais os consumidores do que o estado o faria. No entanto, as pessoas ficam geralmente reticentes em aceitar aquilo que a força da lógica impõe num setor específico: a produção de segurança. Portanto, no restante deste capítulo será explicado o funcionamento superior de uma economia capitalista nessa área em particular – uma superioridade cujo argumento lógico já foi desenvolvido, mas que deve ser apresentado de forma mais persuasiva quando algum material empírico for acrescentado à análise e quando esta for estudada como um problema resultante de suas próprias afirmações.[201]

---

monopolista e uma agência de compulsão (cf., por exemplo, J. Hospers, *Libertarianism*, Los Angeles, 1971; T. Machan, *Human Rights and Human Liberties*, Chicago, 1975.). É certamente correto dizer que um mercado pressuponha o reconhecimento da lei e o cumprimento daquelas normas que fundamenta a sua operação. Mas disso não resulta que essa tarefa tem que ser atribuída a uma agência monopolista. De fato, o mercado também pressupõe uma linguagem comum ou um sistema de sinais; mas dificilmente alguém acharia que isso nos leva a concluir que, portanto, o governo tem que garantir o respeito às regras de linguagem. Tal como o sistema de linguagem, as regras do comportamento do mercado surgem espontaneamente e podem ser exigidas pela "mão invisível" do auto-interesse. Sem o respeito pelas regras comuns de expressão, as pessoas não poderiam aproveitar as vantagens oferecidas pela comunicação, e sem a observância das regras comuns de conduta, as pessoas não poderiam desfrutar os benefícios de uma produtividade mais elevada de uma economia de troca baseada na divisão do trabalho. Além do mais, como eu demonstrei no capítulo 7, independentemente de qualquer governo, as regras do mercado podem ser defendidas *a priori* como justas. Além disso, como eu irei argumentar na conclusão deste capítulo, é precisamente um sistema competitivo de administração da lei e do cumprimento da lei que gera a maior pressão possível para elaborar e adotar regras de conduta que incorporem o mais alto nível concebível de consenso. E, obviamente, as próprias regras que as tornam justas são aquelas que o raciocínio *a priori* estabelece como a pressuposição logicamente necessária da argumentação e do acordo argumentativo.

[201] A propósito, a mesma lógica que forçaria alguém a aceitar a ideia da produção de segurança por empresas privadas como a melhor solução econômica para o problema da satisfação do consumidor também força, tanto quanto estiverem envolvidas as posições morais-ideológicas, a abandonar a teoria política do liberalismo clássico e dar um pequeno, mas decisivo passo (de lá) em direção à teoria do libertarianismo ou do anarquismo de propriedade privada. O liberalismo clássico, com Mises sendo o seu representante mais importante no século XX, defende um sistema social baseado nas regras fundamentais da teoria natural da propriedade. E essas também são as regras defendidas pelo libertarianismo. Mas o liberalismo clássico quer que essas leis sejam executadas por uma agência monopo-

Como funcionaria um sistema de produtores de segurança concorrentes e não-monopolistas? Deve estar claro desde o início que ao responder essa questão saímos do âmbito da análise puramente lógica e, portanto, as respostas devem necessariamente prescindir das certezas, o caráter apodítico das declarações sobre a validade da teoria dos bens públicos. O problema enfrentado é precisamente análogo àquele em que se pergunta como um mercado resolveria o problema da produção de hamburguer, especialmente se até este momento os hambúrgueres haviam sido produzidos exclusivamente pelo estado e, consequentemente, não seria possível se basear numa experiência do passado. Só seria possível formular tentativas de respostas. Ninguém seria capaz de saber a estrutura exata da indústria de hamburguer – quantas empresas concorrentes seriam criadas, qual importância essa indústria deveria ter quando comparada às outras, com o que os hambúrgueres deveriam se parecer, quantos diferentes tipos de hambúrgueres surgiriam no mercado e quantos, talvez, desapareceriam pela falta de demanda, e assim por diante. Ninguém seria capaz de saber todas as circunstâncias e mudanças que ocorreriam ao longo do tempo e que influenciariam a própria estrutura da indústria de hamburguer – modificações na demanda de vários grupos de consumidores, mudanças tecnológicas, alterações dos preços de vários bens que afetam direta ou indiretamente a indústria, e assim por diante.

Devemos enfatizar que tudo isso não é diferente quando surge a questão da produção privada de segurança. Mas isso não significa em hipótese alguma que nada de definitivo possa ser dito sobre a questão. Considerando determinadas condições gerais na demanda pelos serviços de segurança que são reconhecidas como mais ou menos realistas a partir da análise do mundo como ele é atualmente, o que pode e será considerado é o quan-

---

lista (o governo, o estado) – ou seja, uma organização que não é exclusivamente dependente do apoio contratual voluntário dos consumidores de seus respectivos serviços, mas tem o direito de determinar unilateralmente seu próprio rendimento, ou seja, os tributos a serem impostos sobre os consumidores para realizar o seu trabalho na área da produção de segurança. Agora, por mais plausível que isso possa parecer, deveria ser óbvia a sua inconsistência. Ou os princípios da teoria da propriedade natural são válidos, e neste caso é imoral que o estado seja um monopolista privilegiado, ou o negócio construído com base na, ou em torno da, agressão – o uso da força e dos meios não-contratuais de aquisição de recursos – é válido, e neste caso deve-se jogar fora a primeira teoria. É impossível manter ambos os argumentos e não ser inconsistente, a menos é claro que se possa fornecer um princípio que é mais fundamental do que a teoria natural da propriedade e o direito do estado à violência agressiva e a partir do qual ambos, com suas respectivas limitações sobre os domínios nos quais são válidos, podem ser logicamente deduzidas. Porém, o liberalismo nunca forneceu qualquer princípio desse tipo, nem jamais será capaz de fazê-lo, uma vez que, como eu demonstrei no capítulo 7, argumentar a favor de qualquer coisa pressupõe o seu direito de ser livre da agressão. Dado o fato de que os princípios da teoria natural da propriedade não podem ser contestados de forma argumentativa como princípios moralmente válidos sem reconhecer implicitamente a sua validade, pela força da lógica se está comprometido a abandonar o liberalismo e aceitar o seu filho mais radical: o libertarianismo, a filosofia do capitalismo puro, que exige que a produção de segurança também seja realizada por empresas privadas.

to as diferentes ordens sociais de produção de segurança, caracterizadas por diferentes restrições estruturais sob as quais elas tem que operar, irão responder de maneira diferente.²⁰² Permita-nos primeiro analisar as especificidades da produção de segurança monopolista estatal, pois pelo menos neste caso é possível se valer de uma ampla evidência sobre a validade das conclusões a que se chegou, e depois compará-la àquilo que se pode esperar se esse sistema for substituído por um sistema não-monopolista.

Mesmo que a segurança seja considerada um bem público, terá que competir com outros bens na alocação dos recursos. O que é gasto em segurança não pode mais ser utilizado com outros bens que também podem aumentar a satisfação do consumidor. Além disso, a segurança não é um bem único e homogêneo, mas é constituída de muitos elementos e aspectos. Não se trata somente de prevenção, identificação e compulsão, mas também de prover segurança contra ladrões, estupradores, poluidores, desastres naturais e assim por diante. Além do mais, a segurança não é produzida num "lampejo", mas pode ser fornecida em unidades marginais e pessoas diferentes atribuem importância diferente à segurança como um todo, e também a diferentes aspectos de todo o resto, o que vai depender de suas características pessoais, de suas experiências do passado com os vários fatores de insegurança, e do tempo e lugar nos quais possam viver.²⁰³ Agora, e aqui retornamos ao problema econômico fundamental da alocação dos recursos escassos para usos concorrentes, como pode o estado – uma organização que não é exclusivamente financiada por contribuições voluntárias e pela venda de seus produtos, mas parcialmente ou no todo por impostos – decidir o quanto produzir de segurança, a quantidade de cada um de seus inúmeros aspectos, para quem, onde e o que? A resposta é que não há uma maneira racional de decidir essa questão. Do ponto de vista dos consumidores, a sua resposta às demandas de sua segurança deve ser considerada arbitrária. Precisamos de um policial e de um juiz ou de 100 mil de cada um deles. Eles devem receber US$ 100 ou US$ 10 mil por mês? Independentemente de quantos houver, os policiais devem dedicar mais tempo fazendo a ronda das ruas, perseguindo assaltantes, recuperando bens roubados ou vigiando os praticantes de crimes sem vítimas, como a prostituição, o uso de drogas e o contrabando? E os juízes devem dedicar mais tempo e energia cuidando de divórcios, infrações de trânsito, furtos, assassinatos ou conflitos relacionados a casos de antitruste? Claramente, todas essas questões devem ser respondidas de algum modo,

---

²⁰² Sobre o problema da concorrência na produção de segurança, cf. G. de Molinari, *Da Produção de Segurança*, São Paulo: Instituto Ludwig von Mises Brasil, Capítulo II. Disponível em http://www.mises.org.br/EbookChapter.aspx?id=331; M. N. Rothbard, *Governo e Mercado*, São Paulo: Instituto Ludwig von Mises Brasil, 2012, capítulo 1; *For A New Liberty*, New York, 1978, capítulo 12; e também W.C. Wooldridge, *Uncle Sam the Monopoly Man*, New Rochelle, 1970, capítulos 5-6; M. e L. Tannehill, *The Market for Liberty*, New York, 1984, 2ª parte.
²⁰³ Cf. M. Murck, *Soziologie der oeffentlichen Sicherheit*, Frankfurt/M., 1980.

porque assim como há escassez e não vivemos no Jardim do Éden, o tempo e o dinheiro gastos em uma coisa não podem ser gastos em outra. O estado também tem que responder essas questões, mas qualquer que seja a forma que responda, responderá sem estar sujeito ao critério do lucro-e-prejuízo. Portanto, sua ação é arbitrária e, portanto, do ponto de vista do consumidor, envolve necessariamente incontáveis desperdícios relacionados à má-distribuição.[204] Independentemente do amplo nível de desejos do consumidor, como todo mundo sabe, os produtores de segurança empregados pelo estado fazem o que *eles* querem. Eles ficam vagabundeando em vez de fazer alguma coisa, e, se trabalham, preferem fazer o que é mais fácil ou trabalhar onde podem ter algum poder, em vez de servir os consumidores. Os policiais dedicam muito tempo a rodar de carro, a atormentar quem comete pequenas infrações de trânsito e gastam enormes quantidade de recursos financeiros investigando crimes sem vítimas que muitas pessoas (ou seja, aquelas que não estão envolvidas) não concordariam, mas que poucas estariam dispostas a gastar o seu dinheiro nessas ações porque não são diretamente afetadas por elas. Ainda em relação àquilo que os consumidores querem de forma mais urgente – a prevenção de crimes graves (ou seja, *com* vítimas), a identificação e punição efetiva desse tipo de criminoso, a recuperação dos bens roubados e a garantia de que as vítimas dos crimes sejam compensadas pelos agressores –, os policiais são notoriamente ineficientes, apesar das alocações orçamentárias cada vez mais altas.

Além disso, e aqui retornamos ao problema da qualidade mais baixa da produção (com determinadas alocações), pois o que quer que a polícia ou os juízes estatais façam (da maneira arbitrária, como tem que ser), uma vez que seus rendimentos são mais ou menos independentes das avaliações dos consumidores dos respectivos serviços que executam, eles tenderão a desenvolvê-los de maneira deficiente. E assim observamos a arbitrariedade e a brutalidade policial e a lentidão do processo judicial. Além disso, é impressionante que nem a polícia nem o sistema judicial ofereçam aos consumidores qualquer coisa que vagamente se assemelhe a um contrato de serviço no qual se estabeleceria em termos inequívocos para informar ao consumidor qual procedimento seria posto em prática numa situação específica. Em vez disso, ambos atuam num vácuo contratual que ao longo do tempo permite à polícia e ao judiciário alterar arbitrariamente as suas regras de procedimento e que também explica o fato verdadeiramente ridículo de que a resolução dos conflitos entre policiais e juízes, de um lado, e os cidadãos, de outro, não é atribuída a um terceiro independente, mas a outro policial e a outro juiz que divide com seus empregadores (o governo) o mesmo lado da disputa.

---

[204] Sobre as deficiências das decisões de alocação democraticamente controladas, cf. o capítulo 9, n. 4, deste livro.

Em terceiro lugar, qualquer um que tenha visto as delegacias de polícia e as instâncias do poder judiciário, para não mencionar as prisões, sabe como é verdade que os fatores de produção aplicados na provisão de segurança são utilizados de forma excessiva, são pessimamente mantidos e podem mesmo ser considerados obscenos. Não há motivo para que policiais e juízes satisfaçam os consumidores que sustentam os seus rendimentos. E se, num caso excepcional, isso acontecesse, o serviço seria realizado a um custo comparativamente mais elevado do que o de qualquer serviço similar oferecido por uma empresa privada.[205]

Sem dúvida, todos esses problemas inerentes a um sistema de produção monopolista de segurança seriam resolvidos de forma relativamente rápida quando uma determinada demanda por serviços de segurança encontrasse um mercado competitivo com uma estrutura de incentivos completamente diferente para os produtores. Isso não quer dizer que se encontraria uma solução "perfeita" para o problema da segurança. Continuariam existindo ladrões e assassinos; e nem todos os bens roubados seriam recuperados e nem todos os assassinos seriam presos. Mas no que se refere às avaliações dos consumidores, a situação melhoraria na medida em que a natureza do homem a permitisse. Em primeiro lugar, desde que haja um sistema competitivo, ou seja, desde que os produtores dos serviços de segurança dependam das contratações voluntárias dos consumidores, a maioria das quais provavelmente tomaria a forma de contratos de serviços e de seguros acordados antecipadamente a qualquer "ocorrência" real de insegurança ou agressão, nenhum produtor poderia aumentar seu rendimento sem melhorar os serviços ou a qualidade do produto da forma como são percebidos pelos consumidores. Além disso, todos os produtores de segurança considerados em conjunto não poderiam reforçar a importância de sua empresa em particular a menos que, por qualquer que seja a razão, os consumidores realmente começassem a avaliar a segurança como um bem mais valioso do que os outros, assegurando dessa forma que a produção de segurança nunca e em nenhum lugar seria desenvolvida às custas da não-produção ou da redução da fabricação, digamos, de queijo como um bem privado concorrente. Além do mais, os produtores dos serviços de segurança teriam que diversificar as suas ofertas num nível considerável por causa da demanda altamente diversificada pelos produtos de segurança entre os milhões de consumidores existentes. Diretamente de-

---

[205] Assim resume Molinari (G. de Molinari, *Da Produção de Segurança*, São Paulo: Instituto Ludwig von Mises Brasil, Capítulo II. Disponível em http://www.mises.org.br/EbookChapter.aspx?id=339): "Se (...) o consumidor não for livre para comprar segurança de quem quiser, imediatamente se verá abrir uma grande profissão dedicada à arbitrariedade e ao mal gerenciamento. A justiça se tornará lenta e custosa, a polícia incômoda, a liberdade individual não é mais respeitada, o preço da segurança será abusivamente inflado e iniquamente dividido, de acordo com o poder e a influência dessa ou daquela classe de consumidores.".

pendente do apoio voluntário do consumidor, eles seriam imediatamente prejudicados financeiramente se não reagissem adequadamente aos vários desejos ou mudanças nos desejos dos consumidores. Assim, todo consumidor teria uma influência direta, ainda que pequena, sobre a fabricação de bens que surgissem ou desaparecessem do mercado. Em vez de oferecer um "pacote de segurança" padronizado para todo mundo, como é a característica da política de produção estatal, surgiriam no mercado uma grande variedade de pacotes de serviços. Eles seriam criados sob medida para as diferentes necessidades de segurança para pessoas diferentes, levando em consideração as diferentes ocupações, os diferentes comportamentos de risco, as diferentes coisas a serem protegidas e seguradas, e as diferentes localizações geográficas e restrições de tempo.

Mas isso não é tudo. Longe disso. Além da diversificação, o conteúdo e a qualidade dos produtos também seriam aprimorados. Não apenas melhoraria imediatamente o tratamento dos consumidores pelos empregados das empresas de segurança, como desapareceriam imediatamente a atitude do "não dou a mínima", a arbitrariedade e até mesmo a brutalidade, a negligência e a lentidão dos atuais sistemas policial e judiciário. Uma vez que eles seriam dependentes do apoio voluntário do consumidor, qualquer problema relacionado a mal-tratamento, grosseria ou inaptidão poderiam custar os seus empregos. Além disso, a peculiaridade anteriormente mencionada – a de que a resolução dos conflitos entre o cliente e o seu fornecedor do serviço é invariavelmente atribuída ao julgamento do fornecedor, não do cliente – quase certamente não seriam mais registrados, e a arbitragem dos conflitos por partes independentes se tornariam o negócio padrão oferecido pelos produtores de segurança. Porém, ainda mais importante, a fim de atrair e manter os consumidores, os produtores desses serviços teriam que oferecer *contratos* que permitiriam ao consumidor saber o que ele estivesse comprando e habilitá-lo a fazer uma reclamação válida e intersubjetivamente determinada, caso o desempenho real do produtor de segurança descumprisse as obrigações acordadas. E mais especificamente, à medida em que não são contratos de serviços individualizados onde o pagamento é feito pelos consumidores para cobrir exclusivamente os seus próprios riscos, mas, em vez disso, contratos próprios de seguro que levassem em consideração a conjunção de seus próprios riscos com os de outras pessoas, ao contrário da prática estatista vigente, a maioria desses contratos certamente não mais teriam qualquer esquema redistributivo deliberadamente construído para favorecer um grupo de pessoas em detrimento de outro. Caso contrário, se qualquer pessoa sentisse que o contrato oferecido a obrigaria a pagar pelas necessidades e riscos específicos de outras pessoas – fatores de possível insegurança, ou seja, que ela não entendeu como sendo aplicável ao seu próprio caso –, ela simplesmente se recusaria a assiná-lo ou interromperia o pagamento.

Mesmo que tudo isso tenha sido dito, a questão que inevitavelmente vem à tona é a seguinte: "Um sistema competitivo de produção de segurança não resultaria necessariamente num conflito social permanente, no caos e na anarquia?" Há vários pontos a serem tratados sobre essa suposta crítica. Em primeiro lugar, deve ser observado que essa impressão não estaria em hipótese alguma de acordo com a evidência empírica histórica. Sistemas de instâncias judiciárias concorrentes existiram em diversos lugares, como na antiga Irlanda ou na época da liga Hanseática, antes da chegada do moderno estado-nação, e, tanto quanto sabemos, funcionavam muito bem.[206] A julgar pelo índice de criminalidade da época (crime *per capita*), a polícia privada do Velho Oeste (que, a propósito, não era tão selvagem como alguns filmes insinuam) era relativamente mais bem sucedida do que a polícia estatal de hoje.[207] E voltando à experiência e aos exemplos contemporâneos, existem até hoje milhões de contatos internacionais – contatos de comércio e de viagem – e, certamente, parece ser um exagero dizer, por exemplo, que há mais fraude, mais crime, mais quebra de contrato na esfera internacional do que nas relações domésticas nos países. E isso é assim, é preciso observar, sem que haja um grande produtor de segurança monopolista e legislador. Finalmente, não se deve esquecer que mesmo hoje num grande número de países há vários produtores de segurança privada que atuam paralelamente ao estado: investigadores particulares e os das seguradoras e árbitros privados. Em relação ao seu trabalho, a impressão parece confirmar a tese de que eles são mais, não menos, bem sucedidos em resolver os conflitos sociais do que os seus análogos públicos.

Porém, essa evidência histórica está enormemente sujeita à disputa, particularmente, sobre se qualquer informação geral pode ser derivada daquela. No entanto, também há razões sistemáticas que mostram por que o receio manifestado na crítica já mencionada não é bem fundamentado. Por mais paradoxal que isso possa parecer à primeira vista, isso ocorre porque estabelecer um sistema competitivo de produtores de segurança significa construir uma estrutura de incentivos institucionalizada para produzir uma ordem legal e o cumprimento da lei que incorpore o mais alto grau possível de consenso a respeito da questão da resolução de conflito e, consequentemente, isso tende a gerar menos, em vez de mais, distúrbios sociais e conflitos do que sob a proteção monopolista![208] Para entender o que acabei de mostrar é necessário adotar uma análise mais

---

[206] Cf. a literatura citada na nota 21; e também B. Leoni, *Liberdade e a Lei*, São Paulo: Instituto Ludwig von Mises Brasil, 2010; J. Peden, "Property Rights in Celtic Irish Law", in: *Journal of Libertarian Studies*, 1977.
[207] Cf. T. Anderson e P. J. Hill, "The American Experiment in Anarcho-Capitalism: The Not So Wild, Wild West," in: *Journal of Libertarian Studies*, 1980.
[208] Sobre o tema, cf. H. H. Hoppe, *Eigentum, Anarchie und Staat*, Opladen, 1987, capítulo 5.

detalhada na única situação típica que preocupa o cético e o permite acreditar na virtude superior de uma ordem organizada monopolisticamente na produção de segurança. Este é o caso quando emerge um conflito entre *A* e *B*, ambos segurados por diferentes empresas, que não podem chegar a um acordo imediato em relação à validade das reivindicações em conflito apresentadas por seus respectivos clientes. (Não haveria problema se esse acordo fosse fechado ou se ambos os clientes fossem segurados por uma mesma empresa – pelo menos, o problema não seria de forma alguma diferente daquele que emergisse sob um monopólio estatista!). Tal situação não resultaria sempre num confronto armado? Isso seria altamente improvável. Em primeiro lugar, toda batalha violenta entre empresas seria onerosa e arriscada, especialmente se essas empresas atingissem um tamanho considerável, o que seria importante para elas aparecerem como garantidoras efetivas da segurança para seus potenciais clientes. Porém, mais importante, sob um sistema competitivo com cada empresa dependente da continuação dos pagamentos voluntários dos consumidores, qualquer batalha teria que ser deliberadamente apoiada por cada cliente de ambas as empresas. Se houve uma única pessoa que suspendesse seus pagamentos porque não estava convencida de que a batalha era necessária num conflito específico prestes a acontecer, haveria uma pressão econômica imediata sobre a empresa para buscar uma solução pacífica para a disputa.[209] Consequentemente, todo produtor concorrente de segurança se posicionaria de forma extremamente cautelosa diante da possibilidade de adotar medidas violentas para a resolução de conflitos. Pelo contrário, na medida em que o que os consumidores querem é uma resolução pacífica para o conflito, cada um dos produtores de segurança iria o mais longe possível para adotar medidas pacíficas para seus clientes e determinar antecipadamente, para que todos soubessem, o processo de arbitragem ao qual estaria disposto a se submeter e aos seus clientes em caso de uma discordância sobre a avaliação das reivindicações em conflito.

E como esse esquema só poderia parecer aos clientes de empresas diferentes como realmente eficiente se houvesse um acordo entre elas a respeito dessas medidas de arbitragem, um sistema legal que governasse as relações entre empresas e que fosse universalmente aceito pelos clientes de todos os produtores concorrentes de segurança evoluiria naturalmente. Além disso, seria ainda mais intensa a pressão econômica para produzir regras que representassem um consenso sobre como os conflitos devem ser administrados. Sob um sistema competitivo de árbitros independen-

---

[209] Compare isso com a política estatal de se envolver em batalhas sem ter o apoio deliberado de todos porque o estado tem o direito de tributar as pessoas; e pergunte a si mesmo se o risco de uma guerra seria menor ou maior se houvesse o direito de parar de pagar os impostos tão logo sentisse que a condução das relações internacionais pelo estado não era satisfatória!

tes, a quem seria atribuída a responsabilidade de encontrar soluções pacíficas para os conflitos, eles seriam dependentes do suporte contínuo das duas empresas em disputa, na medida em que estas poderiam e selecionariam juízes diferentes caso qualquer uma ficasse muito insatisfeita com o resultado do trabalho da arbitragem. Assim, esses juízes estariam sob pressão para achar soluções para os problemas que estão sob sua responsabilidade (dessa vez não no que se refere aos aspectos procedimentais da lei, mas ao seu conteúdo) e que seriam aceitas num determinado caso por todos os clientes das empresas envolvidas como soluções justas e corretas.[210] Caso contrário, uma ou todas as empresas poderiam perder alguns de seus clientes, e para evitar que isso ocorra, escolheriam outro árbitro na próxima vez em que precisassem do serviço.[211]

Mas não seria possível que num sistema de concorrência as empresas de segurança violassem a lei? Ou seja, uma empresa que, financiada por seus clientes, iniciasse agressão contra outras empresas? Certamente, não há forma de negar que isso seja possível, embora novamente deva ser enfatizado que aqui se está no âmbito da ciência social empírica e ninguém poderia saber com certeza a respeito dessa possibilidade.

No entanto, é falaciosa a insinuação tácita de que a possibilidade de uma empresa de segurança violar de algum modo a lei, indicaria uma deficiência grave na filosofia e na economia de uma ordem social capitalista pura.[212] Em primeiro lugar, devemos relembrar que todo sistema social, e não menos uma ordem estatista-socialista do que uma economia de puro mercado, depende da opinião pública para garantir a sua existência contínua e que uma determinada condição da opinião pública delimita o tempo todo o que pode ou o que não pode ocorrer, o que é mais ou menos provável de acontecer numa determinada sociedade. A situação atual da opinião pública na Alemanha Ocidental, por exemplo, faz com que seja altamente improvável ou até mesmo impossível que um sistema estatista-socialista do tipo russo possa ser imposto aos alemães ocidentais. A falta de apoio público a esse sistema o destruiria, conduzindo-o ao fracasso e ao colap-

---

[210] E pode ser observado aqui novamente que as normas que incorporam o mais alto grau possível de consenso são, obviamente, aquelas que são pressupostas pela argumentação e cuja aceitação torna possível o consenso sobre qualquer coisa, como foi mostrado no capítulo 7.
[211] Novamente, compare isso com os juízes servidores do estado que, porque são pagos pelos impostos e, dessa forma, são relativamente independentes da satisfação do consumidor, podem proferir sentenças que, claramente, não são aceitáveis por todos como justas; e pergunte a si mesmo se o risco de não buscar a verdade num determinado caso seria menor ou maior se houvesse a possibilidade de exercer uma pressão econômica sempre que se tivesse a percepção de que um juiz, que um dia pode ter que sentenciar em seu próprio caso não tivesse sido suficientemente cuidadoso ao reunir e julgar os fatos de um caso, ou foi simplesmente um completo desonesto.
[212] Especificamente sobre esse tema, cf. M. N. Rothbard, *For A New Liberty*, New York, 1978, p.233 et seq.

so. E seria ainda mais improvável que qualquer tentativa de impor uma ordem similar à da Rússia pudesse ser bem-sucedida entre os americanos, considerando a opinião pública americana. Portanto, para analisar corretamente o problema das empresas que violassem a lei, a questão acima deveria ser reformulada da seguinte forma: qual a probabilidade de que algo do tipo ocorresse numa determinada sociedade com o estado específico da opinião pública? Formulado dessa forma, é claro que a resposta teria que ser diferente para diferentes sociedades. Em algumas sociedades, caracterizadas pelas ideias socialistas profundamente arraigadas na população, haveria uma grande probabilidade do ressurgimento de empresas agressoras, e em outras sociedades, haveria uma chance muito menor de que isso acontecesse. Mas haveria a perspectiva de um sistema competitivo de produção de segurança num determinado caso ser melhor ou pior do que a continuação de um sistema estatal? Permita-nos analisar, por exemplo, os Estados Unidos de hoje. Considere que por um ato legislativo o estado abolisse a sua função de fornecer segurança recorrendo aos impostos e fosse introduzido um sistema competitivo de produção de segurança. Dado o estado da opinião pública, qual a probabilidade de surgir empresas que violassem a lei e o que aconteceria? Evidentemente, a resposta dependeria das reações da população diante dessa mudança na situação. Portanto, a primeira resposta àqueles que fazem objeções à ideia de um mercado privado de segurança teria que ser: e quanto a você? Qual seria a sua reação? Seu temor quanto a empresas violadoras da lei faria com que você firmasse contrato com uma produtora de segurança que tivesse agredido outras pessoas e as suas propriedades? Você continuaria a apoiá-la mesmo que ela tivesse agido dessa forma? Certamente, o crítico ficaria mudo com esse contra-ataque. Mas ainda mais importante do que isso é o desafio sistemático implícito nesse contra-ataque pessoal. Evidentemente, a descrição da mudança na situação significaria uma mudança na estrutura de custo-benefício que todo mundo enfrentaria uma vez que teria que tomar as suas decisões. Antes da introdução de um sistema competitivo de produção de segurança, participar e apoiar a agressão (estatal) eram atos legalizados. Agora, essa atividade seria ilegal. Consequentemente, dada a sua consciência, que faria com que cada uma de suas decisões parecessem mais ou menos onerosas, ou seja, mais ou menos em sintonia com os seus próprios princípios de comportamento correto, apoiar uma empresa envolvida na exploração de pessoas que não estão dispostas a apoiar deliberadamente as suas ações teria agora um custo muito mais alto do que antes. Considerando esse fato, deve se considerar que surgiria uma quantidade de pessoas – entre elas estão até mesmo aquelas pessoas que, de outra maneira, teriam prontamente concedido o seu apoio ao estado – que agora gastariam o seu dinheiro para apoiar uma empresa comprometida com um negócio honesto, e que surgiria em todo lugar em que esse experimento social fosse tentado. Em contraste, o número de pessoas ainda comprometidas com uma política de exploração, de ganhos às custas de outros, declinaria. Obviamente, dependeria do estado da opinião pública em que medida os seus efeitos seriam drásticos. No exemplo citado – os Estados Unidos, onde a teoria natural da propriedade é extremamente difundida e aceita como uma ética privada, sendo essencialmente a filosofia libertária a ideologia na qual o país foi fundado e que o permitiu se desenvolver e atingir a sua estatura[213] –, o efeito acima mencionado seria particularmente evidente. Portanto, as empresas produtoras de segurança comprometidas com a filosofia de proteger e cumprir a lei libertária conquistaria a ampla maioria do apoio público e da assistência financeira. E enquanto possa ser verdade que algumas pessoas, e, entre elas, especialmente aquelas que lucraram com a antiga ordem, devam continuar a apoiar uma política de agressão, é bastante improvável que sejam em quantidade e tenham capacidade financeira suficientes para serem bem sucedidos nesse apoio. Pelo contrário, o resultado provável seria que as empresas honestas desenvolvessem a força necessária – sozinhas ou num esforço conjunto e apoiadas pelos seus consumidores voluntários – para identificar o surgimento de produtoras ilegais e destruí-las onde quer que, e toda vez que, elas aparecessem.[214] E

---

[213] Cf. B. Bailyn, *The Ideological Origins of the American Revolution*, Cambridge, 1967; J. T. Main, *The Anti-Federalists: Critics of the Constitution*, Chapel Hill, 1961; M. N. Rothbard, *Conceived in Liberty*, 4 vols., New Rochelle, 1975-1979.

[214] Naturalmente, as seguradoras assumiriam uma função particularmente importante na verificação do surgimento de empresas ilegais. Segundo M. e L. Tannehill: "As seguradoras, que atuam num setor muito importante em qualquer economia totalmente livre, teriam um incentivo especial para se dissociar de qualquer agressor e, além disso, trazer toda a sua considerável influência no negócio para se posicionar contra ele. A violência agressiva gera perda de valor e a indústria de seguros sofreria o custo maior na maioria dessas perdas. Um agressor incontido é uma ameaça ambulante e nenhuma seguradora, embora remotamente afastada de sua agressão original, desejaria manter o risco de que ele possa agredir um de seus próximos clientes. Além disso, os agressores e aqueles com quem eles se associaram podem se envolver com mais probabilidade em situações de violência e são, portanto, coberturas de péssimo risco. Uma seguradora provavelmente se recusaria a fazer a cobertura desse tipo de pessoa desprovida de um desejo antecipado de minimizar quaisquer perdas futuras que seus agressores poderiam causar. Mas até se a empresa não estiver motivada por essa previsão, ainda seria obrigada a aumentar drasticamente os prêmios do seguro ou cancelar totalmente a cobertura a fim de evitar arcar com um risco extra contido na sua inclinação para a violência. Numa economia competitiva, nenhuma seguradora poderia pagar para continuar a fazer a cobertura dos agressores e daqueles com quem tinham se associado e simplesmente transferir os custos para os seus consumidores honestos; ela logo perderia esses consumidores para empresas de maior reputação que poderiam arcar com o custo de cobrar menos pela sua cobertura do seguro.

O que significaria a perda da cobertura do seguro numa economia livre? Mesmo que (o agressor) pudesse produzir força suficiente para se proteger de qualquer força agressiva ou de retaliação por qualquer fator ou combinação de fatores, ainda teria que o fazer sem necessidades econômicas diversas. Não poderia adquirir a proteção securitária contra acidentes de carro, desastres naturais ou disputas contratuais. Não teria proteção contra danos aceitáveis resultantes de acidentes ocorridos em sua propriedade. É bastante provável que tivesse que fazê-lo sem contar com os serviços de uma empresa de combate a incêndios, uma vez que essas empresas são o desenvolvimento natural das empresas de seguros contra incêndios.

Além disso, as penalidades severas impostas pelo ostracismo comercial que resultariam naturalmente de seu ato agressivo criaria problemas com seus empregados (...). (Pois) se um agente do serviço de defesa executasse uma ordem que envolvesse uma iniciação intencional da força, tanto o agente

se contra todas as probabilidades os produtores de segurança perdessem a luta para manter um livre mercado na produção de segurança e ressurgisse um monopólio ilegal, simplesmente, teríamos, de novo, um estado.[215]

Em todo caso, implementar um sistema social puramente capitalista com produtores privados de segurança – um sistema que permitisse a liberdade de escolha – seria necessariamente melhor do que aquele que temos atualmente. Mesmo que essa ordem entrasse em colapso por causa da grande quantidade de pessoas que ainda estivessem comprometidas com uma política de agressão e exploração de outras pessoas, a humanidade teria pelo menos experimentado um glorioso interlúdio. E caso essa ordem sobrevivesse, o que parece ser o resultado mais provável, seria o começo de um sistema de justiça e de prosperidade econômica jamais vistos na história.

---

quanto o empreendedor ou administrador que deu a ordem, tanto quanto qualquer outros empregados reconhecidamente envolvidos, seriam responsabilizados por quaisquer danos causados" (M. e L. Tannehill, *The Market for Liberty*, New York, 1984, p.110-111).

[215] O processo no qual uma empresa ilegal emerge como um estado seria ainda mais complicado, uma vez que se teria que readquirir a "legitimidade ideológica" que marca a existência dos estados atualmente existentes e que levou séculos de propaganda incessante para se desenvolver. Uma vez que se perde essa legitimidade através da experiência com um sistema de livre mercado puro, é difícil imaginar como se poderia facilmente recuperá-la.

BIBLIOGRAFIA

Albert, H. *Marktsoziologie und Entscheidungslogik.* Neuwied, 1967.

Alchian, A. *Economic Forces at Work.* Indianapolis, 1977.

Anderson, P. *Passages from Antiquity to Feudalism.* London, 1974.

——. *Lineages of Absolutism.* London, 1974.

Anderson, T. and Hill, P. J. 'The American Experiment in Anarcho- Capitalism: The Not So Wild, Wild West." Journal of Libertarian Studies, 1980.

Apel, K. O. *Transformation der Philosophie* (2 vols.). Frankfurt/ M, 1973.

Armentano, D. *Antitrust and Monopoly.* New York, 1982.

Ayer, A. J. *Linguagem, Verdade e Lógica*, Lisboa: Presença, 1991.

Badie, B. and Birnbaum, P. *The Sociology of the State.* Chicago, 1983.

Baechler, J. *The Origins of Capitalism.* New York, 1976.

Baler, K. *The Moral Point of View.* Ithaca, 1958.

Bailyn, B. *The Ideological Origins of the American Revolution.* Cambridge, 1967.

Baird, C. *Rent Control: The Perennial Folly.* San Francisco, 1980.

Baumol, W. *Welfare Economics and the Theory of the State.* Cambridge, 1952.

——. e Blinder, A. *Economics. Principles and Policy.* New York, 1979.

Becker, G. *Human Capital.* New York, 1975.

Bendix, R. *Kings or People.* Berkeley, 1978.

Bernstein, E. *Die Voraussetzungen des Sozialismus und die Aufgabender Sozialdemokratie.* Bonn, 1975.

Blanshard, B. *Reason and Analysis.* La Salle, 1964.

Blaug, M. *The Methodology of Economics.* Cambridge, 1980.

Bloch, M. *Feudal Society.* Chicago, 1961.

Block, W. "Public Goods and Externalities: The Case of Roads." Journal of Libertarian Studies, 1983.

——. "Free Market Transportation: Denationalizing the Roads." Journal of Libertarian Studies, 1979.

——. "Austrian Monopoly Theory. A Critique." Journal of Libertarian Studies, 1977.

____. *"Coase and Demsetz on Private Property Rights."* Journal of Libertarian Studies, 1977.

Boehm-Bawerk, E. *v. Kapital und Kapitalzins. Positive Theorie des Kapitals.* Meisenheim, 1967.

Boetie, E. de La. *O Discurso da Servidão Voluntária*, disponível em http://www.mises.org.br/EbookChapter.aspx?id=445.

Brady, R. A. *"Modernized Cameralism in the Third Reich: The Case of the National Industry Group."* in: M. I. Goldman (ed.) *Comparative Economic Systems.* New York, 1971.

Bramsted, E. K. e Melhuish, K. J. (eds.). *Western Liberalism.* London, 1978.

Brandt, W. *(ed.). North-South: A Programme for Survival.* 1980.

Brozen, Y. *Is Government the Source of Monopoly? And Other Essays.* San Francisco, 1980.

____ e Friedman, M. *The Minimum Wage: Who Pays?* Washington, 1966.

Brutzkus, B. *Economic Planning in Soviet Russia.* London, 1935.

Buchanan, J. *Freedom in Constitutional Contract.* College Station, 1977.

____. *The Limits of Liberty.* Chicago, 1975.

____. *The Public Finances.* Homewood, 1970.

____. *Cost and Choice.* Chicago, 1969.

____. *Fiscal Theory and Political Economy.* Chapel Hill, 1962.

____ /Thirlby (ed.). *L. S. E. Essays on Cost.* Indianapolis, 1981.

____ e Tullock, G. *The Calculus of Consent.* Ann Arbor, 1962.

____ e Wagner, R. *The Consequences of Mr. Keynes.* London, 1978.

Carey, L. W. *(ed.). Freedom and Virtue. The Conservative/Libertarian Debate.* Lanham, 1984.

Cipolla, C. M. *(ed.). Economic History of Europe. Contemporary Economies.* Glasgow, 1976.

Coase, R. *"The Lighthouse in Economics."* Journal of Law and Economics, 1974.

Coase, R. *"The Problem of Social Cost."* Journal of Law and Economics, 1960.

Demsetz, H. *"Toward a Theory of Property Rights."* American Economic Review, 1967.

____. *"The Exchange and Enforcement of Property Rights."* Journal of Law and Economics, 1964.

Dicey, A. V. *Lectures on the Relation Between Law and Public Opinion in England During the Nineteenth Century.* London, 1974.

Dingier, H. *Die Ergreifung des Wirklichen.* Muenchen, 1955.

Dworkin, R. *"Is Wealth a Value?"* Journal of Legal Studies, 1980.

Erhard, L. *The Economics of Success.* London, 1968.

_____. *Prosperity Through Competition.* New York, 1958.

Eucken, W. *Grundsaetze der Wirtschaftspolitik.* Hamburg, 1967.

Evers, W. *'Toward a Reformation of a Law of Contracts."* Journal of Libertarian Studies, 1977.

Fetter, F. *Capital, Interest and Rent.* Kansas City, 1976.

Feyerabend, P. *Contra o Método,* São Paulo: Editora UNESP, 2007.

_____. *A Ciência em uma Sociedade Livre,* São Paulo: Editora UNESP, 2011).

Fischer, W. *Die Wirtschaftspolitik Deutschlands 1918-45.* Hannover, 1961.

Flew, A. *The Politics of Procrustes.* London, 1980.

_____. *Sociology, Equality and Education.* New York, 1976.

Friedman, M. *Capitalismo e Liberdade,* São Paulo: Abril Cultural, 1984.

_____. *Essays in Positive Economics.* Chicago, 1953.

_____ e Friedman, R. *Tirania do Status Quo,* Rio de Janeiro: Record, 1984.

Galbraith, J. K. *Uma Teoria do Controle de Preços,* São Paulo: Forense Universtária, 1986.

Gewirth, A. *"Law, Action and Morality"* em: Porreco, R. (ed.) *Georgetown Symposium on Ethics. Essays in Honor of H. Veatch.* New York, 1984.

_____. *Reason and Morality.* Chicago, 1978.

Greenleaf, W. H. *The British Political Tradition (2 vols.).* London, 1983.

Gregory, P. R. e Stuart, R. C. *Comparative Economic Systems.* Boston, 1985.

Habermas, J. *Moralbewusstsein und kommunikatives Handeln.* Frankfurt/M., 1983.

_____. *Theorie des kommunikativen Handelns (2 vols.).* Frankfurt/M, 1981.

_____. *"Wahrheitstheorien."* in: Fahrenbach, H. (ed.) *Wirklichkeit und Reflexion.* Pfullingen, 1974.

_____. *Conhecimento e Interesse,* Rio de Janeiro: Zahar, 1982.

Hamel, H. v. (ed.). *BRD-DDR. Die Wirtschaftssysteme.* Muenchen, 1983.

Harman, G. *The Nature of Morality.* New York, 1977.

Harris, M. *Cannibals and Kings.* New York, 1978.

Hayek, F. A. *Direito, Legislação e Liberdade,* 3 vols., São Paulo: Visão, 1985.

_____. (ed.). *Capitalism and the Historians.* Chicago, 1963.

____. *The Constitution of Liberty.* Chicago, 1960.

____. *O Caminho da Servidão*, São Paulo: Instituto Ludwig von Mises Brasil, 2010.

____. *Individualism and Economic Order.* Chicago, 1948.

____. (ed.). *Collectivist Economic Planning.* London, 1935.

____. et. al. *Rent Control. A Popular Paradox.* Vancouver, 1975.

Herbert, A. *The Right and Wrong of Compulsion by the State.* Indianapolis, 1981.

Hilton, R. (ed.). *The Transition from Feudalism to Capitalism.* London, 1978.

Hock, W. *Deutscher Antikapitalismus.* Frankfurt/M, 1960.

Hohmann, H. H., Kaser, M., e Thalheim, K. (eds.). *The New Economic Systems of Eastern Europe.* London, 1975.

Hollis, M. e Nell, E. *Rational Economic Man.* Cambridge, 1975.

Hoppe, H. H. *Eigentum, Anarchie und Staat.* Opladen, 1987.

____. "Is Research Based on Causal Scientific Principles Possible in the Social Sciences." Ratio, 1983.

____. *Kritik der kausalwissenschaftlichen Sozialforschung.* Opladen, 1983.

____. *Handeln und Erkennen.* Bern, 1976.

Hospers, J. *Libertarianism.* Los Angeles, 1971.

Hudson, W. D. (ed.). *The Is-Ought Question.* London, 1969.

Hume, D. *Essays. Moral, Political and Literary.* Oxford, 1971.

____. *Investigações Sobre o Entendimento Humano*, São Paulo: Editora UNESP, 2004.

____. *Tratado da Natureza Humana* Lisboa: Calouste Gulbenkian, 2001, especialmente (esp.) Livro III, Parte II, Seção II, p.559;

Hutchinson, T. W. *Politics and Philosophy of Economics.* New York, 1981.

____. *Positive Economics and Policy Objectives.* London, 1964.

____. *The Significance and Basic Postulates of Economic Theory.* London, 1938.

Janich, P. *Protophysik der Zeit.* Mannheim, 1969.

Jellinek, G. *Allgemeine Staatslehre.* Bad Hamburg, 1966.

Jencks, C. et. al. *Inequality.* London, 1973.

Jesse, E. (ed.). *BRD und DDR.* Bedin, 1982.

Jouvenel, B. de. *On Sovereignty.* Cambridge, 1957.

____. "The Treatment of Capitalism by Continental Intellectuals." em: F. A. Hayek (ed.) *Capitalism and the Historians.* Chicago, 1954.

____. *O Poder: História Natural do seu Crescimento*, Tradução Paulo Neves, 1ª ed., São Paulo: Peixoto Neto, 2010.

Kaltenbrunner, G. K. *(ed.)*. *Rekonstruktion des Konservatismus*. Bern, 1978.

Kambartel, F. *(ed.)*. *Praktische Philosophie und konstruktive Wissenschaftstheorie*. Frankfurt/M., 1974.

____. *Erfahrung und Struktur*. Frankfurt/M., 1968.

Kamlah, W. e Lorenzen, P. *Logische Propaedeutik*. Mannheim, 1967.

Kant, I. *Werke* (6 vols., ed. W. Weischedel). Wiesbaden, 1956.

Kautsky, K. *Bemstein und das sozialdemokratische Programm*. Bonn, 1976.

Kelsen, H. *Reine Rechtslehre*. Wien, 1976.

Keynes, J. M. *The End of Laissez Faire (Collected Writings, Vol. IX)*. London, 1972.

Kirzner, I. *Competição e Atividade Empresarial*, São Paulo: Instituto Ludwig von Mises Brasil, 2012.

Kolakowski, L. *Main Currents of Marxism* (3 vols.). Oxford, 1978.

Kolko, G. *The Triumph of Conservatism*. Chicago, 1967.

____. *Railroads and Regulation*. Princeton, 1965.

Kuhn, T. S. *A Estrutura das Revoluções Científicas*, São Paulo: Perspectiva, 2010.

Lakatos, I. "*Falsification and the Methodology of Scientific Research Programmes*" em :Lakatos/Musgrave (ed.) *Criticism and the Growth of Knowledge*. Cambridge, 1970.

Lange, O. "*On the Economic Theory of Socialism*" em: Goldman, M. I. (ed.) *Comparative Economic Systems*. New York, 1971.

Leonhard, W. *Sovietideologie. Die politischen Lehren*. Frankfurt/M, 1963.

Leoni, B. *Liberdade e a Lei*, São Paulo: Instituto Ludwig von Mises Brasil, 2010.

Locke, J. *Dois Tratados do Governo Civil*, Coimbra: Edições 70, 2006, esp. o Livro II: Segundo Tratado.

Lorenzen, P. *Normative Logic and Ethics*. Mannheim, 1969.

____. *Methodisches Denken*. Frankurt/M., 1968.

Luehrs, G. (ed.). *Kritischer Rationalismus und Sozialdemokratie* (2 vols.). Bonn,1975-76.

Lukes, S. "*Socialism and Equality*" em: Kolakowski/Hampshire (eds.) *The Socialist Idea*. New York, 1974.

Machan, T. *Human Rights and Human Liberties*. Chicago, 1975.

Machiavelli, N. *O Príncipe*, São Paulo: Martins Fontes, 2010.

MacIntyre, A. *Depois da Virtude: Um Estudo em Teoria Moral*, Bauru: EDUSC, 2001.

Main, J. *The Anti-Federalists: Critics of the Constitution.* Chapel Hill, 1961.

Marx, K. *Critique of the Gotha Programme. (Selected Works, Vol. 2).* London, 1942.

McGuire, J. W. *Business and Society.* New York, 1963.

Melsen, A. v. *Philosophy of Nature.* Pittsburgh, 1953.

Mencken, H. A. *Notes on Democracy.* New York, 1926.

Merklein, R. *Die Deutschen werden aermer.* Hamburg, 1982.

____. *Griff in die eigene Tasche.* Hamburg, 1980.

Meyer, T. (ed.). *Demokratischer Sozialismus.* Muenchen, 1980.

Michels, R. *Zur Soziologie des Parteiwesens in der modernen Demokratie.* Stuttgart, 1957.

Miller, M. *Rise of the Russian Consumer.* London, 1965.

Mises, L. v. *A Mentalidade Anticapitalista,* São Paulo: Instituto Ludwig von Mises Brasil, 2010.

____. *Epistemological Problems of Economics.* New York, 1981.

____. *Socialism.* Indianapolis, 1981.

____. *The Ultimate Foundation of Economic Science.* Kansas City, 1978.

____. *A Critique of Interventionism.* New Rochelle, 1977.

____. *Planning for Freedom.* South Holland, 1974.

____. *Theory of Money and Credit.* Irvington, 1971.

____. *Ação Humana,* São Paulo: Instituto Ludwig von Mises Brasil, 2010, esp. part. 1.

____. *Bureaucracy.* New Haven, 1944.

____. *Omnipotent Government.* New Haven, 1944.

____. *Liberalismo – Segundo a Tradição Clássica,* São Paulo: Instituto Ludwig von Mises Brasil, 2010.

Mittelstaedt, P. *Philosophische Probleme der modernen Physik.* Mannheim, 1966.

Molinari, G. de. *Da Produção de Segurança,* São Paulo: Instituto Ludwig von Mises Brasil. Disponível em http://www.mises.org.br/EbookChapter.aspx?id=331.

Morgenstern, O. *National Income Statistics: A Critique of Macroeconomic Aggregation.* San Francisco, 1979.

Mosca, G. *The Ruling Class.* New York, 1939.

Murck, M. *Soziologie der oeffentlichen Sicherheit.* Frankfurt/M., 1980.

Nisbet, R. *"Conservatism"* em: Nisbet/Bottomore (eds.), *History of Sociological Analysis.* New York, 1978.

Nock, A. J. *Our Enemy: The State.* Delevan, 1983.

Nove, A. *Economic History of the USSR.* Harmondsworth, 1969.

Nozick, R. *Anarquia, Estado e Utopia*, Rio de Janeiro: Zahar, 1991.

Olson, M. *The Logic of Collective Action*. Cambridge, 1965.

Oppenheimer. *System der Soziologie. Vol. II Der Staat*. Stuttgart, 1964.

Osterfeld, D. *"The Natural Rights Debate."* Journal of Libertarian Studies, 1983.

Pap, A. *Semantics and Necessary Truth*. New Haven, 1958.

Parkin, F. *Class Inequality and Political Order*. New York, 1971.

Paul, R. e Lehrman, L. *The Case for Gold*. San Francisco, 1983.

Peden, J. *"Property Rights in Celtic Irish Law."* Journal of Libertarian Studies, 1977.

Pejovich, S. *Life in the Soviet Union*. Dallas, 1979.

Pirenne, H. *Medieval Cities. Their Origins and the Revival of Trade*. Princeton, 1978.

Polanyi, K. *A Grande Transformação - As Origens de Nossa Época*, Rio de Janeiro: Editora Campus, 1980.

Popper, K. R. *Conhecimento Objetivo: Uma Abordagem Evolucionária*, Belo Horizonte: Editora Itatiaia, 1999.

____. *Conjecturas e Refutações*, Coimbra: Almedina, 2003.

____. *A Lógica da Pesquisa Científica*, São Paulo: Cultrix, 2000.

____. *A Pobreza do Historicismo*, Lisboa: Esfera do Caos, 2007.

Posner, R. *Economic Analysis of Law*. Boston, 1977.

Radosh, R. e Rothbard, M. N. (eds.). *A New History of Leviathan*. New York, 1972.

Rakowska-Harmstone, T. (ed.). *Communism in Eastern Europe*. Bloomington, 1984.

Rawls, J. *Uma Teoria da Justiça*, Lisboa: Editorial Presença, 2001.

Reisman, G. *Government Against the Economy*. New York, 1979.

Robbins, L. *"Economics and Political Economy."* American Economic Review, 1981.

____. *Political Economy: Past and Present*. London, 1977.

____. *Nature and Significance of Economic Science*. London, 1935.

Roepke, W. *Economics of a Free Society*. Chicago, 1963.

____. *A Humane Economy*. Chicago, 1960.

Rothbard, M. N. *A Ética da Liberdade*, Instituto Ludwig von Mises Brasil, 2010, capítulo 15.

____. *"Law, Property Rights and Pollution."* Cato Journal, 1982.

____. *"The Myth of Neutral Taxation."* Cato Journal, 1981.

____. *"The Myth of Efficiency"* em: M. Rizzo (ed.) *Time, Uncertainty and Disequilibrium.* Lexington, 1979.

____. *For a New Liberty.* New York, 1978.

____. *"Freedom, Inequality, Primitivism and the Division of Labor"* em: K. S. Templeton (ed.) *The Politicalization of Society.* Indianapolis, 1977.

____. *Governo e Mercado*, São Paulo: Instituto Ludwig von Mises Brasil, 2012.

____. *"Toward a Reconstruction of Utility and Welfare Economics."* Center for Libertarian Studies, Occasional Paper No. 3. New York, 1977.

____. *"Ludwig von Mises and Economic Calculation Under Socialism"* em: L. Moss (ed.). *The Economics of Ludwig von Mises.* Kansas City, 1976.

____. *Conceived in Liberty* (4 vols.), New Rochelle, 1975-79.

____. *Egalitarianism as a Revolt Against Nature and Other Essays.* Washington, 1974.

____. *What Has Government Done to Our Money?*. Novato, 1973.

____. *Man, Economy and State* (2 vols.). *Los Angeles, 1970.*

Rousseau, J. *The Social Contract and Discourses (ed. G. Cole).* New York, 1950.

Rubner, A. *The Three Sacred Cows of Economics.* New York, 1970.

Samuelson, P. *Economics.* New York, 1976.

____. *"The Pure Theory of Public Expenditure."* Review of Economics and Statistics, 1954.

Schoeck, H. *Ist Leistung unanstaendig?* Osnabrueck, 1971.

____. *Envy.* New York, 1966.

Schumpeter, J. *Capitalismo, Socialismo e Democracia*, Rio de Janeiro: Editora Fundo de Cultura, 1961.

Schwan, G. *Sozialismus in der Demokratie. Theorie einer konsequent sozialdemokratischen Politik.* Stuttgart, 1982.

____. (ed.). *Demokratischer Sozialismus fuer Industriegeselischaften.* Frankfurt/ M., 1979.

Senghaas, D. (ed.). *Imperialismus und strukturelle Gewalt.* Frankfurt/M, 1972.

Singer, M. *Generalization in Ethics.* London, 1963.

Skinner, Q. *As Fundações do Pensamento Político Moderno*, São Paulo: Companhia das Letras, 1996.

Smith, H. *The Russians.* New York, 1983.

Sombart, W. *Deutscher Sozialismus.* Berlin, 1934.

Spencer, H. *Social Statics.* London, 1851.

Spooner, L. *No Treason. The Constitution of No Authority.* Colorado Springs, 1973.

Statistisches *Jahrbuch fuer die BRD*. 1960.

Sterba, J. *The Demands of Justice*. Notre Dame, 1980.

Stevenson, C. L. *Facts and Values*. New Haven, 1963.

___. *Ethics and Language*. London, 1945.

Stigler, G. *The Citizen and the State. Essays on Regulation*. Chicago, 1975.

Strauss, L. *Direito Natural e História*, Coimbra: Edições 70, 2009.

Szalai, A. e Andrews, F. (eds.). *The Quality of Life*. London, 1980.

Tannehill, M. e Tannehill, L. *The Market for Liberty*. New York, 1984.

Templeton, K. S. (ed.). *The Politicalization of Society*. Indianapolis, 1977.

Thalheim, K. *Die wirtschaftliche Entwicklung der beiden Staaten in Deutschland*. Opladen, 1978.

Tigar, M. e Levy, M. *Law and the Rise of Capitalism*. New York, 1977.

Toulmin, S. *The Place of Reason in Ethics*. Cambridge, 1970.

Treue, W. *Wirtschaftsgeschichte der Neuzeit*. Stuttgart, 1973.

Trivanovitch, V. *Economic Development of Germany Under National Socialism*. New York, 1937.

Tullock, G. *Private Wants, Public Means*. New York, 1970.

Veatch, H. *Human Rights. Fact or Fancy?*. Baton Rouge, 1985.

___. *For an Ontology of Morals. A Critique of Contemporary Ethical Theory*. Evanston, 1968.

___. *Rational Man. A Modern Interpretation of Aristotelian Ethics*. Bloomington, 1962.

Vonnegut, K. *Welcome to the Monkey House*. New York, 1970.

Weber, M. *Gesammelte Aufsaetze zur Wissenschaftslehre*. Tuebingen, 1922.

Weinstein, J. *The Corporate Ideal in the Liberal State*. Boston, 1968.

Wellisz, S. *The Economies of the Soviet Bloc*. New York, 1964.

Wicksell, K. *Finanztheoretische Untersuchungen*. Jena, 1896.

Wild, J. *Plato's Modern Enemies and the Theory of Natural Law*. Chicago, 1953.

Williams, B. "The Idea of Equality" in: Laslett/Runciman (eds.), *Philosophy, Politics and Society* (2nd series). Oxford, 1962.

Willis, D. K. *Klass. How Russians Really Live*. New York, 1985.

Windmoeller, E. e Hoepker, T. *Leben in der DDR*. Hamburg, 1976.

Wooldridge, W. C. *Uncle Sam the Monopoly Man*. New Rochelle, 1970.

Wright, D. Mc. C. *Capitalism*. New York, 1951.

———. *Democracy and Progress*. New York, 1948.

Zapf, W. (ed.). *Lebensbedingungen in der Bundesrepublik*. Frankfurt/M., 1978.

Índice Onomástico

Albert, H., 207
Alchian, A., 69, 189, 207
Anderson, P., 72, 74, 207
Anderson, T., 200, 207
Apel, K. O., 207
Ayer, A. J., 98, 124, 207

Badie, B., 93, 207
Baechler, J., 73, 207
Bailyn, B., 204, 207
Baird, C., 121, 207
Baler, K., 207
Baumol, W., 183, 207
Becker, G., 28, 207
Bendix, R., 158, 207
Bernstein, E., 50, 207
Birnbaum. P., 207
Blanshard, B., 104, 110, 117, 207
Blaug, M., 98, 207
Blinder, A., 183, 207
Bloch, M., 72, 207
Block, W., 175, 183, 184, 187, 189, 208
Boehm-Bawerk, E. v., 208
Boetie, E. de La, 146, 161, 208
Bottomore, T., 77, 214
Brady, R. A., 96, 208
Bramsted, E. K., 75, 208
Brandt, W., 53, 69, 208
Brozen, Y., 120, 179, 208
Brutzkus, B., 45, 208

Buchanan, J. M., 166, 183-184, 189, 192, 208

Carey, G. W., 80, 208
Cipolla, C. M., 45, 209
Coase, R., 185, 189, 208-209

Demsetz, H., 189, 208-209
Dicey, A. V., 78, 209
Dingier, H., 109, 209
Dworkin, R., 189, 209

Erhard, L., 46, 209
Eucken, W., 46, 209
Evers, W., 30, 209

Fahrenbach, H., 126, 210
Fetter, F., 28, 209
Feyerabend, P., 103, 114, 209
Fischer, W., 96, 209
Flew, A., 62, 209
Friedman, M., 63, 90, 98, 120, 168, 188, 208-209
Friedman, R., 168, 209

Galbraith, J. K., 86, 209
Gewirth, A., 114, 125, 127, 210
Goldman, M. I., 51, 96, 208, 212
Greenleaf, W. H., 78, 210
Gregory, P. R., 46, 63, 210

Habermas, J., 114, 126-127, 210
Hamel, H. v., 46, 210
Hampshire, S., 62, 213
Harman, G., 124, 210
Harris, M., 73, 210
Hayek, F. A., 39, 75, 77, 95, 121, 147, 149, 174, 188, 210, 211
Herbert, A., 144, 210
Hill, P. J., 200, 207
Hilton, R., 72, 210
Hock, W., 95, 210
Hoepker, T., 47, 218
Hohmann, H. H., 45, 211
Hollis, M., 99, 104, 105, 110, 211
Hoppe, H. H., 211
Hospers, J., 194, 211
Hume, D., 8, 21, 102, 124, 146, 211
Hutchinson, T. W., 98, 211

Janich, P., 109, 211
Jellinek, G., 147, 211
Jencks, C., 64, 211
Jesse, E., 46, 211
Jouvenel, B. de, 149, 156-157, 211

Kaltenbrunner, G. K., 77, 211
Kambartel, F., 109, 114, 125, 212
Kamlah, W., 104, 212
Kant, I., 108, 128, 212
Kaser, M., 45, 211
Kautsky, K., 50, 212
Kelsen, H., 147, 212
Keynes, 193, 208, 212
Kirzner, I., 174, 212

Kolakowski, L., 33, 49, 62, 212-213
Kolko, G., 172, 212
Kuhn, T. S., 103, 212

Lakatos, I., 103, 212
Lange, O., 51, 212
Laslett, P., 62, 218
Lehrman, L., 150, 214
Leonhard, W., 33, 49, 212
Leoni, B., 200, 212
Levy, M., 72, 74, 217
Locke, J., 30, 74, 131, 212
Lorenzen, P., 104, 109, 114, 125, 212
Luehrs, G., 99, 212
Lukes, S., 62, 213

Machan, T., 194, 213
Machiavelli, N., 213
MacIntyre, A., 127, 213
Main, J. T., 204, 213
Marx, K., 33, 62, 213
McGuire, J. W., 172, 213
Melhuish, K. J., 75, 208
Melsen, A. v., 111, 213
Mencken, H. A., 157, 213
Merklein, R., 67, 213
Meyer, T., 52, 213
Michels, R., 157, 213
Miller, M., 45, 213
Mises, 28, 34-38, 46, 55, 75, 95, 105, 116-117, 122, 149, 159, 165-166, 168-179, 213-214
Molinari, G. de, 182-183, 194, 198, 214

Morgenstern, O., 46, 214
Mosca, G., 157, 214
Moss, L., 173, 216
Murck, M., 196, 214
Musgrave, A., 103, 212

Nell, E., 99, 104, 105 110, 211
Nisbet, R., 77, 214
Nock, A. J., 144, 214
Nove, A., 45, 214
Nozick, R., 135, 214

Olson, M., 172, 183, 214
Oppenheimer, F., 144, 153, 214
Osterfeld, D., 134, 214

Pap, A., 104, 214
Parkin, F., 63, 214
Paul, R., 150, 214
Peden, J., 200, 214
Pejovich, S., 45, 214
Pirenne, H., 72-74, 214
Polanyi, K., 77, 214
Popper, K. R., 98, 215
Posner, P., 189, 215

Radosh, R., 94, 172, 215
Rakowska, T., 45, 215
Rawls, J., 63, 135, 38, 215
Reisman, 42, 86, 88, 215
Rizzo, M., 189, 215
Robbins, L., 21, 23, 189, 215
Roepke, W., 46, 215
Rothbard, M., 8-11, 23, 28, 166, 176-196, 215

Rousseau, J. J., 131, 216
Rubner, A., 28, 216
Runciman, W. G., 62, 218

Samuelson, P., 176, 184, 188, 216
Schoeck, H., 62, 216
Schumpeter, J., 144, 216
Schwan, G., 52, 63, 216
Senghaas, D., 135, 216
Singer, M., 114, 125, 216
Skinner, Q., 149, 216
Smith, H., 45, 216
Sombart, W., 95, 216
Spencer, H., 144, 216
Spooner, L., 142, 160, 217
Sterba, J., 138, 217
Stevenson, C. L., 124, 217
Stigler, G., 90, 217
Strauss, L., 125, 217
Stuart, R. C., 46, 63, 210

Tannehill, M. and L., 196, 204-205, 217
Thalheim, K., 45, 46, 211, 217
Thirlby, J. F., 208
Tigar, M., 72, 217
Toulmin, S., 114, 125, 217
Treue, W., 96, 217
Trivanovitch, V., 96, 217
Tullock, G., 166, 183, 189, 192, 208, 217
Veatch, H., 125, 127, 129, 210, 217
Vonnegut, K., 59, 217

Wagner, R., 166, 208
Weber, M., 34, 217
Weinstein, J., 172, 217
Wellisz, S., 45, 218
Wicksell, 189, 218
Wild, J., 125, 218
Williams, B., 62, 218
Willis, D. K., 45, 218
Windmoeller, E., 47, 218
Wooldridge, W. C., 196, 218
Wright, D. Mc. C., 76, 78, 82, 218

Zapf, W., 69, 218